本书获德州学院学术出版基金资助

德州地域文化研究丛书·第五辑

地方文化检索与利用丛书（第二辑）

德州地方文献联合目录

陈章国　张文明　张秀岭　著

新华出版社

图书在版编目（CIP）数据

德州地方文献联合目录 / 陈章国, 张文明, 张秀岭著.

北京：新华出版社, 2021.5

ISBN 978-7-5166-5828-4

Ⅰ.①德… Ⅱ.①陈… ②张… ③张… Ⅲ.①地方文献—联合目录—德州 Ⅳ.①Z822.052.3

中国版本图书馆CIP数据核字(2021)第081308号

德州地方文献联合目录

作　　者：	陈章国　张文明　张秀岭		
责任编辑：董朝合		封面设计：徐占博	
出版发行：新华出版社			
地　　址：	北京石景山区京原路8号	邮　　编：	100040
网　　址：	http://www.xinhuanet.com/publish		
经　　销：	新华书店、新华出版社天猫旗舰店、京东旗舰店、京东旗舰店各大网店		
购书热线：010-63077122		中国新闻书店购书热线：010-63072012	
排　　版：	徐春爽		
印　　刷：	河北鑫兆源印刷有限公司		
成品尺寸：170mm×240mm			
印　　张：34		字　　数：228千字	
版　　次：2021年11月第一版		印　　次：2021年11月第一次印刷	
书　　号：ISBN 978-7-5166-5828-4			
定　　价：128.00元			

版权专有，侵权必究。如有质量问题，请与出版社联系调换：010—63077124

《德州地域文化研究丛书》·第五辑
地方文献检索与利用丛书（第二辑）

编委会

顾　问：季桂起　张明福

主　任：张明征

副主任：张宝泉　王守栋　魏训田

委　员：王金英　韩　洁　张秀岭　李红霞　孙秀惠　陈章国
　　　　孙洪林　李志超　张文明　张淑红　冀　颖　刘咏梅
　　　　陈秀英　任延安　王昭滨

主　编：张宝泉　王守栋　魏训田

序

《地方文献检索与利用丛书》是德州地方文献研究中心（德州学院十三五规划重点研究中心）联合德州地域文化研究中心共同组织撰写的一套关于地方文献检索与利用的丛书，也是德州学院"十三五"重点学科课题，这套丛书填补了国内此领域的一项空白。

德州地域文化研究中心成立于2005年，十余年来，德州地域文化研究中心积极参与德州城市文化建设，开展地域文化研究，先后编纂出版《德州地域文化研究丛书》四辑，计44册，为构建德州特色文化品牌，提升文化软实力和城市形象，建设区域文化高地，促进德州文化产业发展作了重大贡献。2013年，德州地域文化研究中心被确立为德州市首批社会科学研究基地；2017年，又获批山东省"十三五"高校人文社会科学研究基地。

德州地方文献研究中心是德州学院联合德州市委、市政府、市群团组织、市新闻单位、德州军分区等相关部门共同建设的校级学术研究服务机构。该机构的成立旨在积极有效地组织德州地方文献的收集活动，积极开展德州地方文献资源的交流与研究，建成反映德州地域特色的文献总库。该中心成立于2015年12月，其主要职责为以下五点：一是建设包括馆藏实体资源和网络虚拟资源在内的德州地方文献信息资源，对资源进行科学加工整序和管理维护；二是做好流通阅览、资源传送和参考咨询工作，积极开发文献信息资源，开展文献信息服务；三是组织和协调校内外的德州地方文献信息工作，实现文献信息资源的优化配置；四是积极参与文献保障体系建设，实行资源共建、共知、共享，促进事业的整体化发展；五是积极开展各种协作、合作和学术活动。

组织开展关于地方文献的收集、整理和研究是德州地方文献研究中心的重要职责之一。德州地方文献研究中心于2016年组织德州学院校内外专家、学者撰写了《德州旧志校注丛书（第一辑）》（共10册）；2017年组织编写了《德州地方文献导读》（一册装）（德州作家作品目录提要、任继愈学术成果书目提要、《德州日报》地方史志文献索引、德州地方文献研究中心藏书目录、地方文献研究综述）。

2018年初，德州地方文献研究中心开始策划撰写《地方文献检索与利用丛书》，2019年已出版《地方文献检索概论》《德州历代要籍题录与资料索引》《现当代文学导读书目（德州当代作家作品提要）》，2020年又出版了《德州新方志概要》《德州非物质文化遗产项目资料述要》《地方高校图书馆文化建设》。此次计划出版《德州谱牒文献概要》《任继愈任继周学术著作提要》《德州地方文献联合目录》《德州地方专题文献索引》《地方文献阅读推广新论》《地方高校图书馆微服务体系概论》。

此项工作得到了德州学院校领导、德州学院科研处等相关部门的大力支持与帮助，得到了季桂起教授、张明福研究员等区域文化研究专家的指导，在此深表感谢。

本书编委会
2021年3月9日

编制凡例

一、本目录对德州市所属四所高校图书馆和德州市图书馆及各县区公共图书馆馆藏地方文献进行全面梳理，重新界定了地方文献的收录范围，并按照《中国图书馆分类法》22个大类进行整理，以书目卡片的形式予以揭示和报道，以期为读者了解和利用德州市各馆地方文献提供指南。

二、本目录所收录地方文献指的是一切具有德州地域文化特征的、反映德州历史、地理、政治、经济、风土人情、名人轶事、古迹遗址等方面的文献。具体包括：

1.德州籍人的著述。

2.在德州生活、工作的非德州籍人的著述。

3.反映德州政治、经济、文化等内容的著述。

三、目录按照各馆所提供的书目数据整理而成（标准Marc格式）。为保持地方文献的原貌,书目记录中保留德州市行政区划调整前（2014年10月）各区的旧有名称。（如：陵县志，虽然现已改为陵城区，但旧志的著录仍沿用之前的名称）。

四、根据德州市地方文献的收集特点,为保持本书目编排体例的一致性,收录的地方文献古籍按普通图书予以分类、著录。

五、目录编制细则

1.目录结构组成

1）中图法分类号：即《中国图书馆分类法》大类

2）流水号编码：即在每条记录前设置流水号号码

3）著录项目：即目录所提供的书目字段信息

4）馆藏方位：即在每条记录后附有典藏该文献的各馆代码（按汉语拼音字母顺序排列）。

例：

B哲学、宗教

0047

康有为思想研究/钟贤培主编.—广州:广东高等教育出版社,1988.—353页：肖像；21cm.—（康有为论著与研究丛书）.—ISBN7-5361-0143-0:CNY4.15

典藏处:DZV、DZS

2.联合目录著录项目：

图书著录项目包括:书名与责任者项（正书名、其他书名信息、责任说明）、版本项（版次及其他版本形式）、出版发行项、载体形态项、丛书项（丛书正书名、丛书其他书名信息、丛书编号、分丛书）、标准书号与获得方式项。

3.联合目录排列顺序

本目录按《中国图书馆分类法》（第五版）大类编排,同大类的书目记录按书名的汉语拼音顺序排列[同音字按《新华字典》（1998年修订本）顺序排列],其中多卷书或连续出版物按卷册次排序。

4.藏书馆代码（按拼音顺序排列）：

DCQ德城区图书馆

DZT德州科技职业技术学院图书馆

DZU德州学院图书馆

DZV德州职业技术学院图书馆

DZS德州市图书馆

LLS乐陵市图书馆

LCQ陵城区图书馆

LYX临邑县图书馆

NJX宁津县图书馆

PYX平原县图书馆

QHX齐河县图书馆

QYX庆云县图书馆

SDH山东华宇工学院图书馆

WCX武城县图书馆

XJX夏津县图书馆

YCS禹城市图书馆

六、本书附录《德州地方文献题名索引》和《德州地方文献作者索引》为根据题名或是作者查找地方文献提供方便。

目 录

A 马克思主义、列宁主义、毛泽东思想、邓小平理论
（0001-0005）……1

B 哲学、宗教（0006—0123）……2

C 社会科学总论（0124—0166）……20

D 政治、法律（0167—0363）……27

E 军事（0364—0368）……57

F 经济（0369—0533）……58

G 文化、科学、教育、体育（0534—0713）……82

H 语言、文字（0714—0760）……109

I 文学（0761—1513）……116

J 艺术（1514—1646）……225

K 历史、地理（1647—2346）……244

N 自然科学总论（2347—2353）……344

O 数理科学和化学（2353—2379）……346

P 天文学、地球科学（2380—2382）……351

Q 生物科学（2383）……352

R 医学、卫生（2384—2400）……353

S 农业科学（2401—2417）……356

T 工业技术（2418—2465）……359

U 交通（2466—2468）……367

X 环境科学、安全科学（2469—2470）……368

Z 综合性图书（2471—2536）……369

德州地方文献题名索引……380

德州地方文献作者索引……474

A 马克思主义、列宁主义、毛泽东思想、邓小平理论（0001-0005）

0001

邓小平理论研究/高士明著.—广州:广东旅游出版社,2000.—351页:20cm.—ISBN978-7-80559-138-4:CNY21.00

典藏地：DZU

0002

邓小平政治哲学研究/毛振军著.—北京:中国社会科学出版社,2013.—204页:24cm.—ISBN978-7-5161-2037-8:CNY39.00

典藏地：DZU

0003

马克思主义基本问题解答/平原县宣传部.—平原县,1989.—156页:19cm

典藏地：PYX

0004

毛泽东思想概论/郭萌主编.—南京:河海大学出版社,2001.08.—267页:20cm.—ISBN7-5630-1448-9:CNY12.00

典藏地：DZU

0005

毛泽东整党思想研究/谈家水著.—北京:人民出版社,2014.—252页:23cm.—ISBN978-7-01-013923-4:CNY38.00

典藏地：DZU

B 哲学、宗教（0006—0123）

0006

《论语》问答/幺峻洲著.—济南:齐鲁书社,2004.—14,218页：21cm.—ISBN7-5333-1418-2:CNY15.00

典藏地：QYX

0007

巴布宗教思想研究/许宏著.—北京:人民出版社,2010.—14,238页:照片：21cm.—ISBN978-7-01-009352-9:CNY28.00

典藏地：DZU

0008

北宋政治改革家王安石/邓广铭著.—石家庄:河北教育出版社,2000.—559页：照片：20cm.—（二十世纪中国史学名著）.—ISBN7-5434-3867-4:CNY24.70

典藏地：DZU

0009

曾子与《孝经》/沈效敏著.—济南:山东文艺出版社,2004.—171页：20cm.—（齐鲁历史文化丛书.第3辑）.—ISBN7-5329-2359-5:CNY14.40

典藏地：DZS

0010

陈龙川传/邓广铭著.—北京:生活读书贩新知三联书店,2017.—195页:图,照片：21cm.—（邓广铭宋史人物书系）.—ISBN978-7-108-05886-7（精装）:CNY55.00

典藏地：DZU

0011

创业实践与感悟/张如廷编著.—2005.—99页：20cm

  典藏地：DZU

0012

道德经/张潜华著：张潜华.—福州：海峡文艺出版社,2019.—87页：16cm.—ISBN978-7-5550-1899-5:CNY88.00

  典藏地：QYX

0013

地球上不知我一个人/邢庆杰主编.—南昌：江西高校出版社,2012.—214页：23cm.—（青少年快乐成长方案）.—ISBN978-7-5493-0682-4:CNY28.00

  典藏地：QYX

0014

董仲舒学术研讨会论文集/中华孔子学会董仲舒研究会等编.—2017.09.—357页：27cm.—附册

  典藏地：DZU

0015

佛教经籍选编/任愈继选编.—北京：中国社会科学出版社,1985.—236页:20cm:CNY1.60

  典藏地：PYX

0016

佛教史/任继愈总主编：杜继文主编.—北京：中国社会科学出版社,1991.12.—707页：19cm.—ISBN7-5004-0914-1:CNY22.00

  典藏地：DZU

0017

管仲与《管子》/刘蔚华著.—济南：山东文艺出版社,2004.—113页：20cm.—（齐鲁历史文化丛书.第2辑）.—ISBN7-5329-2358-4:CNY10.00

  典藏地：DZS

0018

韩非/任继愈著.—北京：北京人民出版社,2019.5.—50页:图：17cm.—（中国

历史小丛书).—ISBN978-7-5300-0364-0:CNY18.00

  典藏地：DZU

0019

汉唐佛教思想论集/任继愈著.—北京:人民出版社.—349页:19cm:CNY0.85

  典藏地：DZU、PYX

0020

基于环境伦理的资源利用与环境保护/刘富刚著.—北京:国防工业出版社,2009.08.—166页：27cm.—ISBN978-7-118-06530-5:CNY30.00

  典藏地：DZU

0021

记忆的研究/苑文章著.—北京:团结出版社,2012.—147页：21cm.—（理论研究与工作实践论丛）.—ISBN978-7-5126-1327-0:CNY25.00

  典藏地：DZS

0022

寂寞喧嚣:我与少林的故事/李阳泉撰文.—海口:海南出版社,2003.07.—302页：32cm.—ISBN7-5443-0942-8:CNY25.00

  典藏地：DZU

0023

稷下学宫与百家争鸣/于孔宝著.—济南:山东文艺出版社,2004.—127页：20cm.—（齐鲁历史文化丛书.第3辑）.—ISBN7-5329-2359-2:CNY11.00

  典藏地：DZS

0024

将心共鸣/黄鸣著.—北京:机械工业出版社,2008.—14,168,15页：25cm.—（"世纪传播"管理书系）.—ISBN978-7-111-25093-7:CNY29.80

  典藏地：DZS

0025

解命律典/李洪陵编著.—香港:中国国际文化出版社有限公司,2007.—352页：27cm.—ISBN988-97357-7-6（精装）:CNY96.00

典藏地：QYX

0026

近代德州西方教会研究/张立胜著.—北京（北京市西城区鼓楼西大街41号（100009）.—:线装书局,2015.—10,387页：20cm.—:照片.—（德州地域文化研究丛书.第三辑/季桂起主编）.—ISBN978-7-5120-1993-5:CNY30.00

典藏地：DZS

0027

考古发现与"易"学溯源研究/张金平著.—北京:中国社会科学出版社,2015.—296页：图：24cm.—SBN978-7-5161-6349-8:CNY69.00

典藏地：DZU

0028

孔门弟子/修建军著.—济南:山东文艺出版社,2004.—144页：20cm.—（齐鲁历史文化丛书.第3辑）.—ISBN7-5329-2359-2:CNY12.20

典藏地：DZS

0029

孔子/王钧林,齐姜红著.—济南:山东文艺出版社,2004.—139页：20cm.—（齐鲁历史文化丛书.第2辑）.—ISBN7-5329-2358-4:CNY11.90

典藏地：DZS

0030

孔子与六经/丁鼎著.—济南:山东文艺出版社,2004.—134页：20cm.—（齐鲁历史文化丛书.第2辑）.—ISBN7-5329-2358-4:CNY11.60

典藏地：DZS

0031

库恩历史主义中的诠释学因素:与伽达默尔传统观思想比较/夏锋：李章印指导.—德州:德州学院图书馆,2015.06.—42页：29cm

典藏地：DZU

0032

老子传真/黄友敬著.—中国:中国艺术出版社,2019.—627页：16cm.—

ISBN978-988-78364-2-1:CNY81.00

 典藏地：QYX

0033

老子今译/任继愈译.—北京:古籍出版社,1956.—90页:20cm:CNY0.34

 典藏地：PYX

0034

老子全译/任继愈译注.—四川:巴蜀书社,1992.—220页:20cm.—（中国古代哲学名著全译丛书）.—ISBN7-805239471:CNY5.20

 典藏地：PYX

0035

老子思想的教育之道/陈文华著.—北京:中国科学技术出版社,2008.06.—242页：20cm.—ISBN978-7-5046-5237-9:CNY23.00

 典藏地：DZU

0036

老子新译/任继愈著.—上海:上海古籍出版社,1978.—183页:20cm:CNY0.61

 典藏地：DZU、PYX

0037

老子言尺注/任继愈著.—1994.—251页:20cm.—ISBN4-497-94423-9

 典藏地：PYX

0038

老子绎读/任继愈著.—第2版.—北京:国家图书馆出版社,2015.—263页,[1]叶图版:彩图：24cm.—ISBN978-7-5013-5570-9:CNY29.00

 典藏地：DZU

0039

老子哲学初探/黄友敬著.—中国:中国艺术家出版社,2019.—276页：16cm.—ISBN978-988-78365-9-9:CNY36.00

 典藏地：QYX

0040

历史现实方法:历史唯物主义的多维反思/段方乐著.—北京:人民出版社,2011.—277页:21cm.—ISBN978-7-01-009975-0:CNY30.00

典藏地:DZU

0041

留学生与中国心理学/胡延峰著.—天津:南开大学出版社,2009.05.—322页:20cm.—ISBN978-7-310-03130-6:CNY20.00

典藏地:DZU、QYX

0042

马尔库塞批判的理性与新感性思想研究/范晓丽著.—北京:人民出版社,2007.—329页:21cm.—ISBN978-7-01-006217-4:CNY25.00

典藏地:DZU

0043

马克思主义概论/王元璋主编.—南京:江苏人民出版社,1987.—412页:19cm:CNY2.35

典藏地:DZS

0044

马克思主义哲学原理/朱秀英主编.—南京:河海大学出版社,1999.07.—266页:20cm.—ISBN7-5630-1431-4:CNY12.00

典藏地:DZU

0045

马克思主义哲学原理简明教程/朱秀英编著.—北京:中国社会科学出版社,2009.09.—422页:20cm.—ISBN978-7-5004-8102-7:CNY29.00

典藏地:DZU

0046

马克思主义哲学原著重点题解/王邦瀛主编.—德州:中共德州地委讲师团,1990.—160页:19cm:2.00

典藏地:DZS

0047

美的心灵与启迪/傅国杰著.—北京:书目文献出版社,1989.—204页：19cm.—ISBN7-5013-0700-8:CNY2.50

典藏地：DZS

0048

美学传统之形成与突破:《1844年经济学哲学手稿》与中国当代马克思主义美学/周维山著.—北京:社会科学文献出版社,2011.11.—208页：26cm.—ISBN978-7-5161-0301-2:CNY35.00

典藏地：DZU

0049

孟子与《孟子》/查昌国著.—济南:山东文艺出版社,2004.—ISBN7-5329-2359-2:CNY14.70

典藏地：DZS

0050

命理病因论/李洪陵著.—241页：27cm

典藏地：QYX

0051

墨子与墨家/任继愈[编著].—北京:商务印书馆,1998.12.—164页:图：19cm.—（中国文化史知识丛书：099).—ISBN7-100-02474-9:CNY13.60

典藏地：DZU

0052

墨子与墨家学派/秦彦士著.—济南:山东文艺出版社,2004.—138页：20cm.—（齐鲁历史文化丛书.第3辑).—ISBN7-5329-2359-2:CNY11.90

典藏地：DZS

0053

女性的美好人生/明哲编著.—北京:红旗出版社,2010.—290页:图：21cm.—（华夏系列丛书).—ISBN978-7-5051-1852-2:CNY19.80

典藏地：DZS

0054

品读故事:填补心智空间/王佑成编著.—德州,2010.—2189页:19cm.—(德州市关心下一代系列丛书):CNY14.50

典藏地:DZU

0055

齐鲁佛教史话/江心力著.—济南:山东文艺出版社,2004.—129页:20cm.—(齐鲁历史文化丛书.第9辑).—ISBN7-5329-2365-7:CNY11.30

典藏地:DZS

0056

齐鲁名寺/高爱颖,刘守亮编著.—济南:山东文艺出版社,2004.—212页:20cm.—(齐鲁历史文化丛书.第10辑).—ISBN7-5329-2366-5:CNY17.80

典藏地:DZS

0057

气质的魅力/赵元三著.—河南教育出版社郑州.—309.—ISBN7-5347-0942-3:CNY2.50

典藏地:QHX

0058

清代山东名儒/田汉云著.—济南:山东文艺出版社,2004.—165页:20cm.—(齐鲁历史文化丛书.第7辑).—ISBN7-5329-2363-0:CNY14.10

典藏地:DZS

0059

丘处机与全真道/赵卫东著.—济南:山东文艺出版社,2004.—178页:20cm.—(齐鲁历史文化丛书.第6辑).—ISBN7-5329-2362-2:CNY15.00

典藏地:DZS

0060

人生就是与人相处/邢庆杰主编.—南昌:江西高校出版社,2012.—230页:23cm.—(青少年快乐成长方案).—ISBN978-7-5493-0683-1:CNY28.00

典藏地:QYX

0061

人生与道德教与学/高军著.—济南:济南出版社,1990.—174页:19cm.—ISBN7-80572-178-5:CNY2.20

典藏地:DZS

0062

认知心理学/王甦,汪安圣.—北京:北京大学出版社,1992.—386页:图:20cm.—(心理学丛书).—ISBN7-301-01810-X:CNY11.90

典藏地:DZU

0063

任继愈禅学论集/任继愈著.—北京:商务印书馆,2005.—377页:彩照:21cm.—ISBN7-100-04400-6:CNY21.00

典藏地:DZU

0064

任继愈论儒佛道/任继愈著.—北京:国家图书馆出版社,2016.—161页:20cm.—ISBN978-7-5013-6007-9(精装):CNY20.00

典藏地:DZU

0065

任继愈谈《易经》/任继愈著.—北京:石油工业出版社,2018.—285页:21cm.—(任继愈哲学系列).—ISBN978-7-5183-2358-6:CNY39.80

典藏地:DZU

0066

任继愈谈道家与道教/任继愈著.—北京:石油工业出版社,2018.—300页:21cm.—(任继愈哲学系列).—ISBN978-7-5183-2351-7:CNY39.80

典藏地:DZU

0067

任继愈谈汉唐佛教思想/任继愈著.—北京:石油工业出版社,2018.03.—2册(XX,516页).—;21cm.—ISBN978-7-5183-2348-7:CNY68.00(2册)

典藏地:DZU

0068

任继愈谈孔子.孟子.韩非/任继愈著.—北京:石油工业出版社,2018.—307页：21cm.—（任继愈哲学系列）.—ISBN978-7-5183-2357-9:CNY39.80

典藏地：DZU

0069

任继愈谈老学源流/任继愈著.—北京:石油工业出版社,2018.—292页：21cm.—（任继愈先秦诸子系列）.—ISBN978-7-5183-2353-1:CNY39.80

典藏地：DZU

0070

任继愈谈老子哲学/任继愈著.—北京:石油工业出版社,2018.—199页：21cm.—（任继愈先秦诸子系列）.—ISBN978-7-5183-2359-3:CNY36.00

典藏地：DZU

0071

任继愈谈墨子与墨家/任继愈著.—北京:石油工业出版社,2018.03.—220页：图：21cm.—（任继愈哲学系列）.—ISBN978-7-5183-2345-6:CNY36.00

典藏地：DZU

0072

任继愈谈儒家与儒教/任继愈著.—北京:石油工业出版社,2018.—264页：21cm.—ISBN978-7-5183-2346-3:CNY39.80

典藏地：DZU

0073

任继愈谈魏晋南北朝的佛教经学/任继愈著.—北京:石油工业出版社,2018.—273页：21cm.—（任继愈佛教经学系列）.—ISBN978-7-5183-2380-7:CNY39.80

典藏地：DZU

0074

任继愈谈魏晋玄学/任继愈著.—北京:石油工业出版社,2018.—209页：21cm.—（任继愈玄学?理学系列）.—ISBN978-7-5183-2368-5:CNY36.00

典藏地：DZU

0075

任继愈谈先秦诸子与哲学/任继愈著.—北京:石油工业出版社,2018.—307页:21cm.—(任继愈先秦诸子系列).—ISBN978-7-5183-2349-4:CNY39.80

典藏地:DZU

0076

任继愈谈中国哲学发展史/任继愈著.—北京:石油工业出版社,2018.03.—211页:21cm.—(任继愈哲学系列).—ISBN978-7-5183-2343-2:CNY36.00

典藏地:DZU

0077

任继愈谈朱熹.王阳明.王夫之/任继愈著.—北京:石油工业出版社,2018.—296页:21cm.—(任继愈玄学?理学系列).—ISBN978-7-5183-2352-4:CNY39.80

典藏地:DZU

0078

任继愈谈庄子/任继愈著.—北京:石油工业出版社,2018.—305页:21cm.—(任继愈先秦诸子系列).—ISBN978-7-5183-2344-9:CNY39.80

典藏地:DZU

0079

任继愈学术论著自选集/任继愈著.—北京:首都师范大学出版社,1991.—563页:21cm.—ISBN7-81014-302-6:CNY19.50

典藏地:PYX

0080

审美的观念:以胡塞尔现象学为始基/张志国著.—北京:中国社会科学出版社,2013.08.—211页:24cm.—ISBN978-7-5161-3113-8:CNY39.00

典藏地:DZU

0081

生活是一门学问:学会生存方案/邢庆杰主编.—南昌:江西高校出版社,2012.—229页:23cm.—(青少年快乐成长方案).—ISBN978-7-5493-0910-

8:CNY28.00

典藏地:QYX

0082

体验自然贩生态:唯物史观的重要维度/范晓丽,庞海清著.—峨嵋:西南交通大学出版社,244页:21cm.—ISBN978-7-81104-887-2:CNY20.00

典藏地:DZU

0083

天人之际:任继愈学术思想精粹/任继愈著.—北京:人民日报出版社,2010.—9,376页:24cm.—(中华文化复兴方阵.人民日报名家学术思想精粹系列).—ISBN978-7-5115-0128-8:CNY48.00

典藏地:PYX

0084

同青少年谈美/张文俊,李文亮主编.—济南:山东人民出版社,1989.—209页:19cm.—ISBN7-209-00550-1:CNY2.20

典藏地:DZS

0085

王弼与魏晋玄学/裴传永著.—济南:山东文艺出版社,2004.—130页:20cm.—(齐鲁历史文化丛书.第4辑).—ISBN7-5329-2360-6:CNY11.30

典藏地:DZS

0086

现代建筑风水应用学/李洪陵著.—138页:27cm

典藏地:QYX

0087

现代心理学/王萍主编.—济南:山东教育出版社,2012.—269页:24cm.—ISBN978-7-5328-7100-1:CNY38.00

典藏地:DZU

0088

现代心理学教程/陈文华,吴卫东主编.—北京:中国科学技术出版社,2008.—

210页：26cm.—ISBN978-7-5046-5243-0:CNY27.00

  典藏地：DZU

0089

现实的主体何以可能:马克思主义哲学主体概念研究/孙乃龙著.—北京:中国社会科学出版社,2011.12.—268页：21cm.—ISBN978-7-5161-0555-9:CNY29.00

  典藏地：DZU

0090

心理学/周凝祚；白振汉；方庆鸿；杨善堂主编.—北京:华夏出版社,1989.—334页：20cm.—ISBN978-7-80053-590-1:CNY3.00

  典藏地：DZU

0091

心理学续篇.—徐州:中国矿业大学出版社,1989.—287页：19cm.—ISBN978-7-81021-331-8:CNY3.20

  典藏地：DZU

0092

信天不如信自己/邢庆杰主编.—南昌:江西高校出版社,2012.—214页：23cm.—（青少年快乐成长方案）.—ISBN978-7-5493-0911-5:CNY28.00

  典藏地：QYX

0093

荀子与《荀子》/孙聚友著.—济南:山东文艺出版社,2004.—183页：20cm.—（齐鲁历史文化丛书.第3辑）.—ISBN7-5329-2359-2:CNY15.60

  典藏地：DZS

0094

晏婴与《晏子春秋》/王其俊著.—济南:山东文艺出版社,2004.—139页：20cm.—（齐鲁历史文化丛书.第2辑）.—ISBN7-5329-2358-4:CNY11.90

  典藏地：DZS

0095

一位哲人的目光:任继愈谈话录/任继愈著;陈志明编.—北京:九州出版社,2017.—360页;24cm.—ISBN978-7-5108-4868-1:CNY48.00

典藏地:DZU

0096

以事明理:积淀心灵财富/王佑成编著.—德州,2010.—202页;19cm.—(德州市关心下一代系列丛书):CNY14.50

典藏地:DZU

0097

英语专业学生批判性思维培养研究/马应心著.—北京:中国社会科学出版社,2011.—177页;21cm.—ISBN978-7-5004-9751-6:CNY30.00

典藏地:DZU

0098

在送给青少年的忠告里发现智慧/王佑成编著.—173页;21cm.—(德州市关心下一代系列丛书)

典藏地:DZS

0099

在写给青少年的故事里寻找哲理/王佑成编著.—德州,2010.—176页;20cm.—(德州市关心下一代系列丛书)

典藏地:DZU

0100

早期西方马克思主义对列宁政治哲学的思考:以阶级意识为视角的探讨/李文峰著.—北京:中国社会科学出版社,2014.03.—295页;21cm.—ISBN978-7-5161-4019-2:CNY35.00

典藏地:DZU

0101

哲学基础知识/杨春喜等编.—济南:黄河出版社,1990.—107页;19cm.—ISBN7-80558-147-9:CNY1.50

典藏地:DZS

0102

郑玄与今古文经学/王承略著.—济南:山东文艺出版社,2004.—114页：20cm.—（齐鲁历史文化丛书.第4辑）.—ISBN7-5329-2360-6:CNY10.00

典藏地：DZS

0103

中国传统文化哲学研究论文选/李友仁著.—北京:作家出版社,2014.—204页：19cm.—ISBN978-7-5063-3991-9:CNY21.80

典藏地：DZU

0104

中国道教史/任继愈主编.—上海:上海人民出版社,1990.06.—811页:图表：19cm.—ISBN7-208-00704-7（精装）:CNY16.65

典藏地：DZU

0105

中国佛教史./任继愈主编.—北京:中国社会科学出版社,1985.06.—18,3册:地图:21cm.—ISBN7-5004-0178-7:CNY104.00

典藏地：DZU、PYX

0106

中国数术学论文精选/郭兆昆,张少鸿主编.—北京:社会科学文献出版社,1995.12.—261页：32cm.—.—ISBN7-80050-588-X:CNY19.80

典藏地：DZU

0107

中国哲学八章/任继愈著.—北京:北京大学出版社,2010.—196页:图：23cm.—ISBN978-7-301-17366-4:CNY26.00

典藏地：DZU

0108

中国哲学发展史.魏晋南北朝/任继愈主编.—北京:人民出版社,1988（1998重印）.—915页:20cm.—（哲学史家文库）.—ISBN7-01-002779-X:CNY39.40

典藏地：DZU、PYX

0109

中国哲学发展史/任继愈.—北京:人民出版社,1983.10.—783:无图表:32cm:CNY2.45

典藏地:DZU

0110

中国哲学发展史:秦汉/任继愈主编.—北京:人民出版社,1998.—759页.—ISBN978-7-01-002777-3:CNY33.20

典藏地:DZU、PYX

0111

中国哲学史.1/任继愈主编.—北京:人民出版社,1964.—250页:20cm.—(大学哲学丛书).—ISBN7-01-003936-4:CNY0.57

典藏地:DZU、PYX

0112

中国哲学史.2/任继愈主编.—北京:人民出版社,1964.—294页:20cm.—(大学哲学丛书).—ISBN7-01-003937-2:CNY0.66

典藏地:DZU、PYX

0113

中国哲学史.3/任继愈主编.—北京:人民出版社,1964.—374页:20cm.—(大学哲学丛书).—ISBN7-01-003938-0:CNY0.87

典藏地:DZU、PYX

0114

中国哲学史.4/任继愈主编.—北京:人民出版社,1964.—344页:20cm.—(大学哲学丛书).—ISBN7-01-003939-9:CNY0.85

典藏地:DZU、PYX

0115

中国哲学史简编/任继愈主编.—北京:人民出版社,1984.—575页:19cm:CNY0.96

典藏地:DZU、PYX

0116

中国哲学史论/任继愈著.—上海:上海人民出版社,1981.—555页:21cm:CNY1.70

典藏地:DZU、PYX

0117

中华传统美德警句名言/殷学仁主编.—3版.—北京:中共中央党校出版社,2013（2014重印）.—310页:图,照片：23cm.—（《中华传统美德》丛书：1）.—ISBN978-7-5035-5033-1:CNY38.60

典藏地:DZU、DZS

0118

庄子与《庄子》/陈绍燕著.—济南:山东文艺出版社,2004.—122页：20cm.—（齐鲁历史文化丛书.第3辑）.—ISBN7-5329-2359-2:CNY10.60

典藏地:DZS

0119

子思与思孟学派/孔德立著.—济南:山东文艺出版社,2004.—135页：20cm.—（齐鲁历史文化丛书.第3辑）.—ISBN7-5329-2359-2:CNY11.60

典藏地:DZS

0120

宗教词典/任继愈主编：王守华[等]编写.—修订本.—上海:上海辞书出版社,2009.—64,1201页：21cm.—ISBN978-7-5326-2840-7（精装）:CNY80.00

典藏地:DZU

0121

宗教大辞典/任继愈主编.—上海:上海辞书出版社,1998.08.—1272页：16cm.—ISBN7-5326-0398-9:CNY150.00

典藏地:DZU

0122

总体性的终结:从卢卡奇到阿多诺/段方乐著.—北京:中国社会科学出版社,2009.—278页：21cm.—ISBN978-7-5004-8111-9:CNY26.00

典藏地：DZU

0123

邹衍与阴阳五行/孙开泰著.—济南:山东文艺出版社,2004.—136页：20cm.—（齐鲁历史文化丛书.第4辑）.—ISBN7-5329-2360-6:CNY11.60

典藏地：DZS

C 社会科学总论（0124—0166）

0124

爱情的学问/杨浩文主编.—济南:山东大学出版社,1990.—242页：19cm.—ISBN7-5607-0372-0:CNY2.95

典藏地：DZS

0125

不确定决策模型的智能求解算法及其应用/宁玉富著.—北京:科学出版社,2012.—124页:图：24cm.—ISBN978-7-03-035525-6:CNY40.00

典藏地：DZU

0126

德州地区1726家工业企业经济概况:1990年/德州地区统计局等编.—283页：26cm

典藏地：DZS

0127

德州地区统计年鉴.1986/德州地区统计局编.—1987.10.—567页：20cm:CNY20.00

典藏地：DZU

0128

德州地区统计年鉴.1993/王富堂主编.—1993.06.—353页：16开：CNY45.00

典藏地：DZU

0129

德州地区统计年鉴.1994/耿同金主编.—1994.06.—623页：16开：

CNY45.00

典藏地：DZU、DZS

0130

德州调查年鉴.2015/国家统计局德州调查队编.—2016.—156页：25cm

典藏地：DZU

0131

德州调查年鉴.2016/国家统计局德州调查队编.—2016.—147页：25cm

典藏地：DZU

0132

德州统计年鉴.1995/耿同金主编.—1995.06.—282页：16开：CNY45.00

典藏地：DZU、DZS

0133

德州统计年鉴.1996/主编耿同金.—北京,1996.08.—265页：16开:CNY120.00

典藏地：DZU、DZS

0134

德州统计年鉴.1997/耿同金主编.—1997.05.—296页：16开：CNY45.00

典藏地：DZU

0135

德州统计年鉴.1998/耿同金主编.—北京:中国统计出版社,1998.—400页：16开.—ISBN7-5037-2551-6:CNY120.00

典藏地：DZU、DZS

0136

德州统计年鉴.1999/耿同金主编.—北京:中国统计出版社,1999.07.—335页：16开.—ISBN7-5037-3023-4:CNY120.00

典藏地：DZU

0137

德州统计年鉴.2000/德州市统计局编.—北京:中国统计出版社,2000.07.—

331页：16开.—ISBN7-5037-3023-4:CNY120.00

典藏地：DZU、DZS

0138

德州统计年鉴.2001（总第4期）.—/德州市统计局编.—[德州]:[德州市统计局],2001.—315页:彩照（23页）：26cm.—（精装）:CNY120.00

典藏地：DZU、DZS

0139

德州统计年鉴.2002（总第5期）/刘治温总编：德州市统计局编.—[德州]:[德州市统计局],2002（2001印）.—334页:照片：26cm.—（精装）:CNY120.00

典藏地：DZU

0140

德州统计年鉴.2003/德州市统计局编.—2003.07.—335页：16开:CNY150.00

典藏地：DZU

0141

德州统计年鉴.2004（总第7期）/刘治温总编：德州市统计局编.—[德州]:[德州市统计局],2004.—357页:照片：29cm.—（精装）:CNY150.00

典藏地：DZU

0142

德州统计年鉴.2015（总第18期）/何连生主编：德州市统计局,德州调查队编.—[德州]:[德州市统计局],2015.—411页：30cm.—（精装）:CNY270.00

典藏地：DZU

0143

个性化的日常生活如何可能:赫勒日常生活理论研究/李霞著.—北京:人民出版社,2011.—228页：24cm.—（青年学术丛书.哲学）.—ISBN978-7-01-010074-6:CNY39.00

典藏地：DZU

0144

管好自己就能飞.3,做成长的主人/吴牧天著.—南宁:接力出版社,2017.—273页：21cm.—ISBN978-7-5448-4674-5:CNY25.00

典藏地：DZS

0145

管好自己就能飞/吴牧天著：吴甘霖点评.—南宁:接力出版社,2013.—13,241页：21cm.—ISBN978-7-5448-2705-8:CNY25.00

典藏地：DZS

0146

跨界思维:鲁斌论文集/鲁斌著.—北京:台海出版社,2015.1.—386页:21cm.—ISBN978-7-5168-0552-7:CNY58.00

典藏地：PYX

0147

理论研究创新优秀学术成果选粹/主编王肇庆.—北京:光明日报出版社,2003.—1056页：27cm.—ISBN978-7-80145-719-6:CNY800.00

典藏地：DZU

0148

领导干部历史文化讲座.文化卷/任继愈主编.—北京:国家图书馆出版社,2009.—388页:图：24cm.—ISBN978-7-5013-4087-3:CNY52.00

典藏地：DZU

0149

领导干部历史文化讲座.艺术卷/任继愈主编.—北京:国家图书馆出版社,2009.—378页:图：24cm.—ISBN978-7-5013-4089-7:CNY48.00

典藏地：DZU

0150

领导干部历史文化讲座.资政卷/任继愈主编.—北京:国家图书馆出版社,2009.—365页:图：24cm.—ISBN978-7-5013-4086-6:CNY54.00

典藏地：DZU

0151

论德州发展战略:省地级拔尖人才献计献策论文集.第一集/李怀喜主编.—中共德州地委组织部.—308页：19cm:CNY5.00

典藏地：DZU

0152

任继愈对话集:觉悟了的群体才能推动社会/任继愈著：文明国编.—北京:人民日报出版社,2009.—296页:图：24cm.—（名家对话）.—ISBN978-7-80208-981-5:CNY39.80

典藏地：DZU

0153

任继愈文集.宗教学与科学无神论研究/任继愈著:本书编委会编.—北京:国家图书馆出版社,2014.—14,10册:彩照:25cm.—ISBN978-7-5013-5356-9（精装）:CNY1100.00

典藏地：DZU、PYX

0154

任继愈学术文化随笔/任继愈著.—北京:中国青年出版社,1996.—308页：19cm.—（二十世纪中国学术文化随笔大系.第1辑：系列2）.—ISBN7-5006-2170-1:CNY16.90

典藏地：DZU

0155

任继愈自选集/任继愈著.—2版.—北京:首都师范大学出版社,2009.—509页:25cm.—ISBN978-7-81119-759-4:CNY69.00

典藏地：PYX

0156

山东省德州市2000年人口普查资料/山东省德州市人口普查办公室编:2册：26cm.—（精装）:CNY赠

典藏地：DZS

0157

山东省德州市第四次人口普查手工汇总资料汇编/山东省德州市人口普查

领导小组办公室编.—231页：26cm.—（精装）

典藏地：DZS

0158

山东省齐河县第四次人口普查手工汇总资料/齐河县第四次人口普查领导小组办公室.—1990—286：CNY160.00

典藏地：QHX

0159

说三国话用人/张栋著.—济南:山东人民出版社,1996.—184页：20cm.—ISBN7-209-01997-9:CNY9.00

典藏地：DZU、DZS

0160

天人之际/任继愈著.—上海:上海文艺出版社,1998.—413页:彩照：20cm.—（学苑英华）.—ISBN7-5321-1619-0:CNY21.50

典藏地：DZU

0161

统计文集/山东省平原县统计局编.—平原县,1987.—451页:21cm

典藏地：PYX

0162

唯有书香留岁痕/侯仁之著.—北京:生活·读书·新知三联书店,2019.12.—628页：26cm.—（侯仁之文集）.—ISBN978-7-108-06329-8:CNY99.00

典藏地：DZU

0163

文津演讲录:国家图书馆经典讲座.之四/任继愈主编：中国国家图书馆分馆著.—北京:北京图书馆出版社,2003.—221页:照片：21cm.—（《讲座》丛书）.—ISBN7-5013-2172-8:CNY20.00

典藏地：DZU

0164

心鸣录/周兴春著.—北京:中国社会科学出版社,2005.—306页：20cm.—

ISBN7-5004-4606-3:CNY22.80

 典藏地：DZU

0165

译世语林/姜兆吉著.—北京:民族出版社.—84页：19cm

 典藏地：DZS

0166

中国统计现代化:探索实践发展/马建堂著.—北京:中国统计出版社,2012.—3册（20,1337页）：25cm.—ISBN978-7-5037-6575-9:CNY168.00（3册）

 典藏地：DZU

D 政治、法律（0167—0363）

0167

"三个代表"重要思想读本/朱秀英,孔燕主编.—济南:山东大学出版社,2003.—360页：20cm.—ISBN7-5607-2682-8:CNY15.00

典藏地：DZU

0168

《德州市城乡容貌和环境卫生管理条例》实务指导/王义国[等]著.—济南:山东大学出版社,2018.—130页：24cm.—ISBN978-7-5607-6062-9:CNY20.00

典藏地：DZU

0169

《中国革命和建设基本问题》教与学/高军,崔德胜主编.—济南:山东大学出版社,1989.—243页：19cm.—ISBN7-5607-0239-2:CNY2.45

典藏地：DZS

0170

1954-2004光辉历程/德州市人民代表大会常务委员会办公市编.—2004.12.—96页：20cm

典藏地：DZU

0171

1978年以来中国职业教育法制现代化研究/隋亮著.—北京:中国社会科学出版社,2015.—261页：24cm.—ISBN978-7-5161-5811-1:CNY55.00

典藏地：DZU

0172

1989年度全区政法工作调研文集/中共德州地委政法委员会调研科编.—德

州:中区德州地委政法委员会,1989.—1册：26cm

典藏地：DZS

0173

榜样在身边庆云历届道德模范事迹汇编/庆云县精神文明建设委员会编著.—2013.—167页：21cm

典藏地：QYX

0174

春秋时期齐国政治与外交研究/安玉娟著.—北京:电子工业出版社,2014.—10,205页：26cm.—ISBN978-7-121-24412-4:CNY24.90

典藏地：DZU

0175

大地根脉/赵方新,姜仲华著.—北京:现代出版社,2016.6.—250页：23cm.—（发展之路丛书）.—ISBN978-7-5143-4662-6:CNY36.00

典藏地：QHX

0176

大学共青团工作理论与实践应用/董玲著.—长春:吉林大学出版社,2014.—201页：24cm.—ISBN978-7-5677-1826-5:CNY25.00

典藏地：DZU

0177

当代社会生活及其意识形态变迁/王秀艳著.—北京:人民出版社,2017.—309页：23cm.—ISBN978-7-01-017336-8:CNY52.00

典藏地：DZU

0178

当代知识分子的人际失谐与群体认同:中国社会转型时期的"文人相轻"问题研究/刘印房著.—北京:中国社会科学出版社,2011.—278页：21cm.—ISBN978-7-5161-0869-7:CNY38.00

典藏地：DZU

0179

当代中国的山东/《当代中国》丛书编辑部编辑.—北京:中国社会科学出版社,1989.10.—2册（618,554页）.—:彩照：20厘米.—（当代中国丛书）.—ISBN7-5004-0514-6（精装）:CNY25.45

典藏地：DCQ

0180

党史上的清风正气/中共德州市委党史研究室.—2016.—208页：20cm

典藏地：DZU

0181

道德的高原/解永敏著.—北京:现代出版社,2016.6.—194页：23cm.—（发展之路丛书）.—ISBN978-7-5143-4662-6:CNY36.00

典藏地：QHX

0182

道德的力量:道德模范事迹汇编（1）/德州市文明办编写.—357页：26cm

典藏地：DZS

0183

道德的力量:全国道德模范先进事迹纪实/中央文明办组织编写.—北京:学习出版社,2008.—340页:照片：24cm.—ISBN978-7-80116-661-6:CNY46.00

典藏地：DZS

0184

德州党员干部教育活动档案文献选编/主编张岩.—2014.—322页：20cm

典藏地：DZU

0185

德州地区党史专题资料选编.第1辑/中共德州地委党史资料征集研究委员会编.—德州:中共德州地委党史资料征集研究委员会,1986.—119页：19cm

典藏地：DZS

0186

德州地区第一次贫农下中农代表大会文件汇编/德州地区贫农下中农协会编.—德州.—1册：26cm:CNY内部资料

典藏地：DZS

0187

德州地区妇女第一次代表大会文件:选编.—1册：26cm

典藏地：DZS

0188

德州地区青年农业学大寨积极分子大会文件:1册：26cm

典藏地：DZS

0189

德州改革开放30年大事记:1978.12-2008.12/中共德州市委党史研究室编.—2009.—395页：21cm:CNY48.00

典藏地：DZU

0190

德州改革开放实录/中共德州市委党史研究室编.—北京:中国文史出版社,2018.01.—5册页：图：27cm.—ISBN978-7-5205-0170-5:498.00

典藏地：DZU

0191

德州共青团史稿:1922-2012/共青团德州市委编.—[2013?].—314页：20cm.—赠送

典藏地：DZU

0192

德州行署一九八九年大事记/德州行署调研室编.—德州:德州行署,1990.—53页：21cm

典藏地：DZS

0193

德州辉煌五十年/[耿同金主编]：德州市统计局编.—[德州]:[德州市统计局],[2000].—328页:照片,地图：26cm.—（精装）:CNY280.00

典藏地：DZU、DZS

0194

德州社会主义时期专题资料.第1辑/主编王立云.—2007.—362页：19cm:CNY38.00

  典藏地：DZU

0195

德州市第十三届人民代表大会第二次会议汇刊/德州市人民代表大会常务委员会办公室编.—德州:德州市人民代表大会常务委员会办公室.—186页：26cm

  典藏地：DZS

0196

德州市行政审批规范手册/德州市人民政府编.—德州,2003.—158页：26cm:CNY赠

  典藏地：DZS

0197

德州市纪念改革开放30周年十件大事评选揭晓仪式/中共德州市委宣传部,德州日报社,德州市广播电视局主办.—德州:德州现代文化转播有限公司

  典藏地：DZU

0198

德州市民族团结和谐进步征文选/德州市民族与宗教事务局.—246页：20cm

  典藏地：DZU、DZS

0199

德州市人民代表大会志:1946.6--1993.1/德州市人民代表大会常务委员会编.—德州:德州市人民代表大会常务委员会.—269页:照片：26cm

  典藏地：DZS

0200

德州市市、县（市区）人代会工作报告:政府、计划、财政/德州市人大常委会编.—德州:山东新华印刷厂,2001.—405页:照片：19cm

  典藏地：DZS

0201

德州市市、县（市区）人代会十五计划纲要/德州市人大常委会编.—德州:山东新华印刷厂,2001.—309页：19cm

典藏地：DZS

0202

德州市政协工作综览:1998.2-2003.2/政协德州市委员会编.—德州:山东新华印刷厂德州厂,2003.—777页：26cm.—（精装）:CNY赠

典藏地：DZS

0203

德州市政协工作综览:2003.3-2008.1/政协德州市委员会编.—[2008].—756页,[78页图版]：23cm.—（精装）

典藏地：DZU

0204

德州市政协工作综览:2008.1-2012.2/政协德州市委员会编.—[2012?].—756页,[92页图版]：23cm.—（精装）

典藏地：DZU

0205

德州市职工学习100问/中共德州市委宣传部.—中共德州市委宣传部.—222页：20cm

典藏地：DZU

0206

德州文集/张宜华主编.—德州:中共德州市委党史研究室,2005.03.—437页：20cm:CNY48.00

典藏地：DZU、DZS

0207

俄语法律词汇:法庭辩护词中的法律词汇研究/窦可昀著.—北京:中国社会科学出版社,2019.12.—158页:图：24cm.—ISBN978-7-5203-5512-4:CNY58.00

典藏地：DZU

0208

法律基础课案例精选与评析/王金利等主编.—香港:天马图书出版公司,2003.—297页：20cm.—ISBN962-450-775-9:CNY15.50

典藏地：DZU

0209

改革大潮中的德州/德州地区社会科学联合会编.—1988.05.—313页:20cm

典藏地：DZU、PYX

0210

共和国永远铭记:南下干部历史贡献理论研讨会论文集/唐传喜主编.—济南:泰山出版社,2012.—277页:彩照：24cm.—ISBN978-7-5519-0163-5（精装）:CNY48.00

典藏地：DZU

0211

共筑幸福与梦想/中共德州市委宣传部,中共德州市委统战部.—203页：26cm

典藏地：DZS

0212

光辉的历程庄严的使命:学习江泽民同志在庆祝中国共产党成立八十周年大会上的讲话辅导/何毅亭主编.—北京:研究出版社,2001.—220页：20cm.—ISBN7-80168-025-1:CNY13.00

典藏地：DZU

0213

光辉历程/德州市人大常委会办公室编.—德州:山东新华印刷厂德州厂,2002.—96页:照片：26cm.—ISBN准印证22号（精装）:CNY

典藏地：DZS

0214

光荣的使命:征求意见稿/中共德州地委党史征集委员会编.—270页：26cm

典藏地：DZS

0215

红色丰碑/中共武城县委组织部,武城县党史史志办公室,武城县民政局编.—2012.—324页：20cm

典藏地：DZU

0216

黄河三角洲生态经济法治建设研究/徐丽红著.—北京:中国社会科学出版社,2012.—318页：21cm.—ISBN978-7-5161-1402-5:CNY29.00

典藏地：DZU

0217

辉煌的历程:1998年-2002年德州市精神文明建设优秀成果汇编/德州市精神文明建设委员会办公室编.—2002.—220页：27cm

典藏地：DZU

0218

辉煌的历程:庆祝德州撤地建市/德州市统计局.—2002.—65页：20cm

典藏地：DZU

0219

机关党建优秀调研成果汇编/德州市机关党建研究会著.—200.—270页：21cm

典藏地：DZS

0220

基层党建达标升级管理/孙清明等著.—济南:济南出版社,1991.—175页：19cm.—ISBN7-80572-366-4:CNY2.80

典藏地：DZS

0221

基于高效管理视野下的法律制度建设与教育创新研究/戚良华著.—北京:现代出版社,2014.—300页：20cm.—ISBN978-7-5143-2625-3:CNY20.00

典藏地：DZU

0222

记忆平原:纪念改革开放四十年/政协平原县委员会编.—北京:中国文史出版社,2018.—441页:32cm.—ISBN978-7-5205-0561-1:CNY128.00

典藏地:PYX

0223

冀鲁豫党史研究资料/中共冀鲁豫边区党史研究会编.—济南:中共山东省委党史研究室,1995.—136页:26cm

典藏地:DZS

0224

加强和改进新形势下群众工作学习资料汇编/德州市群众工作联席会议办公室编.—200.—295页:21cm

典藏地:DZS

0225

价格宏观调控法律问题研究/徐丽红著.—北京:中国社会科学出版社,2013.10.—236页:24cm.—ISBN978-7-5161-3484-9:CNY46.00

典藏地:DZU

0226

教育与思想政治教育/赵环秀著.—北京:中国社会科学出版社,2016.—217页:24cm.—ISBN978-7-5161-8562-9:CNY52.00

典藏地:DZU

0227

金元之际山东三世侯/赵继颜著.—济南:山东文艺出版社,2004.—120页:20cm.—(齐鲁历史文化丛书.第6辑).—ISBN7-5329-2362-2:CNY10.30

典藏地:DZS

0228

晋冀鲁豫边区史料选编/山西大学本书编委会编.—太原:山西大学出版社.—2册:19cm

典藏地:DZS

0229

經世大典輯校/（元）趙世延,虞集等撰；周少川,魏訓田,謝輝輯校.—北京：中華書局,2020.—2冊（60,903頁）.—：21cm.—（中國史學基本典籍叢刊）.—ISBN978-7-101-14464-2（精裝）:CNY168.00（全2册）

典藏地：DZU

0230

精神探险者的足迹:文艺心理解读/杨希顺著.—北京:中国大地出版社,2001.—249页：20cm.—ISBN7-80097-429-4:CNY15.80

典藏地：DZU

0231

抗战时期马克思主义大众化研究/田福宁著.—北京:中国社会科学出版社,2013.—288页：21cm.—ISBN978-7-5161-3352-1:CNY29.00

典藏地：DZU

0232

科学发展观重大战略思想述要/周忠高主编.—北京:中共中央党校出版社,2012.—474页：24cm.—ISBN978-7-5035-4709-6:CNY79.00

典藏地：DZU

0233

奎章:纪念苏禄王访华六百周年/王守栋编著.—桂林:广西师范大学出版社,2017.—131页:图（部分彩图）.—,肖像,摹真：27cm.—ISBN978-7-5598-0272-9（精裝）:CNY188.00

典藏地：DZU

0234

劳动保障政策问答/德州市劳动和社会保障局编.—73页：20cm:CNY赠

典藏地：DZS

0235

乐陵党史资料.第1辑/中共乐陵县委党史资料征集研究委员会编.—乐陵:乐陵印刷厂,1986.—178页：19cm

典藏地：DZS

0236

历史不容忘记/中共夏津县委组织部,中共夏津县委党史研究室编著.—北京:中国文化出版社,2015.08.—563页：20cm.—（精装）:CNY96.00

典藏地：DZU

0237

历史的记忆/中共德州市委宣传部编著.—济南:山东大学出版社,2008.—250页：23cm.—（辉煌的历程.德州改革开放30年）.—ISBN978-7-5607-3684-6:CNY78.60（4册）

典藏地：DZS

0238

廉腐史鉴/一帆,广宇主编.—北京:中国经济出版社,1990.—272页：21cm.—ISBN7-5017-1018-X:CNY3.80

典藏地：DZS

0239

临邑文史资料.第8辑/张文学等主编.—2003.12.—244页：32cm:CNY20.00

典藏地：DZU、DZS

0240

临邑文史资料.第11辑/张文学等主编.—1997.09.—356页：32cm:CNY20.00

典藏地：DZU、DZS

0241

陵县卷.—北京:中国大百科全书出版社.—ISBN7-5000-5184-0

典藏地：DZU、DZS

0242

鲁北妇女百年/杨玉娥编著.—济南:山东美术出版社,2015.—280页:图,照片：29cm.—ISBN978-7-5330-5552-3:CNY180.00

典藏地：DZU

0243

鲁北星火/中共德州地委党史资料征集研究委员会.—济南:山东人民出版

社,1992.01.—377页:20cm.—ISBN7-209-01023-8:CNY5.70

典藏地：DZU、DZS、DCQ、PYX

0244

马克思主义人学视域中的思想政治范式转换研究/万光侠,张九童,夏锋著.—济南:山东人民出版社,2014.05.—240页：24cm.—（哲学新视野丛书）.—ISBN978-7-209-08578-6:CNY35.00

典藏地：DZU

0245

农协读本/全国农业协同组合中央会编.—1988.—286页:21cm

典藏地：PYX

0246

平原党史资料:1921-1950.第二期/中共平原县委党史资料征集研究委员会办公室编.—平原:中共平原县委党史资料征集研究委员会办公室,1983.—137页：21cm

典藏地：DZS

0247

平原党史资料:1923-1937.第一辑/中共平原县委党史资料征集研究委员会办公室编.—平原:中共平原县委党史资料征集研究委员会办公室,1983.—253页：19cm

典藏地：DZS

0248

平原县党史讲座:革命传统教材:1921年7月-1949年10月/中共平原县委党史资料征集研究委员会编.—平原:平原县印刷厂,1989.—138页：19cm

典藏地：DZS

0249

平原县党史手册:1921.7-1949.10/中共平原县委组织部、中共平原县委党史委编.—2011.6.—143页:24cm

典藏地：PYX

0250

平原县党史资料选编/中共平原县委党史征集研究委员会编.—1990.—216页:20cm:CNY3.60

典藏地：PYX

0251

平原县政协志:1959.10-2006.12/中国人民山东省平原县委员会,政治协商会议山东省平原县委员会.—2007.—387页:27cm.—（精装）:CNY122.00

典藏地：DZU、PYX

0252

齐河县政协志/中国人民山东省齐河县委员会,政治协商会议山东省齐河县委员会.—2005.—259页：27cm.—（精装）:CNY139.80

典藏地：DZU

0253

清末民初女权思想研究/孙桂燕著.—北京:中国社会科学出版社,2013.—246页：24cm.—ISBN978-7-5161-3443-6:CNY48.00

典藏地：DZU

0254

群众在我心中:2014年度最美平原人先进事迹/中共平原县委宣传部编.—山东:平原,2014.—159页:32cm

典藏地：PYX

0255

让心灵放歌/德州市文明办.—北京:中央文献出版社,2006.10.—314页：20cm.—ISBN7-5073-2188-6:CNY38.00

典藏地：DZU、DZS

0256

日本律令政治制度研究（日文版）/邵峰.—264页：20cm.—ISBN978-4-7807-0263-7

典藏地：DZU

0257

三个代表重要思想读本/朱秀英主编.—济南:山东大学出版社,2003.10.—358页：20cm.—ISBN7-5607-2682-8:CNY15.00

典藏地：DZU

0258

山东党史研究文库/中共山东省委党史研究室,山东省中共党史学会[编]:常连霆主编.—济南:山东人民出版社,2015.—20册：27cm.—ISBN978-7-209-09007-0（精装）:CNY4800.00（全20册）

典藏地：DZU

0259

山东解放区冀鲁边区公安保卫工作专题资料汇编:1937.7--1944.1.—德州:德州地区公安处,1986.—167页:图：26cm

典藏地：DZS

0260

山东民间秘密教门/路遥著.—北京:当代中国出版社,2000.—576页：21cm.—ISBN7-80092-913-2:CNY36.00

典藏地：DZS

0261

山东省慈善救助研究/王俊秋著.—北京:中国社会科学出版社,2013.—238页：24cm.—ISBN978-7-5161-2816-9:CNY45.00

典藏地：DZU

0262

山东知识产权战略政策与实践/李爱民主编.—哈尔滨:哈尔滨出版社,2009.10.—507页：20cm.—ISBN7-80737-640-6:CNY46.00

典藏地：DZU

0263

社会法理论与实践问题探索/徐丽红著.—北京:中国社会科学出版社,2012.—304页：21cm.—ISBN978-7-5161-1235-9:CNY35.00

典藏地：DZU

0264

社会性别视角下中国妇女权利/孙桂燕著.—南昌:江西人民出版社,2013.—340页：21cm.—ISBN978-7-210-06155-7:CNY22.00

典藏地：DZU

0265

社会意识形态危机与规避:当代中国社会思潮的本质及导引研究/孙乃龙著.—北京:中国社会科学出版社,2013.08.—244页：24cm.—ISBN978-7-5161-3097-1:CNY46.00

典藏地：DZU

0266

深入学习实践科学发展观活动领导干部学习文件选编/中共中央文献研究室编.—北京:中央文献出版社:党建读物出版社,2008.—350页：21cm.—ISBN978-7-5073-2627-7:CNY18.00

典藏地：DZU

0267

生活方式的变迁与选择/李霞著.—北京:人民出版社,2012.—240页：24cm.—ISBN978-7-01-011075-2:CNY38.00

典藏地：DZU

0268

十年奋斗走向辉煌:德州撤地建市发展巡礼/刘炳义主编.—309页：20cm:CNY20.00

典藏地：DZU

0269

时代的楷模:德州市省级文明单位风采录/德州市文明办编.—北京:中国文化出版社,2006.01.—344页：23cm.—ISBN962-86971-6-1:CNY46.00

典藏地：DZU、DZS

0270

实用粮油经济法/徐国庆主编.—南京:南京大学出版社,1990.—337页：19cm.—ISBN7-305-00840-0:CNY3.80

典藏地：DZS

0271

斯图亚特王朝早期议会政治研究/刘淑青著.—北京:中央文献出版社,2008.—231页：21cm.—ISBN978-7-5073-2523-2:CNY19.80

典藏地：DZU

0272

苏禄王在中国/中国人民政治协商会议德州市委员会编.—北京:中国社会科学出版社,1994.—350页：19cm.—:图片.—ISBN7-5004-1536-2:CNY10.00

典藏地：DZU、DZS、DCQ

0273

他物权善意取得研究/张庆华著.—北京:中国社会科学出版社,2014.—234页：24cm.—ISBN978-7-5161-4994-2:CNY46.00

典藏地：DZU

0274

贪官忏悔录/德州市人民检察院.—296页：21cm:CNY10.00

典藏地：DZU

0275

探索之路/蔚立臻著.—北京:中国民主法制出版社,2007.—327页:照片：20cm.—ISBN978-7-80219-316-1:CNY28.00

典藏地：DZS

0276

唐代宦官政治/王守栋著.—北京:中国社会科学出版社,2009.08.—292页：21cm.—ISBN978-7-5004-7780-8:CNY28.00

典藏地：DZU

0277

调查与研究:德州市直机关调查研究成果选编/王开忠著.—北京:新华出版

社,2003.—346页:照片：20cm.—ISBN7-5011-6415-0:CNY30.00

典藏地：DZU

0278

武城县党史资料汇编/中共武城县委党史资料征集研究委员会编.—德州:山东新华印刷厂德州厂.—305页:照片：21cm

典藏地：DZS

0279

武城县党史资料汇编:征求意见稿/中共武城县委党史资料征集研究委员会编.—武城:中共武城县委,1988.—257页：26cm

典藏地：DZS

0280

武城县政协志:1981.1-2007.12/《武城县政治协志》编辑委员会编.—2008.—581页：27cm.—（精装）:CNY160.00

典藏地：DZU

0281

现阶段地方人大工作实践与探索/蔚立臻著.—北京:中国民主法制出版社,2007.—3册:照片：20cm.—ISBN978-7-80219-285-0:CNY86.00

典藏地：DZS

0282

新编简明经济法/高斯学,李旺生主编.—武汉:武汉工业大学出版社,1989.—244页：19cm.—ISBN7-5629-0280-1:CNY2.60

典藏地：DZS

0283

新山东:科学发展面面观/中共山东省委宣传部编.—济南:山东人民出版社,2012.—152页:照片,图：24cm.—ISBN978-7-209-06215-2:CNY19.60

典藏地：QYX

0284

新时代思想政治教育的文化生态构建研究/夏锋著.—北京:中国社会科学

出版社,2020.6.—272页：24cm.—ISBN978-7-5203-6180-4:CNY98.00

典藏地：DZU

0285

新时期新探索:中共德州市委组织部2001年调研成果选编/中共德州市委组织部编.—2002.05.—176页：20cm

典藏地：DZU

0286

新型城镇化背景下的农村土地物权流转法律制度研究/张庆华著.—北京：法律出版社,2015.—308页：21cm.—ISBN978-7-5118-8278-3:CNY42.00

典藏地：DZU

0287

新兴宗教的传播及对国家安全的影响研究/许宏著.—北京:中国社会科学出版社,2015.—175页:图,照片：24cm.—ISBN978-7-5161-6146-3:CNY45.00

典藏地：DZU

0288

血色共和:民国政坛风云录/张立胜编著.—北京:团结出版社,2011.01.—351页：20cm.—ISBN978-7-5126-0338-7:CNY38.00

典藏地：DZU

0289

严与实:作风建设新常态/主编王德兴.—北京:团结出版社,2015.—264页：20cm.—ISBN978-7-5126-2648-5:CNY32.00

典藏地：DZU

0290

杨汇泉:官品.文品.人品/李舟仁主编.—香港:名家出版社,2010.—216页:照片:21cm.—ISBN978-0-8645169-3-0:CNY28.00

典藏地：DZS、PYX

0291

杨善洲的故事/中央创先争优活动领导小组办公室[编].—北京:党建读

物出版社:人民出版社,2011.—91页:照片：20cm.—ISBN978-7-5099-0216-5:CNY10.00

典藏地：DZS

0292

以科学发展观同领经济社会发展全局/德州市委市直机关工委.—德州,2005.10.—265页：20cm

典藏地：DZU

0293

以色列政党政治研究/王彦敏著.—北京:人民出版社,2014.—275页：24cm.—ISBN978-7-01-013330-0:CNY48.00

典藏地：DZU

0294

英国革命前的政治文化:17世纪初英国议会斗争的别样解读/刘淑青著.—北京:人民出版社,2015.—334页：23cm.—ISBN978-7-01-015265-3:CNY45.00

典藏地：DZU

0295

禹城党史资料.第2辑/中共山东省禹城县党史资料征集办公室编.—禹城:禹城县印刷厂,1989.—175页：19cm

典藏地：DZS

0296

政府在老龄产业发展中的作用研究/王洪梅著.—北京:兵器工业出版社,2011.—160页：24cm.—ISBN978-7-80248-642-3:CNY28.00

典藏地：DZU

0297

中共渤海区地方史/李晓黎主编.—北京:中央文献出版社,2000.—594页:照片：21cm.—ISBN7-5073-0930-4:CNY36.00

典藏地：DZS

0298

中共党史大事年表说明/中共中央党史研究室本书编写组编.—北京:中共中央党校出版社,1983.—258页：19cm:CNY0.80

典藏地：DZS

0299

中共德州地方史.第1卷/中共德州市委党史研究室编著.—北京:中共党史出版社,2008.—547页:照片：21cm.—（中共山东地方历史丛书）.—ISBN978-7-80199-627-5:CNY98.00

典藏地：DZU、DZS

0300

中共德州地区党史/王邦瀛.—北京:中国广播电视出版社,1991.—256页：20cm.—ISBN7-5043-1555-9:CNY3.50

典藏地：DZU

0301

中共德州地区党史大事记:1921年7月至1949年9月/中共德州地委党史资料征集研究委员会编.—济南:山东人民出版社,1990.—253页,[1]页图版:地图：21cm.—ISBN7-209-00754-7（精装）:CNY6.40

典藏地：DZU、DZS

0302

中共德州历史大事记:1949.10-1997.12/中共的州市委党史研究室.—济南:山东人民出版社,1998.—526页：20cm.—ISBN7-209-02270-8:CNY38.00

典藏地：DZU、DZS

0303

中共德州市党史大事记:1922-1949/中共德州市委党史资料征集研究委员会办公室编.—德州:山东新华印刷厂德州厂,1998.—69页：21cm

典藏地：DZS

0304

中共德州市党史大事记:1949-1991/杨东水等主编.—北京:中共党史资料出版社.—317页：19cm.—ISBN7-80023-687-0:CNY10.00

典藏地：DZU

0305

中共济阳县党史大事记:1937年-1949年/中共济阳县党史资料征集研究委员会编.—济阳:山东省济阳县印刷厂,1989.—108页：21cm

典藏地：DZS

0306

中共冀鲁边区清河区渤海区党史大事记:1937年7月-1950年5月/中共惠民地委党史资料征集研究委员会等编.—北京:中共党史资料出版社,1989.—400页：21cm.—ISBN7-80023-066-X:CNY3.80

典藏地：DZS、DCQ

0307

中共冀鲁边区清河区渤海区组织史资料汇编:1937年7月-1950年5月/王中强等主编.—北京:中共党史资料出版社,1989.—301页：21cm.—ISBN7-80023-107-0:CNY10.00

典藏地：DZS

0308

中共冀鲁豫边区党史大事记/本书编委会编.—济南:山东大学出版社,1987.—325页：21cm.—ISBN7-5607-0025-X:CNY2.75

典藏地：DZS

0309

中共冀鲁豫边区党史资料选编.第2辑,文献部分（上）:1937.7-1941.7/中共冀鲁豫边区党史工作组办公室,中共河南省委党史工作委员会编.—郑州:河南人民出版社,1988.—665页：21cm.—（中共冀鲁豫边区党史资料丛书）.—ISBN7-215-00374-X:CNY4.80

典藏地：DZS

0310

中共冀鲁豫边区党史资料选编.第4辑,回忆资料部分（上）:抗日战争前党的活动/中共冀鲁豫边区党史工作组办公室编.—济南:山东大学出版社,1992.—

498页：21cm.—（中共冀鲁豫边区党史资料丛书）.—ISBN7-5607-0783-1:CNY8.00

  典藏地：DZS

0311

中共乐陵市党史大事记/中共乐陵市委党史资料征集研究会编.—青岛:青岛出版社出版,1990.—162页:图：cm.—ISBN7-5436-0572-4:CNY3.90

  典藏地：DZU、DZS

0312

中共乐陵市党史大事记:1949年10月-1999年12月/中共乐陵市委党史资料征集研究委员会办公室编.—德州:山东新华印刷厂德州厂,2000.—283页：21cm.—（精装）:CNY45.00

  典藏地：DZS

0313

中共临邑党史大事记:1926-1949/中共临邑县委党史资料征集研究委员会编.—临邑:山东省临邑县印刷厂,1990.—123页：21cm

  典藏地：DZS

0314

中共陵县党史大事记:1925年-1952年/中共陵县县委党史资料征集研究委员会编.—德州:山东新华印刷厂德州厂,1989.—126页:地图：19cm

  典藏地：DZS

0315

中共陵县党史教材/中共陵县县委党史资料征集研究委员会编.—德州:山东新华印刷厂德州厂,1993.—195页：19cm.—CNY4.10

  典藏地：DZS

0316

中共宁津县党史大事记:1925-1949/中共宁津县委党史资料征集研究委员会编.—宁津:山东省宁津县印刷厂,1990.—122页:地图：19cm

  典藏地：DZS

0317

中共平原县党史大事记:1923年8月-1950年1月/中共平原县党史资料征集研究委员会编.—1988.—179页:20cm

典藏地：PYX

0318

中共平原县党史大事记:1923年8月-1950年1月/中共平原县委党史资料征集研究委员会编.—平原:山东省平原县印刷厂,1988.—179页：19cm.—CNY4.80

典藏地：DZS

0319

中共平原县党史大事记:1949-1992/中共平原县委办公室党史研究室编.—济南:齐鲁书社,1995.—359页:照片：21cm.—ISBN7-5333-0476-4:CNY15.50

典藏地：DZS

0320

中共平原县党史大事记:1993年1月-2012年3月/中共平原县委党史研究室编.—德州:德州市天顺商务印刷有限公司,2012

典藏地：PYX

0321

中共齐河县党史大事记:1921-1949/中共齐河县党史资料征集研究委员会编.—济南:山东人民出版社,1990.—ISBN7-209-00791-1:CNY2.50

典藏地：DZS

0322

中共庆云县党史大事记:1924年-1949年/中共庆云县党史资料征集研究委员会编.—庆云:山东省庆云县书画印刷厂,1989.—115页：21cm

典藏地：DZS

0323

中共山东历史编年概要:1921-2011/中共山东省委党史研究室编著.—济南:山东人民出版社,2017.—405页：24cm.—ISBN978-7-209-10799-0（精装）:CNY80.00

典藏地：DZU

0324

中共商河党史大事记:1923年7月-1949年9月/中共商河县委党史资料征集研究委员会编.—商河:中共商河县委党史资料征集研究委员会,1988.—59页：21cm

典藏地：DZS

0325

中共武城党史大事记:1926-1949/中共武城县委党史资料征集研究委员会编.—武城:平原县印刷厂,1989.—153页：21cm

典藏地：DZS

0326

中共夏津党史大事记:1921年7月至1949年9月/中共夏津县党史资料征集研究委员会编.—德州:山东省德州地区出版管理办公室,1988.—166页：19cm

典藏地：DZS

0327

中共夏津地方史.第1卷（1921.7-1949-10）/中共夏津县委组织部,中共夏津县委党史研究室著.—济南,2007:山东省地图出版社.—316页：21cm.—ISBN978-7-80532-592-7:CNY26.00

典藏地：DZS

0328

中共夏津地方史.第2卷,1949-1978/中共夏津县委组织部,中共夏津县委党史研究室.—北京:中国文化出版社,2011.—552页：21cm.—（精装）.—ISBN978-988-687-327-45

典藏地：DZU

0329

中共禹城市党史大事记:1949-1993/中共禹城市委禹城市人民政府党史史志工作委员会编.—北京:中国国际广播出版社,1995.—356页：21cm.—ISBN7-5078-1267-7:CNY12.00

典藏地：DZS

0330

中共禹城县党史大事记:1922年7月-1949年10月/中共禹城县委党史资料征集研究委员会编.—禹城:山东省禹城县印刷二厂,1989.—166页：21cm

典藏地：DZS

0331

中国慈善与救济/王俊秋著.—北京:中国社会科学出版社,2008.—316页：21cm.—ISBN978-7-5004-7172-1:CNY28.00

典藏地：DZU

0332

中国工人阶级现状与发展趋势/朱秀英等著.—济南:山东人民出版社,2007.08.—287页：20cm.—ISBN978-7-209-04298-7:CNY25.00

典藏地：DZU

0333

中国共产党德州学院第一次代表大会资料汇编/德州学院党委办公室,德州学院组织部编.—2013.—81页：27cm

典藏地：DZU

0334

中国共产党山东历史:1949-1978/中共山东省委党史研究室著.—济南:山东人民出版社,2018.—2册（1180页）.—:照片：24cm.—ISBN978-7-209-11340-3-7:CNY220.00（上下册）

典藏地：DZS

0335

中国共产党山东省德州地区组织史资料:1924-198/中共德州地委组织部,中共德州地委党史资料征集研究委员会,德州地区档案馆[编].—1989.—599页：20cm.—（精装）

典藏地：DZU、DZS

0336

中国共产党山东省德州市组织史资料/中共德州市委组织部等编.—德州：山东新华印刷厂德州厂,1989.—417页：26cm.—（精装）:CNY98.00

　　典藏地：DZS、DCQ

0337

中国共产党山东省德州市组织史资料:1924-1987.10/中共德州市委组织部,中共德州市委党史研究室,德州市档案局主编.—2019.08.08.—566页：27cm.—（精装）:CNY20.00

　　典藏地：DZU

0338

中国共产党山东省德州市组织史资料:1987.10-1994.12/王树瑜主编.—北京:中共党史资料出版社.—412页：16开.—ISBN7-80023-865-2:CNY35.00

　　典藏地：DZU

0339

中国共产党山东省德州市组织史资料:1987.11-2001.10/中共德州市委组织部,中共德州市委党史研究室,德州市档案局主编.—2002.—566页：27cm.—（精装）:CNY98.00

　　典藏地：DZU

0340

中国共产党山东省德州市组织史资料:2001.11-2013.12/中共德州市委组织部,中共德州市委党史研究室,德州市档案馆（局）编.—北京:中共党史出版社,2015.—16,488页：26cm.—ISBN978-7-5098-3064-2:CNY116.00

　　典藏地：DZU

0341

中国共产党山东省济阳县组织史资料:1939-1987/中共济阳县委组织部等编.—德州:山东新华印刷厂德州厂,1989.—485页：26cm.—（精装）:CNY25.00

　　典藏地：DZS

0342

中国共产党山东省乐陵市组织史资料:1924-1988/中共乐陵市委组织部,乐

陵市党史史志办公室编.—乐陵:不详,1989.—582页：23cm

典藏地：DZU

0343

中国共产党山东省乐陵市组织史资料:第2卷,2003.5-2014.3/中共乐陵市委组织部,乐陵市党史史志办公室编.—乐陵:不详,2003.—300页：23cm.—（精装）:CNY118.00

典藏地：DZU

0344

中国共产党山东省乐陵市组织史资料:第3卷,2003.5-2014.3/中共乐陵市委组织部,乐陵市党史史志办公室编.—2014.—300页：23cm.—（精装）:CNY118.00

典藏地：DZU

0345

中国共产党山东省乐陵县组织史资料:1924-1988/中共乐陵县委组织部等编.—德州:山东省乐陵印刷厂,1989.—582页：26cm.—（精装）:CNY30.50

典藏地：DZS

0346

中国共产党山东省聊城地区组织史资料/中共聊城地委组织部等编.—聊城:山东聊城印刷厂,1989.—843：26cm.—（精装）:CNY20.00

典藏地：DZS

0347

中国共产党山东省临沂市组织史资料:1923-1987/中共临沂市委组织部等编.—临沂:山东省出版总社临沂分社,1988.—628页：26cm.—（精装）:CNY16.00

典藏地：DZS

0348

中国共产党山东省临邑县组织史资料:1928-1987/中共临邑县委组织部等编.—德州:山东省新华印刷厂德州厂,1989.—576页：26cm.—（精

装）:CNY21.00

  典藏地：DZS

0349

中国共产党山东省陵县组织史资料:1925-1987/中共陵县委组织部等编.—陵县:山东省陵县印刷厂,1989.—388页：26cm.—（精装）:CNY20.00

  典藏地：DZS

0350

中国共产党山东省宁津县组织史资料/中共宁津县委组织部等编.—宁津:山东省宁津印刷厂,2000.—490页：26cm.—（精装）:CNY98.00

  典藏地：DZS

0351

中国共产党山东省平原县组织史资料:1923-1987/中共平原县委组织部等编.—平原:山东省平原印刷厂,1989.—347页:26cm.—（精装）:CNY15.00（平装）

  典藏地：DZS、PYX

0352

中国共产党山东省平原县组织史资料:1987.10-1995.4/中共平原县委组织部,中共平原县委党史征研委员会,平原县档案局.—1997.—360页:25cm.—ISBN978-7-:CNY19.50

  典藏地：PYX

0353

中国共产党山东省齐河县组织史资料:1924-1987/中共齐河县委组织部等编.—德州:山东省新华印刷厂德州厂,1989.—710页：26cm.—（精装）:CNY25.00

  典藏地：DZS

0354

中国共产党山东省庆云县组织史资料:1926-1987/中共庆云县委组织部等编.—庆云:山东省庆云县书画印刷厂,1989.—419页：26cm:CNY22.00

典藏地：DZS

0355

中国共产党山东省武城县组织史资料/中共武城县委组织部等编.—德州:山东省新华印刷厂德州厂,1989.—509页：26cm.—（精装）:CNY22.00

典藏地：DZS

0356

中国共产党山东省夏津县组织史资料:1927-1987/中共夏津县委组织部等编.—夏津:山东省夏津印刷厂,1989.—591页：26cm.—（精装）:CNY23.00

典藏地：DZS

0357

中国共产党山东省禹城市组织史资料:续:1987年11月-2001年3月/中共禹城市委组织部等编.—禹城:山东省禹城县印刷二厂,2002.—376页：26cm.—（精装）:CNY80.00

典藏地：DZS

0358

中国共产党山东省禹城县组织史资料:1924-1987.10/中共禹城县委组织部等编.—禹城:山东省禹城县印刷二厂,1988.—245页：26cm.—（精装）

典藏地：DZS

0359

中国国情丛书___百县市经济社会调查:德州卷/丁伟志主编.—北京:中国大百科全书出版社,1997.02.—691页：32cm.—ISBN7-5000-5816-0:CNY50.00

典藏地：DZU、DZS

0360

中国特色社会主义的"特色"研究/朱秀英著.—北京:中国社会科学出版社,2014.—238页：24cm.—ISBN978-7-5161-5174-7:CNY48.00

典藏地：DZU

0361

中国特色社会主义理论的内在同一性研究/朱秀英著.—北京:人民出版

社,2012.10.—432页:23cm.—ISBN978-7-01-011133-9:CNY52.00

　　典藏地:DZU

0362

走进德州:德州撤地建市十周年纪念珍藏版:1995-2005:[中英文本]/梁希忠,王其收主编:刘新生[等]摄影:金榜翻译咨询社翻译:德州市人民政府新闻办公室编著.—北京:五洲传播出版社,2005.—66页:29cm.—ISBN7-5085-0888-2:CNY198.00

　　典藏地:DZU

0363

走进德州仲裁/陶志春.—德州:德州仲裁委员会,2004.05.—270页:20cm

　　典藏地:DZU

E 军事（0364—0368）

0364

德州市军事志/山东省德州市人民武装部.—1990.05.—302页：26cm:CNY25.00

典藏地：DZU、DZS、DCQ

0365

解放德州之战:资料选编/中共德州市委党史资料征集研究委员会编.—德州:德州市委,1986.—194页：19cm

典藏地：DZS

0366

任继愈谈武圣孙武与《孙子兵法》/任继愈著.—北京:石油工业出版社,2018.—220页：21cm.—ISBN978-7-5183-2367-8:CNY36.00

典藏地：DZU

0367

禹城市军事志:1840-2005/禹城市军事志编纂委员会编.—山东:山东纸老虎印刷厂印刷,2009.—452页:彩图：30cm.—（精装）

典藏地：QYX

0368

中国历代兵法/任继愈主编.—北京:商务印书馆,1996.12.—209页：20cm.—ISBN7-100-02152-9:CNY12.10

典藏地：DZU

F 经济（0369—0533）

0369

2009年山东省情研究报告/孙建功主编.—哈尔滨:哈尔滨出版社,2010.10.—418页：20cm.—ISBN978-7-80737-733-7:CNY50.00

典藏地：DZU

0370

WTO与经济发展学习材料/中共德州市委机关工委编印.—410页：20cm

典藏地：DZS

0371

奔小康典例百例/李维华陈志明肖建平.—102页

典藏地：PYX

0372

财务管理学案例与实训教程/杨颖主编.—成都:西南财经大学出版社,2013.—222页：26cm.—ISBN978-7-5504-0963-7:CNY29.00

典藏地：DZU

0373

初级会计学案例与实训教程/主编张玉红,孙志胜.—成都:西南财经大学出版社,2012.—318页：26cm.—ISBN978-7-5504-0659-9:CNY36.80

典藏地：DZU

0374

创业之歌:全民创业一百例/王爱民主编.—2012.—340页：25cm

典藏地：DZS

0375

大转型/石勇著.—北京:现代出版社,2016.6.—198页：23cm.—（发展之路丛书）.—ISBN978-7-5143-4662-6:CNY36.00

典藏地：QHX

0376

德州地区多种经营乡镇企业志/德州地区多种经营乡镇企业志编纂小组编.—德州:德州地区多种经营乡镇企业局,1988.—78页:图：26cm

典藏地：DZS

0377

德州地区二轻工业志/德州地区第二轻工业公司编志组编.—德州:德州地区第二轻工业公司,1988.—160页：26cm.—（精装）

典藏地：DZS

0378

德州地区废旧物资回收公司志/德州地区史志办编.—德州.—42页：26cm

典藏地：DZS

0379

德州地区国民经济统计资料.1983/山东省德州地区统计局编.—1984.06.—538页：20cm:CNY20.00

典藏地：DZU

0380

德州地区化工轻工材料公司志/德州地区化轻公司编写组编.—德州:德州地区化轻公司,1986.—86页:照片：26cm

典藏地：DZS

0381

德州地区建筑材料公司志/德州地区建筑材料公司编写组编.—德州:德州地区建筑材料公司,1986.—57页：26cm

典藏地：DZS

0382

德州地区金属材料公司志:1964--1985/德州地区金属材料公司编写组

编.—德州:德州地区金属材料公司,1985.—81页:照片：26cm

典藏地：DZS

0383

德州地区经济社会发展战略研究报告/《发展战略》课题组编.—德州:德州地区经济研究中心,1989.—63页：26cm

典藏地：DZS

0384

德州地区木材公司志:1958--1985/德州地区木材公司编志委员会编.—德州:德州地区木材公司,1986.—83页:图：26cm

典藏地：DZS

0385

德州地区农村金融志:1949--1988/张树林主编.—东营:石油大学出版社,1992.—308页:照片：21cm.—ISBN7-5636-0240-2（精装）:CNY22.50

典藏地：DZS

0386

德州地区税务志/德州地区税务局编.—德州:德州地区税务局,1989.—144页:照片：26cm.—（精装）

典藏地：DZS

0387

德州地区土地资源/德州地区土地管理局编.—天津:天津人民出版社,1993.—263页：26cm.—ISBN7-201-01742-X:CNY48.50

典藏地：DZS

0388

德州地区物资服务公司志/德州地区物资服务公司编写组编.—德州:德州地区物资服务公司,1986.—44页：26cm

典藏地：DZS

0389

德州地区物资局禹城中转站志:1979--1985/禹城中转站编写组编.—禹城:

德州地区物资局禹城中转站.—71页:照片：26cm.—（精装）

    典藏地：DZS

0390

德州地区综合农业区划/德州地区农业区划办公室编.—德州:德州地区农业区划办公室,1987.—227页：26cm

    典藏地：DZS

0391

德州河东新城建设志/本书编纂委员会.—2009.—（精装）.—内部资料

    典藏地：DZU

0392

德州建设志/邵自升主编：《德州建设志》编纂委员会[编].—[德州]:[《德州建设志》编纂委员会],2005.—499页：26cm.—（精装）:CNY168.00

    典藏地：DZU、DZS

0393

德州交通集团有限公司志.1948-2018/《德州交通集团有限公司志》编纂委员会编.—青岛:青岛出版社.—474页:照片：2019.—ISBN978-7-5552-8815-2:CNY286.00

    典藏地：DZS

0394

德州经济技术开发区志:1998-2017/《德州经济技术开发区志》编纂委员会编.—北京:中国文史出版社,2019.—13,734页:地图,彩照,肖像：29cm.—ISBN978-7-5205-1600-6（精装）:CNY680.00

    典藏地：DZU、DZS

0395

德州经济研究:一九八八年/德州经济研究编辑部编.—德州:山东省德州地区经济研究中心,1989.—1册:照片：26cm.—（精装）

    典藏地：DZS

0396

德州经济研究:一九八九年/德州经济研究编辑部编.—德州:山东省德州地区经济研究中心,1989.—1册:照片：26cm.—（精装）

典藏地：DZS

0397

德州老字号研究/刘耀辉著.—北京:线装书局,2012.11.—328页：20cm.—ISBN978-7-5120-0736-9:CNY30.00

典藏地：DZU、DZS

0398

德州棉麻站志/德州棉烟麻采购供应站编纂组编.—德州:德州棉烟麻采购供应站,1988.—138页:照片：26cm.—（精装）

典藏地：DZS

0399

德州农业生产资料采购供应站志/德州农业生产资料供应站编志小组编.—德州:德州农业生产资料采购供应站,1988.—76页：26cm

典藏地：DZS

0400

德州市财贸志/德州市财政贸易委员会编著.—济南:齐鲁书社,1993.2.—269页:彩照及地图：26cm.—ISBN7-5333-0347-4（精装）:CNY29

典藏地：DZU、DZS

0401

德州市城市建设统计资料汇编/德州市城市建设环境保护委员会编.—德州:德州市城乡建设环境保护委员会,1987.—146页：15cm

典藏地：DZS

0402

德州市房产管理局志/德州市房产管理局编.—德州,2008.—645页：26cm.—ISBN978-7-（精装）:CNY赠

典藏地：DZS

0403

德州市工商行政管理志/德州市工商行政管理局编.—91页：26cm

典藏地：DZS

0404

德州市国民经济和社会发展第十个五年计划纲要汇编/德州市发展计划委员会编.—德州:德州市委机关印刷所,2001.—281页：26cm:CNY赠

典藏地：DZS

0405

德州市机械志:1902-1985/德州市机械志编纂委员会[编].—[德州]:[德州市机械志编纂委员会],1989.—163页:地图,照片：26cm.—（精装）

典藏地：DZU、DZS

0406

德州市交通志/德州市交通局史志办公室编.—德州:德州市交通局,1989.—200页:图：26cm

典藏地：DZS

0407

德州市农业志/德州市农业志编纂委员会编：德州市农牧渔业局编.—德州:[德州市农业志编纂委员会],1990.—524页:地图,彩照：21cm

典藏地：DZU、DZS

0408

德州市农业自然资源调查和农业区划报告/山东省农业自然资源调查和农业区划委员会办公室编.—济南:山东省农业自然资源调查和农业区划委员会办公室,1980.—190页：26cm

典藏地：DZS

0409

德州市区商用图说明.—德州,1990.—118页：16cm

典藏地：DZS

0410

德州市水利志/本书编纂委员会编.—德州:山东新华印刷厂德州厂,2005.—

358页：26cm.—（精装）:CNY98.00

  典藏地：DZS

0411

德州市税务志/德州市税务局编.—德州:德州市税务局,1987.—140页:图：26cm

  典藏地：DZS、DCQ

0412

德州市物价志/德州市物价局编纂.—德州:德州市物价局.—123页：26cm

  典藏地：DZS

0413

德州市驻村帮扶推进新农村建设调研文集/德州市驻村帮扶工作办公室著.—2000.—214页：21cm

  典藏地：DZS

0414

德州外贸化机志/井植德,杨荣华编辑.—德州:山东省化工机械进出口公司德州支公司,1987.—286页：21cm.—（精装）

  典藏地：DZS

0415

德州物价志/高洪玉主编：德州物价志编纂委员会编.—北京:中国物价出版社,2004.—332页:彩照（12页）.—：29cm.—ISBN7-80070-820-9（精装）:CNY116.00

  典藏地：DZU、DZS

0416

德州邮电年鉴:1986--1995/王维清主编.—德州:德州市邮电局,1996.—204页：26cm.—（精装）

  典藏地：DZS

0417

德州邮电年鉴:1996.1--1998.10/德州邮电史志编纂委员会编.—德州:德州

市邮电局,1999.—409页：21cm.—（精装）

  典藏地：DZS

0418

德州邮电志/德州地区邮电局史志办公室编.—德州:德州地区邮电局,1989.—437页:照片：26cm

  典藏地：DZS

0419

高效生态经济理论与实践/刘文烈主编.—长春:吉林人民出版社,2010.—377页：20cm.—ISBN978-7-206-07348-9:CNY38.00

  典藏地：DZU

0420

工作制度规范汇编/中国德州市委办公室.—2007.—229页：21cm

  典藏地：DZS

0421

古贝春酒业志/李宽云主编.—北京:线装书局,2014.—565页:照片,图：26cm.—ISBN978-7-5120-1166-3（精装）:CNY168.00

  典藏地：DZU

0422

股权结构与公司价值的关系研究:基于中小企业板市场的经验数据/汤志强著.—北京:中国社会科学出版社,2011.—256页：21cm.—ISBN978-7-5161-0135-3:CNY28.00

  典藏地：DZU

0423

顾客参与虚拟品牌社区价值共创研究/李朝辉著.—北京:中国社会科学出版社,2014.—10,229页：图：24cm.—ISBN978-7-5161-3967-7:CNY48.00

  典藏地：DZU

0424

管理会计学案例与实训教程/主编王艳芹.—成都:西南财经大学出版

社,2014.—156页：26cm.—ISBN978-7-5504-1490-7:CNY22.00

  典藏地：DZU

0425

国际贸易、基础设施规模对中国技术创新能力的影响/梁超著.—北京:中国社会科学出版社,2013.—216页:图：24cm.—ISBN978-7-5161-3219-7:CNY39.00

  典藏地：DZU

0426

海外归鸿:新加坡南洋理工大学首批德州学员硕士论文集.—2000.—314页：21cm

  典藏地：DZS

0427

好习惯铸成和谐企业文化:"豆工坊"企业文化建设策略解读/孙思忠：范晓丽：李金霞：安玉娟著.—昆明:云南人民出版社,2007.—339页：20cm.—ISBN979-7-222-04422-6:CNY28.00.—ISBN978-7-222-04433-2

  典藏地：DZU

0428

皇明商道/黄鸣,程洪智著.—哈尔滨:黑龙江人民出版社,2005.—323页：25cm:CNY39.00

  典藏地：DZS

0429

黄河粮仓/赵方新,姜仲华著.—北京:现代出版社,2016.6.—190页：23cm.—（发展之路丛书）.—ISBN978-7-5143-4662-6:CNY36.00

  典藏地：QHX

0430

会计原理教程/陈应侠等主编.—南京:南京大学出版社,1991.—342页：19cm.—ISBN7-305-01052-9:CNY3.95

  典藏地：DZS

0431

基于让渡价值的顾客满意度比较模型构建与评价:以家电产业为例/卜庆娟著.—北京:中国社会科学出版社,2011.—205页：24cm.—ISBN978-7-5004-9515-4:CNY30.00

典藏地：DZU

0432

济阳县电业志/济阳县电业公司编.—济阳:济阳县电业公司,1987.—147页：照片：26cm

典藏地：DZS

0433

济阳县农业区划/山东省济阳县农业区划委员会办公室编.—济阳:济阳县农业区划委员会办公室,1987.—426页：26cm.—（精装）

典藏地：DZS

0434

加快转型发展促进富民强省:山东省社会科学界2010年学术年会文集/主编刘德龙：周忠高.—北京:人民日报出版社,2011.—755页：20cm.—ISBN978-7-5115-0342-8:CNY110.00

典藏地：DZU

0435

价格理论与实践/郭洪伟主编.—北京:人民日报出版社,2004.—217页：19cm.—ISBN7-80153-880-3:CNY18.60

典藏地：DZS

0436

经济发展视角下的中国农村收入不平等问题研究/王辉著.—北京:科学出版社,2012.—150页:图：24cm.—ISBN978-7-03-034589-9:CNY56.00

典藏地：DZU

0437

经济体制改革重要文件选编/德州地区经济体制改革委员会编.—

1991.12.—505页：19cm:CNY10.00

  典藏地：DZU

0438

经济与社会/德州地区社会科学联合会主办.—德州:德州地区社联:CNY1.50（1993）

  典藏地：DZU

0439

科学发展观与德州市:农村女性人力资源开发/胡升秀,杨玉娥主编.—济南:山东友谊出版社,2006.—424页:照片,地图：22cm.—ISBN7-80737-116-1:CNY28.00

  典藏地：DZS

0440

跨入全国经济大省行列:姜春云话山东改革与发展.—北京:中共党史出版社,2007.—387页,[28]页图版:图（部分彩图）.—,摹真：24cm.—ISBN978-7-80199-213-0:CNY58.00

  典藏地：DZU

0441

老德州酒营销策略研究/程亮：宁玉福：孙文星指导.—德州:德州学院图书馆,2015.06.—71页：29cm.—呈缴

  典藏地：DZU

0442

乐陵县农业自然资源调查和农业区划报告/乐陵县农业区划委员会办公室编.—乐陵:乐陵县农业区划委员会,1983.—340页：26cm

  典藏地：DZS

0443

乐陵县水利志/《乐陵县水利志》编纂委员会编.—乐陵:乐陵县水利局,1988.—214页:照片：26cm

  典藏地：DZS

0444

粮食审计学/李凤鸣主编.—南京:南京大学出版社,1991.—339页:19cm.—ISBN7-305-01033-2:CNY3.95

典藏地:DZS

0445

粮食系统微型计算机应用/季平主编.—南京:江苏科学技术出版社,1989.—285页:19cm.—ISBN7-5345-0658-1:CNY3.05

典藏地:DZS

0446

粮食知识手册/肖九祥主编.—北京:中国经济出版社,1989.—782页:19cm.—ISBN7-5017-0322-1(精装):CNY10.50

典藏地:DZS

0447

临邑县农业区划:1984/临邑县农业区划委员会办公室编.—临邑:临邑县农业区划委员会,1986.—308页:26cm

典藏地:DZS

0448

临邑县商业志:1915—1985/临邑县商业局编.—临邑:临邑县商业局,1988.—139页:照片:26cm

典藏地:DZS

0449

临邑县水利志/本书编委会编.—济南:山东人民出版社,1993.—269页:26cm.—ISBN7-209-01402-2(精装):CNY42.50

典藏地:DZS

0450

临邑邮电志/魏征军主编.—临邑:山东省临邑县邮电局,1999.—242页:26cm.—(精装)

典藏地:DZS

0451

陵县农业资源调查和农业区划报告/陵县农业区划委员会办公室编.—陵县:陵县农业区划委员会办公室,1981.—315页:26cm

典藏地:DZS

0452

陵县水利志/陵县水利志编纂委员会编.—陵县:陵县水利局,1990.—375页:照片:26cm.—(精装):CNY32.00

典藏地:DZS

0453

龙腾黄河岸/孙德奎著.—北京:现代出版社,2016.6.—198页:23cm.—(发展之路丛书).—ISBN978-7-5143-4662-6:CNY36.00

典藏地:QHX

0454

论文集锦/邢跃升,樊廷雷主编.—2000.6.—316页:32cm:CNY15.00

典藏地:DZU

0455

漫话德州扒鸡/陈星耀著.—德州:山东德州扒鸡总公司,1992.—46页:照片:19cm

典藏地:DZS

0456

模糊随机供需环境下的供应链库存管理/李丽著.—北京:科学出版社,2011.—232页:图:24cm.—ISBN978-7-03-032234-0:CNY50.00

典藏地:DZU

0457

宁津县农业资源调查和农业区划报告/山东省宁津县农业区划委员会办公室[编].—出版地不详:出版者不详,1982.—291页:图,地图:26cm

典藏地:DZU、DZS

0458

宁津县水利志/本书编纂委员会编.—天津:天津古籍出版社,1993.—293页：26cm.—ISBN7-80504-289-6（精装）:CNY58.00

典藏地：DZS

0459

宁津邮电志/颜景林,王荣辉主编.—宁津:山东省宁津县邮电局,2000.—377页：26cm.—（精装）

典藏地：DZS

0460

农业经济的回顾与展望/张成利等著.—北京:中国广播电视出版社,1989.—302页：21cm.—ISBN7-5043-0375-5:CNY3.90

典藏地：DZS

0461

农业生产力可持续发展研究/朱秀英著.—北京:中国社会科学出版社,2015.—228页：24cm.—ISBN978-7-5161-7092-2:CNY56.00

典藏地：DZU

0462

平原县国民经济及社会发展统计材料/平原县统计局.—177页

典藏地：PYX

0463

平原县农业区划/平原县农业区划委员会办公室编.—平原:平原县农业区划委员会,1986.—433页:照片：26cm

典藏地：DZS

0464

平原县小康村建设手册/平原县创建小康村领导小组办公室编.—116页.—ISBN978-7-:CNY6.00

典藏地：PYX

0465

齐河县农业区划/齐河县农业区划委员会办公室编.—齐河:齐河县农业区

划委员会,1984.—246页：26cm

　　典藏地：DZS

0466

齐河县水利志/《齐河县水利志》编纂委员会编.—济南:山东人民出版社,1990.—299页:照片：26cm.—ISBN7-209-00602-8:CNY10.70

　　典藏地：DZS、QHX

0467

齐河邮电志/马万华主编.—齐河:山东省齐河县邮电局,1998.—376页：26cm.—（精装）

　　典藏地：DZS

0468

企业上市与资产重组/德州市经济体制改革办公室.—德州,2002.01.—365页：21cm:CNY10.00

　　典藏地：DZU

0469

前进中的德州乡镇财政:德州乡镇财政十年发展.1985-1995/主编戴昭忠.—2019.09.05.—155页：25cm

　　典藏地：DZU

0470

区域经济发展环境指标体系及优化方案设计:以山东省为例/庞敦之著.—北京:中国财政经济出版社,2007.—341页：20cm.—ISBN978-7-5005-9901-2:CNY26.00

　　典藏地：DZU

0471

人寿保险数学/（瑞士）汉斯U.盖伯著：成世学,严颖译.—北京:世界图书出版公司北京公司,1996.—144页:图：21cm.—（应用数学译丛/章祥荪主编：第1号）.—ISBN7-5062-2862-9:CNY14.00

　　典藏地：DZU

0472

山东老字号/李平生编著.—济南:山东文艺出版社,2004.—182页：20cm.—（齐鲁历史文化丛书.第10辑）.—ISBN7-5329-2366-5:CNY15.30

典藏地：DZS

0473

山东省德州地区国民经济统计资料:1949-1990/山东省德州地区统计局.—1991.08.—277页：20cm

典藏地：DZU

0474

山东省德州地区经济和社会发展战略研究会顾问会议材料选编/德州地区经济研究中心.—1985.—185页：20cm

典藏地：DZU、DZS

0475

山东省德州市城郊经济优化研究成果报告/德州市农业区划委员会办公室编.—德州:德州市农业区划委员会办公室.—67页:图：26cm.—（精装）

典藏地：DZS

0476

山东省农产品出口技术性贸易壁垒分析/毛丽君著.—北京:中国经济出版社,2013.—252页:图：24cm.—ISBN978-7-5136-2848-8:CNY48.00

典藏地：DZU

0477

山东省庆云县农业区划汇编/庆云县农业区划委员会办公室编.—庆云:庆云县农业区划委员会办公室,1983.—376页：26cm.—（精装）

典藏地：DZS

0478

山东省省德州地区燃料公司志:1948--1984/德州地区燃料公司编.—德州:德州地区燃料公司,1986.—159页：26cm

典藏地：DZS

0479

山东水利大事记/山东省水利史志编辑室编.—济南:山东科学技术出版社,1989.—321页：26cm.—ISBN7-5331-0459-5（精装）:CNY15.00

典藏地：DZS

0480

商河耕地/周道德...[等]主编.—济南:山东大学出版社,2014.01.—180页:图（部分彩图）.—：26cm.—（山东耕地质量评价与应用丛书）.—ISBN978-7-5607-4991-4:CNY42.00

典藏地：DZU

0481

商河县农业资源调查和农业区划报告/商河县农业区划委员会办公室编.—商河:商河县农业区划委员会,1986.—447页：26cm

典藏地：DZS

0482

商河县水利志/商河县水利志编纂委员会编.—1991.—312页+插图：27cm

典藏地：DZS

0483

社会经济统计学原理170题/李学颜等编著.—沈阳:辽宁人民出版社,1983.—259页：19cm:CNY0.70

典藏地：DZS

0484

审时度势谋发展/李风臣著.—北京:中共中央党校出版社,2006.—535页：22cm.—ISBN7-5035-3446-X:CNY46.00

典藏地：DZS

0485

十年建设铸辉煌/杨焕彩主编.—济南:山东人民出版社,2012.—606页:图,照片：26cm.—ISBN978-7-209-06925-0（精装）:CNY180.00

典藏地：DZS

0486

时代的回声:山东省城市经济体制改革评述/高军,孟照辅编著.—北京:中国广播电视出版社,1990.—316页：19cm.—ISBN7-5043-0879-X:CNY4.20

　　典藏地：DZS

0487

水利志资料长编:为省水利志提供的资料/德州地区水利局水利志办公室编.—德州:德州地区水利局:1987.—259页:图：26cm

　　典藏地：DZS

0488

孙钱章管理科学研究与探索之路/孙钱章管理思想与理论研究小组选编.—北京:人民日报出版社,2007.—5卷：26cm.—ISBN978-7-80208-574-9（精装）:CNY1978.00（5卷）

　　典藏地：DZS

0489

踏上改革开放之路:苏毅然话山东改革开放/苏毅然等著.—北京:中共党史出版社,2006.12.—351页：20cm.—ISBN978-7-80199-604-6:CNY48.00

　　典藏地：DZU

0490

土地资源评价理论与实践/刘富刚编著.—北京:国防工业出版社,2011.—316页:图：21cm.—ISBN978-7-118-07657-8:CNY30.00

　　典藏地：DZU

0491

晚清山东商埠/魏永生编著.—济南:山东文艺出版社,2004.—128页：20cm.—（齐鲁历史文化丛书.第8辑）.—ISBN7-5329-2364-9:CNY10.90

　　典藏地：DZS

0492

网络能力与电视传媒营销/肖东坡著.—北京:北京交通大学出版社,2014.—177页：20cm.—（二十一世纪广播电视产业发展文丛）:CNY35.00.--

ISBN978-7-5121-4838-7

  典藏地：DZU

0493

我国保险业CRM应用研究实证分析/丁晓莉著.—北京:兵器工业出版社,2012.—265页：21cm.—ISBN978-7-80248-803-8:CNY28.00

  典藏地：DZU

0494

我国食品行业融资瓶颈实证研究/丁晓莉著.—北京:兵器工业出版社,2012.—243页：21cm.—ISBN978-7-80248-808-3:CNY28.00

  典藏地：DZU

0495

我国中小企业融资问题研究与对策分析/丁晓莉著.—北京:中国经济出版社,2013.—213页:图：24cm.—ISBN978-7-5136-2776-4:CNY39.00

  典藏地：DZU

0496

武城县农业资源调查和农业区划报告/武城县农业区划委员会办公室编.—武城:武城县农业区划委员会,1985.—306页:照片：26cm

  典藏地：DZS

0497

武城县水利志/《武城县水利志》编纂委员会编.—济南:山东人民出版社,1994.—214页:插图：27cm.—ISBN7-209-01646-5:CNY65.00

  典藏地：DZS

0498

武城邮电志/武城县邮电局史志编委会编.—266页：26cm.—（精装）

  典藏地：DZS

0499

武商研究文集.第一辑/武商现象调研课题办公室编.—北京:作家出版社.—214页：22cm.—ISBN7-5063-3301-5:CNY20.00

典藏地：DZS

0500

夏津县农业资源调查和农业区划报告/夏津县农业区划委员会办公室编.—夏津:夏津县农业区划委员会办公室,1983.—307页：26cm

典藏地：DZS

0501

夏津县水利志/夏津县水利志编纂委员会编.—夏津:夏津县水利局,1989.—414页:照片：26cm.—（精装）:CNY28.00

典藏地：DZS

0502

夏津邮电志/王书波主编.—夏津:山东省夏津县邮电局,1999.—258页：26cm.—（精装）

典藏地：DZS

0503

县域发展与中国现代化/刘建平,徐璐玲著.—北京:人民出版社,2008.—246页：24cm.—ISBN978-7-01-007255-5:CNY35.00

典藏地：DZS

0504

县域经济发展的理论与实践/李凤臣著.—北京:中共中央党校出版社,2005.—581页：19cm.—ISBN7-5035-3216-5:CNY38.00

典藏地：DZS、QHX

0505

现代产业经济学/刘志彪编著.—第2版.—北京:高等教育出版社,2009.—345页:图：23cm.—ISBN978-7-04-026317-6:CNY33.00

典藏地：DZU

0506

现代服务业概论/主编刘文烈郭新伟.—长春:吉林文史出版社,2008.—393页：20cm.—ISBN978-7-80702-879-6:CNY30.00

典藏地：DZU

0507

现代物流概论/王能,王彬主编.—北京:电子工业出版社,2016.—301页：26cm.—ISBN978-7-121-27716-0:CNY39.80

典藏地：DZU

0508

向小康水平前进的必由之路:谈发展德州乡镇企业/中共德州地委讲师团编写.—德州:中共德州地委讲师团,1988.—52页：19cm

典藏地：DZS

0509

消费者行为及网络购物/姚秀丽编著.—北京:科学出版社,2010.—187页：24cm.—ISBN978-7-03-029005-2:CNY39.80

典藏地：DZU

0510

写在大地上的诗篇:建设社会主义新农村带头人口述历史/中共德州市委党史研究室,中共宁津县委党史研究室编.—89页：20cm:CNY10.00

典藏地：DZU、DZS

0511

新城区战略与路径:推进城镇化重大问题研究/邵自升著.—北京:中国城市出版社,2014.—10,316页:图：26cm.—ISBN978-7-5074-2906-0:CNY60.00

典藏地：DZU

0512

新时期德州水利改革发展的实践与探索/祖传虎著.—2册

典藏地：DZS

0513

虚拟企业的组织与管理:基于团队理论的视角/王能著.—北京:中国社会科学出版社,2009.—297页:图：21cm.—ISBN978-7-5004-8396-0:CNY26.00

典藏地：DZU

0514

用"深绿色"理念导引经济发展/刘文霞著.—北京:人民出版社,2012.—293页：24cm.—（青年学术丛书.经济）.—ISBN978-7-01-010315-0:CNY39.80

典藏地：DZU

0515

与世纪同行:德州农业科技创新园十二年/郑忠著.—北京:农业出版社,2011.—136页：25cm.—ISBN978-7-109-15652-4:CNY36.00

典藏地：DZS

0516

禹城县农业资源和农业区划图集/禹城县农业区划办公室编.—禹城:禹城县农业区划办公室,1981.—50页：37cm

典藏地：DZS

0517

禹城县农业资源调查和农业区划报告/禹城县农业区划委员会办公室编.—禹城:禹城县农业区划委员会,1981.—263页：26cm.—（精装）

典藏地：DZS

0518

禹城县物资局志/禹城县物资志编写组编.—禹城:禹城县物资局,1986.—163页:照片：26cm

典藏地：DZS

0519

禹城邮电志/张传善,马传喜主编.—禹城:山东省禹城市邮电局,1999.—345页：26cm.—（精装）

典藏地：DZS

0520

证券知识与股票投资/相子国主编.—成都:西南财经大学出版社,2012.—190页:图：26cm.—ISBN978-7-5504-0553-0:CNY25.00

典藏地：DZU

0521

知识资产会计研究/相子国著.—北京:科学出版社,2012.—191页：24cm.—（山东省社会科学规划研究项目文丛.重点项目）.—ISBN978-7-03-033488-6:CNY48.00

典藏地：DZU

0522

直复营销及其发展研究/潘光杰著.—北京:原子能出版社,2012.—242页：20cm.—ISBN7-5022-5767-5:CNY30.00

典藏地：DZU

0523

制度变迁下的中国经济增长研究/王瑞泽著.—北京:中国社会科学出版社,2014.—146页:图：24cm.—ISBN978-7-5161-4776-4:CNY30.00

典藏地：DZU

0524

智能制造导论/德州学院,青岛英谷教育科技股份有限公司编著.—西安:西安电子科技大学出版社,2016.—138页:图：26cm.—ISBN978-7-5606-4198-0:CNY23.00

典藏地：DZU

0525

中国农村经济改革与发展/袁永新,周庆利主编.—济南:济南出版社,1990.—340页：21cm.—ISBN7-80572-225-0:CNY5.60

典藏地：DZS

0526

中国食品出口受阻风险及预警分析/韩大平著.—北京:中国社会科学出版社,2013.11.—304页:图：24cm.—ISBN978-7-5161-3669-0:CNY58.00

典藏地：DZU

0527

中国水电十三局三十年/本书编委会编.—德州:中国水电十三局印刷

厂,1992.—374页:照片：19cm

典藏地：DZS

0528

中国虚拟经济的风险与对策/汤志强著.—北京:兵器工业出版社,2012.—201页：24cm.—ISBN978-7-80248-788-8:CNY36.00

典藏地：DZU

0529

中国遗产型社区属性剥离与整合模式研究/李连璞著.—北京:科学出版社,2014.—257页:图：24cm.—ISBN978-7-03-041606-3:CNY98.00

典藏地：DZU

0530

周易与企业管理/史少博著.—北京:中国财政经济出版社,2003.—180页：32cm.—ISBN7-5005-6704-9:CNY20.00

典藏地：DZU

0531

追逐浪潮:新时期经济改革与发展问题研究/刘文烈著.—北京:国防大学出版社,2006.—342页：20cm.—ISBN978-7-5626-1530-9:CNY38.00

典藏地：DZU

0532

资源环境胁迫与节约型友好型社会建设/付修勇编著.—北京:中国科学技术出版社,2009.08.—287页：21cm.—ISBN978-7-5046-5503-5:CNY28.00

典藏地：DZU

0533

足迹:中国农业发展银行先进集体和个人事迹材料汇编/中国农业发展银行工会编.—2001.—220页：25cm

典藏地：DZS

G 文化、科学、教育、体育（0534—0713）

0534

"转调创"下的平原经济新动能:媒体看平原系列之一/中共平原县委宣传部编.—388页:32cm

典藏地：PYX

0535

1954-2004山东农业大学德州专科部大事记/杨治主编.—校史编写委员会,2004.—221页：20cm.—（新疆大学建校80周年丛书）

典藏地：DZU

0536

1978-2012年短跑技术与训练理论发展研究/孙浩著.—北京:科学技术文献出版社,2012.—292页：21cm.—ISBN978-7-5023-7517-1:CNY36.00

典藏地：DZU

0537

2017年德州学院本科专业人才培养方案汇编:双专业/德州学院教务处编.—德州:德州学院,2018.03.—525页：20cm.

典藏地：DZU

0538

21世纪中国大学生道德教育创新研究/毛振军著.—天津:天津科学技术出版社,2012.—366页：21cm.—ISBN978-7-5308-7385-4:CNY26.00

典藏地：DZU

0539

21世纪中国大学生思想教育科学体系构建研究/毛振军著.—天津:天津科

学技术出版社,2013.—278页：21cm.—ISBN978-7-5308-8391-4:CNY26.00

典藏地：DZU

0540

3~6岁幼儿社会适应能力培养/陈仪敏,曹瑞主编：德州市"3~6岁幼儿社会适应能力培养的实验研究"课题组[编].—济南:明天出版社,2004.—418页：20cm.—ISBN7-5332-4384-6:CNY13.00

典藏地：DZU

0541

奥运:精美的文化盛宴/周兰芝著.—北京:中国人民公安大学出版社,2008.02.—188页：24cm.—ISBN978-7-81109-967-6:CNY28.00

典藏地：DZU

0542

班级体验式心理拓展活动100例/张付山,陈燕著.—济南:山东文艺出版社,2014.—321页:照片：24cm.—ISBN978-7-5329-4460-6:CNY35.00

典藏地：DZU

0543

本体模式下的数字图书馆信息检索与服务研究/陈立华著.—北京:科学技术文献出版社,2014.—294页：21cm.—ISBN978-7-5023-9508-7:CNY38.00

典藏地：DZU

0544

禅拳五步功/王建民著.—郑州大学出版社,2017.—26:图.—ISBN978-7-5645-1963-6:CNY68.00

典藏地：DZS

0545

传统武术的创新发展研究/韩英甲,薛建爱,陈星潭编著.—北京:原子能出版社,2011.—250页：24cm.—ISBN7-5022-5349-1:CNY32.00

典藏地：DZU

0546

传统武术在现代健身运动大潮中的定位及发展/颜世亮,张建龙,刘峰主编.—哈尔滨:哈尔滨地图出版社,2009.—369页:图：26cm.—ISBN978-7-5465-0156-7:CNY28.00

典藏地：DZU

0547

创业基础/主编郑晓燕,相子国.—第2版.—成都:西南财经大学出版社,2015.—209页:图：26cm.—ISBN978-7-5504-2127-1:CNY28.00

典藏地：DZU

0548

创业基础案例与实训/主编郑晓燕.—第2版.—成都:西南财经大学出版社,2015.—261页：26cm.—ISBN978-7-5504-2126-4:CNY32.00

典藏地：DZU

0549

从师德中寻找教育的力量:山东省德州市师德建设实录/刘民生主编：德州市教育局编著.—济南:山东人民出版社,2012.—222页:彩照：24cm.—ISBN978-7-209-06791-1:CNY28.00

典藏地：DZS

0550

打造精品:文化产业建设研究/胡俊海著.—北京:线装书局,2010.06347页：20cm.—（德州地域文化研究丛书第一辑?）.—ISBN978-7-5120-0177-0:CNY360.00（全十二册）

典藏地：DZU、DZS、QYX

0551

大学生创业理论与实务/杨照征,夏锋编著.—北京:中国文联出版公司,2013.—467页：20cm.—ISBN978-7-5059-7783-9:CNY28.60

典藏地：DZU

0552

大学生国防教育/赵伟著.—济南:山东人民出版社,2015.—283页：24cm.—

ISBN978-7-209-08683-7:CNY28.00

典藏地：DZU

0553

大学生科技创新教育/郑晓燕主编.—成都:西南财经大学出版社,2012.—219页:图：26cm.—ISBN978-7-5504-0660-5:CNY28.00

典藏地：DZU

0554

大学生思想政治教育概论/张萌萌著.—北京:地震出版社,2013.—259页：24cm.—ISBN978-7-5028-4350-2:CNY32.00

典藏地：DZU

0555

大学生心理健康教育/张秀琴,王凤群,李芳菲主编.—北京:北京大学出版社哈尔滨:东北林业大学出版社,2018.—266页:图：26cm.—ISBN978-7-5674-1556-0:CNY48.00

典藏地：DZU

0556

大学生职业生涯规划与就业指导/杨照征主编.—济南:济南出版社,2007.—341页：20cm.—ISBN7-80710-099-0:CNY23.80

典藏地：DZU

0557

大学英语教师专业发展新视角/陈燕著.—北京:中国政法大学出版社,2014.—196页：21cm.—ISBN978-7-5620-5642-3:CNY24.00

典藏地：DZU

0558

当代跨栏跑运动训练理论实践研究/吕峰著.—长春:吉林大学出版社,2012.—253页:图：24cm.—ISBN978-7-5601-9044-0:CNY32.00

典藏地：DZU

0559

当代思想政治工作的理论与实践/刘恒敏,王保生主编.—北京:中国广播电视出版社,1989.—385页：19cm.—ISBN7-5043-0332-1:CNY3.70

典藏地：DZS

0560

当代中国群众体育理论构建、组织管理与运行机制研究/孙殿恩著.—哈尔滨:哈尔滨地图出版社,2012.—116页：26cm.—ISBN978-7-5465-0610-4:CNY35.00

典藏地：DZU

0561

德之风水之韵:德州地域文化纵横谈/季桂起著.—北京（北京市西城区鼓楼西大街41号（100009）.—线装书局,2015.—10,348页：20cm.—:照片.—（德州地域文化研究丛书.第三辑/季桂起主编）.—ISBN978-7-5120-1993-5:CNY30.00

典藏地：DZS

0562

德州地区出版志资料长编:1840--1987/德州地区新华书店编纂编.—德州:德州地区新华书店,1988.—200页：26cm

典藏地：DZS

0563

德州地区教育论文选教育改革与探索/尚增德主编.—济南:山东教育出版社,1988.—406页:无图表：21cm.—ISBN7-5328-0675-8:CNY4.20

典藏地：DZU

0564

德州地区教育史志资料.—1987.09.—335页：20cm

典藏地：DZU

0565

德州地区教育志/德州地区教育志编纂办公室.—天津:南开大学出版社,1990.06.—254页：28cm.—ISBN7-310-00362-4:CNY29.00

典藏地：DZU、DZS

0566

德州地域文化/刘金忠著.—北京:科学技术文献出版社,2009.12.—457页：20cm.—ISBN978-7-5023-5745-6:CNY45.00

典藏地：DZU、DCQ

0567

德州地域文化二十讲/张明福编.—2018.5.—564页：20cm.—（德州市地方史志丛书）

典藏地：DZU、DZS

0568

德州地域文化概论/季桂起著.—北京:线装书局,2010.06344页：20cm.—（德州地域文化研究丛书?第一辑）.—ISBN978-7-5120-0177-0:CNY360.00（全十二册）

典藏地：DZU、DZS、QYX

0569

德州方言实录与研究/曹延杰著.—北京:线装书局,2010.06535页：20cm.—（德州地域文化研究丛书?第一辑）.—ISBN978-7-5120-0177-0:CNY360.00（全十二册）

典藏地：DZU、DZS、QYX

0570

德州广播电视志:1937--1985/德州地区广播电视处编.—德州:德州地区广播电视处,1987.—332页：26cm

典藏地：DZS

0571

德州技工学校志/袁学峰,黄界存主编.—1999.08.—287页：32cm:CNY25.00

典藏地：DZU、DZS

0572

德州简史/刘军等.—济南:齐鲁书社,2002.01.—83页：20cm.—ISBN7-5333-

1008-X:CNY2.90

典藏地：DZU

0573

德州抗日斗争/郭新中著.—北京:线装书局,2010.06353页：20cm.—（德州地域文化研究丛书第一辑?）.—ISBN978-7-5120-0177-0:CNY360.00（全十二册）

典藏地：DZU、DZS、QYX

0574

德州历代名人/梁国楹著.—北京:线装书局,2010.06301页：20cm.—（德州地域文化研究丛书第一辑?）.—ISBN978-7-5120-0177-0:CNY360.00（全十二册）

典藏地：DZU、DZS、QYX

0575

德州民俗研究/王明春著.—北京:线装书局,2010.06377页：20cm.—（德州地域文化研究丛书?第一辑）.—ISBN978-7-5120-0177-0:CNY360.00（全十二册）

典藏地：DZU、QYX、DZS

0576

德州市2004年度文化科技卫生"三下乡"活动材料汇编/中共德州市委宣传部编.—德州,2002.—1册：c25m:CNY赠送

典藏地：DZS

0577

德州市报纸志/王明溪主编.—德州:德州市报,1988.—119页:图：19cm

典藏地：DZS

0578

德州市非物质文化遗产集萃/杨杰主编.—济南:济南出版社,2019.—260页:图,照片：34cm.—ISBN978-7-5488-4015-2（精装）:CNY368.00

典藏地：DZS

0579

德州市教育志:1840——1985/主编田宝昆.—德州市教育志编纂委员会,1988.09.—358页：26cm:CNY5.00

典藏地：DZU、DZS

0580

德州市申报2002年度全省文化科技卫生"三下乡"活动组织工作奖材料/中共德州市委宣传部编.—德州,2002.—1册：c25m:CNY赠送

典藏地：DZS

0581

德州市体育志/赵振环主编：德州市体育志编纂委员会编.—北京:人民体育出版社,2005.—583页:彩照（144页）.—：26cm.—（山东省德州市地方志丛书）.—ISBN7-5009-2757-6（精装）:CNY298.00

典藏地：DZU

0582

德州市文化产业项目书.—65页：26cm

典藏地：DZS

0583

德州市文化广电新闻出版局工作"十三五"发展规划/德州市文化广电新闻出版局.—德州:德州市文化广电新闻出版局,2016.—60页：27cm

典藏地：DZU

0584

德州市文化广电新闻出版局工作政策法规汇编.—2017.—2册（346页：314页）.—：21cm

典藏地：DZU

0585

德州市文化艺术志（1840-1988）/德城区文化局编.—2008.—316页：26cm:CNY内部赠送

典藏地：DZS

0586

德州文物古迹/王永顺著.—北京:线装书局,2010.06301页:20cm.—(德州地域文化研究丛书?第一辑).—ISBN978-7-5120-0177-0:CNY360.00(全十二册)

典藏地:DZU、DZS、QYX

0587

德州学院(1971-2011)校友录/德州学院,2011.05.—1286页

典藏地:DZU

0588

德州学院年鉴.2019/《德州学院年鉴》编纂委员会编.—济南:济南出版社,2019.—445页:彩照:29cm.—ISBN978-7-5488-3841-8(精装):CNY180.00

典藏地:DZU

0589

德州学院史:1971-2011/本编写组.—济南:山东人民出版社,2011.05.—502页:20cm.—ISBN7-209-05721-8:CNY50.00

典藏地:DZU

0590

德州学院文化科技创新成果汇编:2001-2005.—德州学院科研处,2006.—81页:20cm

典藏地:DZU

0591

德州饮食文化/朱瑞山著.—北京:线装书局,2010.06301页:20cm.—(德州地域文化研究丛书第一辑?).—ISBN978-7-5120-0177-0:CNY360.00(全十二册)

典藏地:DZU、DZS、QYX

0592

德州英才/德州市文学艺术界联合会.—2001.—332页:20cm

典藏地:DZU

0593

德州运河文化/田贵宝、田丰著.—北京:线装书局,2010.06301页：20cm.—(德州地域文化研究丛书.第一辑).—ISBN978-7-5120-0177-0:CNY360.00（全十二册）

典藏地：DZU、DZS、QYX

0594

德州重大历史事件/王守栋著.—北京:线装书局,2010.06347页：20cm.—(德州地域文化研究丛书第一辑?).—ISBN978-7-5120-0177-0:CNY360.00（全十二册）

典藏地：DZU、DZS、DCQ、QYX

0595

地方本科院校创新性应用型人才培养模式研究/季桂起,宋伯宁著.—济南:山东大学出版社,2013.—362页：24cm.—ISBN978-7-5607-4758-3:CNY38.00

典藏地：DZU

0596

地方新建本科院校协同创新与协同育人模式研究/贺金玉著.—济南:山东大学出版社,2013.—287页:图：24cm.—ISBN978-7-5607-4765-1:CNY32.00

典藏地：DZU

0597

定向运动基本理论构建与实践研究/孙殿恩著.—长春:东北师范大学出版社,2012.—277页:图：23cm.—ISBN978-7-5602-8150-6:CNY32.80

典藏地：DZU

0598

东坡曰/肖东坡,王凯主编.—北京:中国电影出版社,2016.—434页:图：21cm.—ISBN978-7-106-04411-4:CNY36.00

典藏地：DZU

0599

儿童智能发展不平衡研究/霍洪田著.—北京:人民出版社,2015.—232页:

图：23cm.—ISBN978-7-01-015209-7:CNY42.00

  典藏地：DZU

0600

高等学校管理创新研究/朱秀英等著.—北京:中国社会科学出版社,2013.—265页：24cm.—ISBN978-7-5161-2423-9:CNY49.00

  典藏地：DZU

0601

高校核心价值体系教育创新研究/毛振军著.—天津:天津科学技术出版社,2012.—17,280页：21cm.—ISBN978-7-5308-7413-4:CNY26.00

  典藏地：DZU

0602

高校课程体系设计研究:兼论OBE课程设计/巩建闽著.—北京:高等教育出版社,2017.—335页:图：24cm.—ISBN978-7-04-048840-1:CNY50.00

  典藏地：DZU

0603

高校图书馆文献资源建设质量管理/李红霞著.—线装书局:线装书局,2013.—318页：20cm.—（中国风丛书）.—ISBN978-7-5120-1089-5:CNY24.00

  典藏地：DZU

0604

高校图书馆信息资源建设与信息服务/李红霞著.—秦皇岛:燕山大学出版社,2013.—290页：24cm.—ISBN978-7-81142-063-0:CNY48.00

  典藏地：DZU

0605

高校足球教学理念与科学训练研究/颜兵著.—北京:中国原子能出版社,2012.—223页：24cm.—ISBN978-7-5022-5658-6:CNY26.80

  典藏地：DZU

0606

G 文化、科学、教育、体育（0534—0713）

故园杂谈:少年的记忆/裴振峰著.—200.—272页:图：14cm

典藏地：DZS

0607

关于小学生全面发展教育研究/霍洪田著.—北京:中国社会科学出版社,2015.—192页：24cm.—ISBN978-7-5161-6900-1:CNY45.00

典藏地：DZU

0608

规制与引领:地方新建本科高校教学管理制度研究/房敏著.—北京:中国社会科学出版社,2018.06.—338页：24cm.—ISBN978-7-5203-2954-5:CNY89.00

典藏地：DZU

0609

鸿雁飞向世界/黄占举,郭兆昆主编.—北京:中国国际广播出版社,1992.—43页：20cm:CNY0.60

典藏地：DKY、DZU

0610

辉煌的历程/山东省德州财贸经济学习编.—383页：21cm

典藏地：DZS

0611

辉煌四十年/尚泓海主编.—德州,2011.05.—55页：20cm

典藏地：DZU

0612

激发兴趣和热情的数学课/主编:李玉文.—北京:北京师范大学出版社,2004.08.—209页：21cm.—ISBN7-303-07114-8:CNY8.00

典藏地：DZU

0613

建设故事:山东德州市建设街小学/《建设故事编委会》.—桂林:漓江出版社,2012.—405页：30cm.—ISBN978-7-5407-5965-0:CNY36.80

典藏地：DZS

0614

健身指南/德州市体育局编写.—2002.02.—68页：20cm

典藏地：DZU

0615

教改与教研探微/郭兆昆等主编.—成都:成都科技大学出版社,1998.08.—579页：16开.—ISBN7-5616-3730-6:CNY86.00

典藏地：DZU

0616

教师示范作文/胡敦骅,周永学主编.—北京:海洋出版社,1991.—207页：19cm.—ISBN7-5027-1417-0:CNY2.40

典藏地：DZS

0617

教育科学散论/郭兆昆主编.—呼和浩特:内蒙古大学出版社,1999.6.—445页：16开.—ISBN7-81015-916-X:CNY76.00

典藏地：DZU

0618

教育科学研究/郭兆昆主编.—呼和浩特:内蒙古大学出版社,2000.5.—383页：16开.—ISBN7-81015-994-1:CNY73.00

典藏地：DZU

0619

教育学/袁彬,姚如璋,王尊三主编.—北京:华夏出版社,1989.—329页：32cm.—ISBN7-80053-591-6:CNY3.00

典藏地：DZU

0620

教育学泛读/李连波等主编.—徐州:中国矿业大学出版社,1989.08.—295页：20cm.—ISBN7-81021-281-8:CNY3.20

典藏地：DZU

0621

教育与教学研究新论/郭兆昆主编.—呼和浩特:内蒙古大学出版社,1998.02.—678页:16开.—ISBN7-81015-826-0:CNY98.00

  典藏地:DZU

0622

跨文化交际研究:探索当代亚洲社会之共核/张胜勇著.—北京:中国社会科学出版社,2014.—202页:21cm.—ISBN978-7-5161-3301-9:CNY25.00

  典藏地:DZU

0623

乐陵一中发展简史1945-1995/任万善等主编.—154页:20cm

  典藏地:DZU

0624

临邑县广播电视志/临邑县广播电视局编.—临邑:临邑广播电视局,1988.—95页:26cm

  典藏地:DZS

0625

临邑县图书发行志/临邑县新华书店编.—临邑:临邑县新华书店,1988.—49页:照片:26cm

  典藏地:DZS

0626

陵县教育志/陵县教育志编写组编.—陵县:陵县教育局,1981.—176页:26cm

  典藏地:DZS

0627

绿色、低碳、可持续的平原循环发展新模式:媒体看平原系列之三/中共平原县委宣传部编.—169页:32cm

  典藏地:PYX

0628

民国时期教育独立思潮研究/姜朝晖著.—北京:中国社会科学出版

社,2008.09.—409页：22cm.—ISBN978-7-5004-7206-3:CNY29.00

  典藏地：DZU

0629

排球/李汝田.—济南:山东大学出版社,2001.06.—318页：21cm.—ISBN7-5607-2287-3:CNY16.50

  典藏地：DZU

0630

攀登的阶梯求知的殿堂（光盘版）:蓬勃发展的泰山学院图书馆.—12cm

  典藏地：DZU

0631

齐鲁农广风采/商学芳主编.—北京:中国农业科学技术出版社,2011.—279页：21cm.—ISBN978-7-5116-0645-7:CNY20.00

  典藏地：DZS

0632

齐鲁武术史话/李成银著.—济南:山东文艺出版社,2004.—173页：20cm.—（齐鲁历史文化丛书.第9辑）.—ISBN7-5329-2365-7:CNY14.70

  典藏地：DZS

0633

亲子儿歌说唱/宋金征,高占海著.—北京:金盾出版社,2014.—126页：21cm.—ISBN978-7-5082-9690-6:CNY12.00

  典藏地：DZU

0634

全国优秀教育教学论文集.上/郑声滔等主编.—北京:中国国际广播出版社,1998.10.—888页：20cm.—ISBN7-5078-1672-9:CNY88.00

  典藏地：DZU

0635

让文化插上腾飞的翅膀（光盘版）德州市文化广电新闻出版工作纪实

  典藏地：DZU

0636

任继愈论古籍整理/任继愈著.—北京:国家图书馆出版社,2016.—204页:图：20cm.—ISBN978-7-5013-6006-2:CNY24.00

典藏地：DZU

0637

任继愈论文化与教育/任继愈著.—北京:国家图书馆出版社,2016.—154页：21cm.—ISBN978-7-5013-6005-5:CNY20.00

典藏地：DZU

0638

山东档案年鉴.2014/.—济南:山东人民出版社ISBN978-7-209-08829-9:CNY168.00

典藏地：QHX

0639

山东德州工业学校校志:1978-1997/本校校志编纂委员会编.—1998.09.—203页：20cm:CNY5.00

典藏地：DZU

0640

山东教育年鉴.2015/山东省教育厅编.—济南:黄河出版社,2016.—12,774页:彩照：29cm.—ISBN978-7-5460-0708-3（精装):CNY280.00

典藏地：DZU

0641

山东省志档案志/.—济南:山东人民出版社.—ISBN978-7-209-06922-9:CNY168.00

典藏地：QHX

0642

山东书院史话/李伟著.—济南:山东文艺出版社,2004.—110页：20cm.—（齐鲁历史文化丛书.第9辑).—ISBN7-5329-2365-7:CNY9.70

典藏地：DZS

0643

社会科学文献检索专论/张秀岭著.—北京:中国言实出版社,2012.—341页：20cm.—（社科新学术论丛（第五辑）.—ISBN978-7-80250-950-4:CNY28.00

典藏地：DZU

0644

社区传统体育养生文化研究/韩英甲著.—北京:中国原子能出版社,2012.—222页：24cm.—ISBN978-7-5022-5707-1:CNY26.80

典藏地：DZU

0645

生命视阈中的教与学/王萍著.—北京:中国戏剧出版社,2008.—216页：20cm.—ISBN978-7-104-02623-5:CNY16.00

典藏地：DZU

0646

实践我们的梦想:德州学院优秀毕业生风采录.—342页：20cm

典藏地：DZU

0647

数学教育学概论/周学海著.—长春:东北师范大学出版社,1996.—487页：图：20cm.—ISBN7-5602-1862-8:CNY18.00

典藏地：DZU

0648

数学课程发展/（英）G.豪森等著：周克希,赵斌译.—上海:上海教育出版社,1992.—[4],332页：20cm.—（中小学数学教学论著译丛）.—ISBN7-5320-2664-7:CNY13.25

典藏地：DZU

0649

数学课程论/张永春编著.—南宁:广西教育出版社,1996.—376页:图：

21cm.—（学科现代教育理论书系.数学）.—ISBN7-5435-2532-1（精装）.—ISBN7543525313:CNY20.00

  典藏地：DZU

0650

数学学习方法概论/崔连香著.—天津:天津科学技术出版社,2013.—319页：21cm.—ISBN978-7-5308-7827-9:CNY26.00

  典藏地：DZU

0651

数学学习论/郑君文,张恩华著.—南宁:广西教育出版社,1996.—211页:图,肖像：21cm.—（学科现代教育理论书系.数学）.—ISBN978-7-5435-2527-6:CNY13.50

  典藏地：DZU

0652

数字化信息检索与利用/张承华等.—台北:山东文化音像出版社,2002.05.—250页：20cm.—ISBN7-89999-076-9:CNY16.50

  典藏地：DZU

0653

苏禄王及其后裔/王守栋、王瑞著.—北京:线装书局,2010.06347页：20cm.—（德州地域文化研究丛书?第一辑）.—ISBN978-7-5120-0177-0:CNY360.00（全十二册）

  典藏地：DZU、DZS、QYX

0654

孙轶青藏砚赏析/春风无忧子编.—济南:齐鲁书社,2014.—230页:彩图,肖像：29cm.—ISBN978-7-5333-3161-0:CNY96.00

  典藏地：DZU

0655

太极健身实用对练/王成编著.—济南:山东友谊书社,1994.—122页：19cm.—ISBN7-80551-665-0:CNY4.80

典藏地：DZS

0656

体操/朱光辉.—济南:山东大学出版社,2001.06.—235页：19cm.—ISBN7-5607-2289-X:CNY12.50

典藏地：DZU

0657

体育绘图/何敬东主编.—济南:山东大学出版社,2001.06.—261页：19cm.—ISBN7-5607-2291-1:CNY14.00

典藏地：DZU

0658

体育文化传承与发展研究/李惠娟著.—北京:中国原子能出版社,2012.—205页：25cm.—ISBN978-7-5022-5763-7:CNY26.00

典藏地：DZU

0659

体育心理学/高发民.—济南:山东大学出版社,2001.06.—299页：19cm.—ISBN7-5607-2283-0:CNY15.50

典藏地：DZU

0660

体育运动与现代健康观/蒋慧著.—北京:原子能出版社,2014.—220页：20cm.—ISBN978-7-5022-6394-2:CNY39.00

典藏地：DZU

0661

田径/王鲁克主编.—济南:山东大学出版社,2010.06.—303页：20cm.—ISBN7-5607-2285-7:CNY16.00

典藏地：DZU

0662

田径竞赛裁判工作手册:大型田径赛事裁判方法/李老民等主编.—北京:北京体育大学出版社,2006.—281页：21cm.—ISBN7-81100-276-0:CNY16.00

典藏地：DZU

0663

托起明天的太阳:德州学院优秀教师风采录/.—2006.10.—341页：20cm

典藏地：DZU

0664

晚清山东新式学堂/曹立前著.—济南:山东文艺出版社,2004.—150页：20cm.—（齐鲁历史文化丛书.第8辑）.—ISBN7-5329-2364-9:CNY12.80

典藏地：DZS

0665

网络环境下高校图书馆信息安全/陈秀英著.—北京:研究出版社,2013.—273页:图：24cm.—ISBN978-7-80168-851-4:CNY38.00

典藏地：DZU

0666

文化艺术志资料汇编/山东省文化厅《文化艺术志》编辑办公室编.—济南:[?],1984-1990.—24辑：19cm

典藏地：DZS、DCQ

0667

我的习武之路:学拳经历/蔡文晓.—2013.—88页：28cm

典藏地：DZU

0668

习武学文悟华真:当代学校教育中优秀传统文化的点滴拾遗/王兴臣著.—北京:现代出版社,2016.—210页：20cm.—ISBN978-7-5143-4318-2（线装）.—:CNY36.00

典藏地：DZU

0669

现代短跑技术与训练研究/李广文著.—长春:吉林大学出版社,2011.—ISBN978-7-5601-7713-7:CNY32.00

典藏地：DZU

0670

现代教育学/王萍主编.—济南:山东教育出版社,2012.—328页:24cm.—ISBN978-7-5328-7193-3:CNY39.00

典藏地:DZU

0671

现代教育学教程/陈文华,安石英主编.—北京:中国科学技术出版社,2008.07.—264页:26cm.—ISBN978-7-5046-5242-3:CNY32.00

典藏地:DZU

0672

现代与后现代图书馆:诠释与评论/陈立华著.—北京:中国社会科学出版社,2014.—268页:24cm.—ISBN978-7-5161-4917-1:CNY55.00

典藏地:DZU

0673

现代阅读学/王继坤著.—第二版.—济南:济南出版社,1992.06.—363页:19cm.—ISBN7-80572-413-X:CNY5.80

典藏地:DZU、DZS

0674

现代阅读学教程/王继坤主编.—青岛:青岛海洋大学出版社,1999.—411页:20cm.—ISBN7-81067-052-2:CNY19.80

典藏地:DZU

0675

现代职业体育理论与发展研究/孙浩著.—北京:中国原子能出版社,2012.—230页:24cm.—ISBN978-7-5022-5701-9:CNY26.00

典藏地:DZU

0676

现代作家和教育/翟瑞青.—北京:国际文化出版公司,1999.07.—223页:20cm.—ISBN7-80105-625-6:CNY15.60

典藏地:DZU

0677

相约故事/肖东坡著.—北京:地震出版社,2016.—369页：21cm.—ISBN978-7-5028-4817-0:CNY128.00

典藏地：DZU

0678

萧何庄志/刘金忠主编.—北京:中国文史出版社,2008.02.—343页：20cm.—ISBN978-7-5034-1712-7:CNY34.00

典藏地：DZU、DZS、DCQ

0679

心迹.特级教师富国杰文选/富国杰著.—天津:新蕾出版社,2004.—481页：21cm.—（名师文萃）.—ISBN7-5307-2206-9:CNY20.00

典藏地：DZS

0680

新媒体视野下当代大学生思想政治教育研究/迟桂荣著.—北京:中国社会科学出版社,2014.—251页：21cm.—ISBN978-7-5161-5171-6:CNY35.00

典藏地：DZU

0681

新时期高校大学生公寓管理理论与实践探索/赵伟著.—北京:兵器工业出版社,2014.—172页：24cm.—ISBN978-7-5181-0059-0:CNY32.00

典藏地：DZU

0682

学校体育学/刘善言.—济南:山东大学出版社,2001.06.—288页：19cm.—ISBN7-5607-2284-9:CNY15.00

典藏地：DZU

0683

学校卫生学/徐建英主编.—济南:山东大学出版社,2001.06.—261页：20cm.—ISBN7-5607-2294-6:CNY14.00

典藏地：DZU

0684

学校文化管理理论构建与实践/德州市中小学文化管理的理论构建和实践课题组.—北京,2006.09（2005重印）.—272页：24cm.—（全国中学骨干校长高级研究班文库/陈玉琨主编）

典藏地：DZU

0685

一所大学的办学始末/张有文著.—北京:线装书局,2015.—130页:彩照：24cm.—ISBN978-7-5120-1935-5:CNY38.00

典藏地：DZU

0686

一位教师的心灵图谱/魏保和.—北京:中国文联出版社,2008.01.—281页：22cm.—ISBN978-7-5059-5133-4:CNY29.00

典藏地：QHX

0687

医学生就业理论与实践/李国华主编.—西安:第四军医大学出版社,2011.—165页：26cm.—ISBN978-7-5662-0054-9:CNY22.80

典藏地：DZU

0688

依附与剥离:后殖民文化语境中的黑非洲英语写作/高文惠著.—北京:中国社会科学出版社,2015.04.—228页：24cm.—ISBN978-7-5161-5942-2:CNY48.00

典藏地：DZU

0689

以人为核心的平原新型城镇化:媒体看平原系列之二/中共平原县委宣传部编.—309页:32cm

典藏地：PYX

0690

与少年朋友谈写作/田毅著.—石家庄:河北教育出版社,2004.—230页：19cm.—ISBN7-5434-4529-8:CNY17.50

典藏地：DZS、YCS

0691

禹城县教育志/主编:刘吉凤.—1987.09.—380页：26cm:CNY20.00

典藏地：DZU

0692

语文教育散论/孙孝军著.—北京:团结出版社,2015.—255页：20cm.—ISBN978-7-5126-2631-7:CNY21.00

典藏地：DZU

0693

运动训练学/李志勇主编.—济南:山东大学出版社,2001.06.—326页：20cm.—ISBN7-5607-2293-8:CNY16.80

典藏地：DZU

0694

运河文化（山东）文集/于德普主编.—济南:山东科学技术出版社,1998.09.—607页：32cm.—ISBN7-5331-2295-X:CNY55.00

典藏地：DZU

0695

张庆岭谈写作/张庆岭著.—德州:德州市新闻出版局,1998.—156页：19cm:CNY5.50

典藏地：DZS

0696

章丘广播电视志/章丘广播电视志编纂委员会编.—济南:山东省地图出版社,2003.—440页:27cm.—ISBN7-80532-596-0:CNY98.00

典藏地：PYX

0697

职业教育研究与探索/崔乃林,王呈璋,张波主编.—东营:石油大学出版社,1997.—353页：21cm.—ISBN7-5636-0915-6:CNY12.00

典藏地：QYX

0698

中国"90后"大学生网络思想教育创新研究/毛振军著.—天津:天津科学技术出版社,2013.—13,268页：21cm.—ISBN978-7-5308-8390-7:CNY26.00

典藏地：DZU

0699

中国"和而不同"的文化外交/贾文岩著.—北京:兵器工业出版社,2012.—203页：21cm.—ISBN978-7-80248-768-0:CNY28.00

典藏地：DZU

0700

中国藏书楼/任继愈主编.—沈阳:辽宁人民出版社,2000.—3册（10,2225页）.—:彩照：21cm.—ISBN7-205-04475-8（精装）:CNY218.00

典藏地：DZU

0701

中国传统文化教程/梁国楹主编.—济南:山东大学出版社,2005.09.—321页：23cm.—ISBN7-5607-3022-1:CNY28.00

典藏地：DZU

0702

中国地方新建本科院校的办学定位/贺金玉著.—北京:高等教育出版社,2009.05.—265页：20cm.—ISBN978-7-04-026397-8:CNY20.00

典藏地：DZU

0703

中国宁津蟋蟀志/吴继传.—北京:中国广播电视出版社,1991.08.—322页：20cm.—ISBN7-5043-1354-8:CNY15.80

典藏地：DZU

0704

中国著名藏书楼海源阁/杨朝亮著.—济南:山东文艺出版社,2004.—128页：20cm.—（齐鲁历史文化丛书.第10辑）.—ISBN7-5329-2366-5:CNY10.90

典藏地：DZS

0705

中华传统武术的文化阐释/孙浩著.—北京:中国原子能出版社,2012.—222页:25cm.—ISBN978-7-5022-5759-0:CNY32.00

典藏地:DZU

0706

中学数学问题集/张奠宙,戴再平主编.—上海:华东师范大学出版社,1996.—315页:图:19cm.—(中学数学应用丛书).—ISBN7-5617-1399-1:CNY10.80

典藏地:DZU

0707

烛光:教师下水作文选/栾文通等主编.—北京:中国国际广播出版社,1992.—300页:19cm.—ISBN7-5078-0718-5:CNY3.80

典藏地:DZS

0708

烛光记忆/华瑞杰著.—青岛:青岛出版社,2014.—203页:24cm.—ISBN978-7-5552-0787-0:CNY32.00

典藏地:DZU

0709

壮美的奥运/周兰芝编著.—北京:中国人民公安大学出版社,2008.02.—200页:24cm.—ISBN978-7-81109-968-3:CNY28.00

典藏地:DZU

0710

追逐梦想/魏保和.—北京:线装书局,2011.10.—224页:22cm.—(新活力作家文丛).—ISBN978-7-5120-0432-0:CNY21.67

典藏地:QHX

0711

自由与包容:西南联大人和事/任继愈著.—南昌:江西教育出版社,2017.—251页:21cm.—ISBN978-7-5392-9592-3:CNY36.00

典藏地:DZU

0712

作文导与练/张庆岭编著.—北京:华夏出版社,2002.09.—212页：20cm.—ISBN7-5080-2238-6:CNY13.80

典藏地：DZU

0713

做家长的学问:给中小学生家长/傅国杰著.—天津:天津教育出版社,1988.—153页：19cm.—ISBN7-5309-0496-5:CNY1.30

典藏地：DZS

H 语言、文字（0714—0760）

0714

《尔雅》普通语词注释/李冬英著.—北京:中国社会科学出版社,2015.—309页：24cm.—ISBN978-7-5161-6686-4:CNY75.00

典藏地：DZU

0715

2011年美国校园励志演讲.校长学生篇/王瑞泽主编.—北京:机械工业出版社,2012314页：21cm.—（爱阅读双语译丛:珍藏版）.—ISBN978-7-111-37990-4:CNY29.80

典藏地：DZU

0716

2011年美国校园励志演讲精选.名人篇/王瑞泽主编.—北京:机械工业出版社,2012328页：21cm.—（爱阅读贩双语译丛:珍藏版）.—ISBN978-7-111-36860-1:CNY29.80

典藏地：DZU

0717

阿甘正传/钟玲.—北京:外文音像出版社,2005.03.—158页：20cm.—ISBN7-88307-187-4:CNY19.00

典藏地：DZU

0718

奥普拉演讲访谈录/王瑞泽主编.—北京:机械工业出版社,2012.03349页：21cm.—（爱阅读双语译丛:珍藏版）.—ISBN978-7-111-37601-9:CNY29.80

典藏地：DZU

0719

常常读错的形声字/德州师范专科学校.—德州:德州师范专科学校,1991.04.—163页:20cm

典藏地:DZU

0720

常读常错的形声字/曹鼎,李景生.—香港:文化教育出版社有限公司,1992.08.—183页:20cm.—ISBN962-7281-55-7:CNY2.95

典藏地:DZU

0721

大学生母语素质教育及提升研究/李洪亮著.—济南:山东大学出版社,2018.12.—210页:24cm.—ISBN978-7-5607-6256-2:CNY28.00

典藏地:DZU

0722

大学速读训练教程/王继坤主编.—济南:山东大学出版社,2005.09.—190页:23cm.—ISBN7-5607-3023-X:CNY19.00

典藏地:DZU

0723

大学英语的人文教育向度/宋辉著.—北京:中国社会科学出版社,2014.—241页:24cm.—(山东省社科规划研究项目文丛).—ISBN978-7-5161-4761-0:CNY48.00

典藏地:DZU

0724

大学语文/姜山秀.—济南:山东人民出版社,2008.12.—327页:26cm.—ISBN978-7-209-04634-3:CNY29.80

典藏地:DZU

0725

德州方言与普通话/曹延杰著.—北京:华艺出版社,2000.07.—186页:20cm.—ISBN7-5059-2374-9:CNY16.80

典藏地：DZU、DZS

0726

德州方言志/曹延杰著.—北京:语文出版社,1991.12.—241页：20cm.—ISBN7-80006-423-9:CNY4.20

典藏地：DZU、DZS、DCQ

0727

德州话与普通话/李景生编著.—呼和浩特:内蒙古人民出版社,1999.—300页：16cm.—ISBN7-204-03069-9:CNY17.80

典藏地：DZU

0728

读写双快能力训练与坚持/王继坤主编.—北京:中国国际广播出版社,1994.—311页：19cm.—ISBN978-7-5078-1112-4:CNY9.80

典藏地：DZU

0729

个性作文:德州市高中生优秀习作征文获奖作文选/《少年文萃》编辑部编.—济南:齐鲁书社,2003.—151页：20cm.—ISBN7-5333-1212-0:CNY4.90

典藏地：DZU

0730

公文写作锁谈/刘德升著.—北京:中国文联出版社,2005.—190页：20cm.—ISBN7-5059-4252-2:CNY13.80

典藏地：DZS

0731

古代汉语题解/曹鼎.—天津:天津教育出版社,1989.05.—184:无图表：32cm.—ISBN7-5309-0769-7:CNY2.10

典藏地：DZU

0732

古代汉语文选提要/刘保今编著.—济南:济南出版社,1992.07.—256页：19cm.—ISBN7-80572-376-1:CNY3.30

典藏地：DZU

0733

古代文学导读与训练/栾绪夫主编.—济南:济南出版社,1989.—472页：19cm.—ISBN7-80572-076-Z:CNY4.60

典藏地：DZS

0734

过程性写作:基于文本的多维互动/张锦辉著.—北京:兵器工业出版社,2013.—163页：21cm.—ISBN978-7-80248-628-7:CNY25.00

典藏地：DZU

0735

汉语、修辞、文化/白朝霞著.—北京:大众文艺出版社,2007.10.—224页：20cm.—ISBN978-7-80240-076-4:CNY16.00

典藏地：DZU

0736

汉语字词句问题新说/李景生.—北京:中国戏剧出版社,2004.08.—274页：20cm.—ISBN7-104-01956-1:CNY22.00

典藏地：DZU

0737

汉字与上古文化/李景生著.—北京:中国社会科学出版社,2009.—268页：21cm.—ISBN978-7-5004-8300-7:CNY25.00

典藏地：DZU

0738

记叙文议论文写作简论:怎样写好记叙文和议论文/李善祯著.—北京:海洋出版社,1993.06.—184页：32cm.—ISBN7-5027-3351-5:CNY3.20

典藏地：DZU

0739

宁津方言志/曹延杰著.—北京:中国文史出版社,2003.—320页：16cm.—ISBN7-5034-1212-7:CNY28.60

典藏地：DZU、DZS

0740

普通话教程/尹建国主编.—北京:高等教育出版社,2006.—275页:地图：22cm.—+1光盘.—ISBN7-04-020449-5:CNY20.00

典藏地：DZU

0741

普通话培训与测试/尹建国.—北京:语文出版社,2003.—394页：20cm.—ISBN7-80184-037-2:CNY15.00

典藏地：DZU

0742

普通话十讲/曹鼎等编著.—1992.08.—145页：20cm:CNY15.00

典藏地：DZU

0743

齐河三选/王长月编著.—266页：21cm

典藏地：QHX

0744

庆云方言语音特点/曹延杰.—神户市外国语大学外国学研究所,2002.—139-161页：19cm

典藏地：DZU

0745

然字词语/曹鼎,李景生.—北京:中国文联出版公司,2000.08.—226页：32cm.—ISBN7-5059-2374-9:CNY19.50

典藏地：DZU、DZS

0746

日语语言与文化研究综述/王强著.—北京:中国水利水电出版社,2018.—222页：24cm.—ISBN978-7-5170-6963-8:CNY64.00

典藏地：DZU

0747

山东省城市语言文字工作评估手册/主编尹建国.—北京:语文出版社,2008.—328页：21cm.—ISBN978-7-80241-098-5:CNY27.00

典藏地：DZU

0748

泰坦尼克/钟玲编著.—北京市外文音像出版社,2005.—192页：20cm.—ISBN7-88307-188-2:CNY19.00

典藏地：DZU

0749

外语教师团队建构研究:基于专业学习共同体视角/盖颖颖著.—北京:中国经济出版社,2016.—163页：24cm.—ISBN978-7-5136-3986-6:CNY48.00

典藏地：DZU

0750

外语教育叙事研究理论与实践/王桂祥著.—北京:冶金工业出版社,2019.10.—178页：24cm.—ISBN978-7-5024-8265-7:CNY58.00

典藏地：DZU

0751

外语写作评价理论与实践/张锦辉著.—北京:兵器工业出版社,2013.08.—185页：19cm.—ISBN978-7-80248-970-7:CNY28.00

典藏地：DZU

0752

写作例文编析/德州师专中文系.—84.11.—330:无图表：32cm:CNY1.25

典藏地：DZU

0753

写作论/李善祯著.—北京:中国国际广播出版社,1994.—265页：16cm.—ISBN7-5078-1109-3:CNY5.90

典藏地：DZU

0754

形成性评价在大学英语教学中的应用研究/庄三生著.—北京:地质出版

社,2015.—189页：21cm.—ISBN978-7-116-09347-8:CNY38.00

  典藏地：DZU

0755

益智高效读写双快法/王继坤主编.—青岛:青岛海洋大学出版社,2001.—332页：21cm.—ISBN7-81067-236-3:CNY16.00

  典藏地：DZU

0756

英语2/刘振前等主编.—济南:山东人民出版社,2003.10.—335页：20cm.—ISBN7-209-03323-8:CNY15.80

  典藏地：DZU

0757

英语实用文的文体特征及翻译/盖盈盈著.—北京:光明日报出版社,2013.—225页：20cm.—ISBN978-7-5112-4754-4:CNY35.00

  典藏地：DZU

0758

英语演讲稿写作技巧及评价标准/庄三生主编.—北京:科学技术文献出版社,2014.—176页：21cm.—ISBN978-7-5023-9371-7:CNY23.00

  典藏地：DZU

0759

英语语言与亚洲学生/（美）安德森等著.—济南:山东大学出版社,2009.12.—319页：21cm.—ISBN978-7-5607-4012-6:CNY38.00

  典藏地：DZU

0760

英语自主学习能力的培养/崔静静著.—北京:兵器工业出版社,2012.—200页：21cm.—ISBN978-7-80248-776-5:CNY28.00

  典藏地：DZU

I 文学（0761—1513）

0761

《诗经》中的山东诗歌/徐北文,张华松著.—济南:山东文艺出版社,2004.—135页:20cm.—(齐鲁历史文化丛书.第2辑).—ISBN7-5329-2358-4:CNY11.60

典藏地：DZS

0762

20世纪中国文学理想人格流变论/黄传波著.—北京:中国社会科学出版社,2019.—311页：24cm.—ISBN978-7-5203-4685-6:CNY88.00

典藏地：DZU

0763

92中国短诗选萃/桑恒昌,侯书良主编.—天则出版社,1993.06.—136页:无图表：19cm.—CNY5.50

典藏地：DZU

0764

爱的城堡:感动亿万青少年的亲情故事/刘东伟著.—广州:暨南大学出版社,2014.—160页：21cm.—(心灵圣经丛书).—ISBN978-7-5668-1073-1:CNY19.80

典藏地：DZU

0765

爱的回声/纪慎言著.—济南:山东文艺出版社,1990.—153页：19cm.—ISBN7-5329-0257-9:CNY2.00

典藏地：DZS

0766

爱的绿荫/宋云亮著.—北京:中国文史出版社,2006.12.—156页：20cm.—ISBN7-5034-1665-3:CNY18.00

典藏地：DZU

0767

爱之痛:桑恒昌情诗选/桑恒昌.—天津:百花文艺出版社,1993.07.—147页：20cm.—ISBN7-5306-1335-9:CNY15.00

典藏地：DZU、DZS

0768

暧昧与苦涩/解永敏著.—济南:山东画报出版社,2012.—277页：20cm.—（长河文丛001）.—ISBN978-7-5474-0622-9:CNY28.00

典藏地：DZU、DZS、QHX

0769

八十而立/邓友梅著.—北京:中国社会出版社,2013.07.—257页：22cm.—（大家门文学系列）.—ISBN978-7-5087-4008-9:CNY29.80

典藏地：DZU

0770

八岁的运河:七十年代的日常生活/裘山山著.—南京:江苏凤凰文艺出版社,2016.—290页：照片：21cm.—（裘山山文集）.—ISBN978-7-5399-8886-3:CNY27.40

典藏地：DZU

0771

白鹭别墅/常星儿著.—太原:希望出版社,1998.01.—197页：20cm.—ISBN7-5379-2106-7:CNY6.80

典藏地：DZU

0772

白日独思/贾士君著.—成都:四川文艺出版社,1998.—180页：19cm.—ISBN7-5411-1743-9:CNY9.80

典藏地：DZS

0773

白鸦/邢庆杰著.—南昌:江西高校出版社,2019.01.—218页：24cm.—（全民微阅读系列）.—ISBN978-7-5493-6081-9:CNY36.00

典藏地：DZU

0774

百年魔咒/邢庆杰著.—成都:四川文艺出版社,2012—196页：22cm.—ISBN978-7-5411-3313-8:CNY19.80

典藏地：DZU、YCS

0775

宝贝,我爱你:王新艳中篇小说集/王新艳著.—牡丹江:黑龙江朝鲜民族出版社,2009.—223页：21cm.—ISBN978-7-5389-1621-8:CNY24.00

典藏地：QYX

0776

保持虔诚/鲁风著.—济南:山东文艺出版社,2002.04305页：20cm.—（泰山华章散文卷?）.—ISBN7-5329-2031-3:CNY27.00

典藏地：DZU

0777

报春燕:散文集/匡万平著.—济南:山东文艺出版社,1990.—342页：19cm.—ISBN7-5329-0563-2:CNY2.85

典藏地：DZS

0778

报端耕耘/崔宇山著.—北京:人民日报出版社,2002.—322页：21cm.—ISBN7-80153-594-4:CNY23.60

典藏地：DZS

0779

抱镜集/邢寅著.—呼和浩特:远方出版社,2006.—263页：20cm.—（金骆驼文丛）.—ISBN978-7-80595-325-0:CNY20.00

典藏地：DZS

0780

北海道轶事/姜溪波著.—北京:中国文联出版公司,1999.—134页：21cm.—ISBN7-5059-3431-7:CNY12.00

典藏地：DZS

0781

北墙的风/月秋子著.—太原:北岳文艺出版社,2017.—174页23cm.—ISBN978-7-5378-5342-2:CNY20.00

典藏地：PYX

0782

北游记:苏禄王传/杨义堂著.—北京,200:作家出版社.—392页:图：21cm.—ISBN978-7-5063-9185-6:CNY33.00

典藏地：DZS

0783

奔向新闻:佟化文新闻作品集/佟化文著.—济南:泰山出版社,2004.—289页：20cm.—ISBN7-80634-416-0:CNY28.00

典藏地：DZS

0784

本地口音/格式著.—武汉:长江文艺出版社,2012.—234页：23cm.—ISBN978-7-5354-5752-3:CNY29.00

典藏地：DZU

0785

彼岸/张玉华.—北京:中国文联出版社,2012.06.—126页：20cm.—ISBN978-7-5059-7251-3:CNY16.00

典藏地：QHX

0786

彼岸花开为君倾/穆丹枫著.—北京:新世界出版社,2013.—3册（761页）.—：24cm.—ISBN978-7-5104-3801-1:CNY80.00

典藏地：DZU

0787

毕竟东流去/张罗著.—北京:中国戏剧出版社,2003.—3册:21cm.—(一得文丛).—ISBN7-104-01463-2:CNY60.00

典藏地:DZS

0788

蓖麻花/姜金霞著.—北京:长征出版社,2008.12.—379页:20cm.—ISBN978-7-80204-485-2:CNY32.00

典藏地:DZU、QYX

0789

冰的燃烧/丹古著.—北京市:大众文艺出版社,2009.—168页:22cm.—(新世纪作家文丛).—ISBN978-7-80171-346-9:CNY25.00

典藏地:DZS、PYX

0790

不了情/朱殿封著.—天津:百花文艺出版社,1994.—488页:19cm.—ISBN7-5306-1619-6:CNY8.20

典藏地:DZU

0791

不入流者说/李洁非著.—呼和浩特:远方出版社,1997.—237页:20cm.—(百角丛书.第一辑).—ISBN7-80595-127-6:CNY10.00

典藏地:DZU

0792

不虚此行/格式著.—香港:金陵书社出版公司,1993.03.—124页:20cm.—ISBN962-440-394-5:CNY3.20

典藏地:DZU

0793

不要爱我/薛飞著.—北京:三辰影库音像出版社,2010.—210页:20cm.—ISBN978-7-83000-081-3:CNY28.00

典藏地:DZU

0794

不子情/朱殿封著.—天津:百花文艺出版社,1994.—488页：19cm.—ISBN7-5306-1619-6:CNY8.20

典藏地：DZS

0795

步步惊华:终结篇/穆丹枫著.—南京:江苏凤凰文艺出版社,2015.—2册（577页）.—：24cm.—ISBN978-7-5399-8320-2:CNY55.00

典藏地：DZU

0796

彩练跃蓝黄——滨德高速公路建设纪实/山东省交通运输厅公路局编.—济南:黄河出版社,2012.—397页：30cm.—ISBN978-7-5460-0308-5:CNY49.00

典藏地：DZS

0797

彩色的爱/张宝申著.—北京:北京十月文艺出版社,1996.—95页：19cm.—ISBN7-5302-0443-2:CNY6.00

典藏地：DZS

0798

参天的大树/刘真,刘枫晓.—北京:中国少年儿童出版社,1990.06.—288页：19cm.—ISBN7-5007-0464-X:CNY3.05

典藏地：DZU

0799

残缺/孙青松.—北京:中国戏剧出版社,2002.05.—235页：20cm.—ISBN7-104-01463-2:CNY18.00

典藏地：DZU

0800

曹操演义（一）:乱世枭雄/衣连友等著.—济南:黄河出版社,1989.12.—2册：20cm.—ISBN7-80558-097-9:CNY29.00

典藏地：DZU

0801

曹梦九在平原/张洪春著.—济南:山东画报出版社,2014.—174页:23cm.—（长河文丛）.—ISBN978-7-5474-1362-3:CNY36.00

典藏地：PYX

0802

草原历险记/邢庆杰著.—成都:四川人民出版社,2014 213页：22cm.—（百年百部故事经典第三辑?）.—ISBN978-7-220-09046-2:CNY38.00

典藏地：DZU

0803

叉鱼:卢振中儿童短篇小说集/卢振中著.—济南:黄河出版社,1996.—301页：21cm.—ISBN7-80558-718-3:CNY10.00

典藏地：DZS

0804

茶余饭后说故事:近代名人婚恋故事/张兆荣编著.—303页：20cm

典藏地：DZS

0805

柴火筐文集:傲慢乡间.诗歌卷/崔锡芳著.—北京:中国文联出版公司,2012.—240页：23cm.—（龙海作家文丛）.—ISBN978-7-5059-7412-8:CNY13.80

典藏地：DZU

0806

柴火筐文集:大地璀璨.散文卷/崔锡芳著.—北京:中国文联出版公司,2012.—228页：23cm.—（龙海作家文丛）.—ISBN978-7-5059-7412-8:CNY13.80

典藏地：DZU

0807

柴火筐文集:康乐农家.小说卷/崔锡芳著.—北京:中国文联出版公司,2012.—218页：23cm.—（龙海作家文丛）.—ISBN978-7-5059-7412-

8:CNY13.80

典藏地：DZU

0808

柴火筐文集:土路博远.杂文卷/崔锡芳著.—北京:中国文联出版公司,2012.—213页：23cm.—（龙海作家文丛）.—ISBN978-7-5059-7412-8:CNY13.80

典藏地：DZU

0809

柴火筐文集:笑在田野.相声卷/崔锡芳著.—北京:中国文联出版公司,2012.—254页：23cm.—（龙海作家文丛）.—ISBN978-7-5059-7412-8:CNY13.80

典藏地：DZU

0810

尘埃与云朵间/刘洪涛著.—沈阳:吉林文史出版社,2019.—329页：19cm.—ISBN9787547259801dCNY59.80

典藏地：DZU

0811

尘界故事/鲁斌著.—杭州:杭州出版社,2017.3.—397页:21cm.—ISBN978-7-5565-0005-5:CNY60.00

典藏地：PYX

0812

沉思岁月/朱多锦.—济南:长城出版社,2001.04.—472页：28cm.—ISBN7-80015-555-2:CNY25.00

典藏地：QHX

0813

沉思岁月:朱多锦诗作诗论选/朱多锦著.—北京:长征出版社,2001.04.—472页：20cm.—（山东当代作家文库）.—ISBN7-80015-555-2:CNY41.00

典藏地：DZU

0814

陈独秀之死:一段历史的拂尘与反思贩贩贩/陈璞平著.—青岛:青岛出版社,2005.—366页:照片：23cm.—ISBN7-5436-3263-2:CNY28.00

典藏地：DZU

0815

晨光/刘琳主编.—济南:山东友谊书社,1991.—539页：20cm.—.—（齐鲁之光丛书）.—ISBN7-80551-376-7:CNY9.90

典藏地：DZU、DZS

0816

撑把雨伞去观景/高迎春著.—北京:团结出版社,2011.—325页：21cm.—.—（星系文丛）.—ISBN978-7-5126-0499-5:CNY21.00

典藏地：DZU、DZS

0817

成春诗集.—2019.09.06.—105页：19cm.—CNY10.00

典藏地：DZU、DZS

0818

成长的姿态/彭彦花著.—北京:线装书局,2013.—11,315页:图：21cm.—（长河文丛：011/高艳国主编）.—ISBN978-7-5120-0916-5:CNY300.00（全12册）.—

典藏地：DZS

0819

迟到的春天/王维山著.—北京,2014.—260页：20cm

典藏地：DZU

0820

崇德堂主/杨英国著.—北京:中国文史出版社,2014.05.—496页：24cm.—（跨度长篇小说文库.杨英国杏林长篇系列：1）.—ISBN978-7-5034-4962-8:CNY58.00

典藏地：DZU

0821

出土有节:记张国华和他的父老乡亲/孟庆华,郑向东著.—北京:中国国际广播出版社,1999.—150页:21cm.—ISBN7-5078-1751-2:CNY9.60

典藏地:DZS

0822

出岫集/桑恒昌,苏文河著.—济南:山东文艺出版社,1984.—144页:19cm.—ISBN7-:CNY0.62

典藏地:DZS

0823

雏凤清声/魏保和编.—北京:中国社会科学出版社,2006.—267页:26cm.—(文化齐河系列丛书).—ISBN7-5004-5812-6:CNY26.00

典藏地:DZS、QHX

0824

雏声:全国高校校报文学集萃/台旭等主编.—西安:陕西人民教育出版社,1990.—446页:21cm.—ISBN7-5419-1496-7:CNY5.90

典藏地:DZS

0825

穿过诗行到故乡/赵曙光著.—北京:线装书局,2013.—213页:21cm.—(长河文丛/高艳国主编:6).—ISBN978-7-5120-0916-5:CNY300.00(全12册)

典藏地:DZS

0826

穿越故乡的河流/张金华著.—济南:黄河出版社,2012.—170页:21cm.—ISBN978-7-5460-0304-7:CNY29.00

典藏地:DZS

0827

春风杨柳/曲春耀.—济南:山东画报出版社,2012.—161页:20cm.—(长河文丛008).—ISBN978-7-5474-0622-9:CNY20.00

典藏地:DZU、DZS

0828

春漫鲁北:德州地区工农兵诗集/德州地革委文化局、出版办公室编.—济南:山东人民出版社,1977.—113页：19cm.—CNY0.24

典藏地：DZS

0829

春秋记韵程显鑫诗词楹联选集.—2009.—98页：20cm

典藏地：DZS

0830

春天从心里出发/王培元著.—北京市:大众文艺出版社,2006.—138页：20cm.—（都市生活丛书）.—ISBN7-80171-571-3:CNY20.00

典藏地：DZS

0831

春天向左/杨成荣.—济南:山东画报出版社,2012.—176页：20cm.—（长河文丛009）.—ISBN978-7-5474-0622-9:CNY20.00

典藏地：DZU、DZS、QHX

0832

春之声:欧洲宗教改革/李宽云主编.—北京:中国文联出版公司,2008.—422页:插图：19cm.—（季羡林等）.—ISBN7-5059-5537-3:CNY48.00

典藏地：DZU、DZS

0833

词二百首/夏方成著.—济南:山东科学技术出版社,2009.—200页：21cm.—ISBN7-5331-2501-0:CNY26.80

典藏地：DZS

0834

丛林故事/（英国）吉卜林著；贾丽萍,喻红译.—北京:北京理工大学出版社,2015.—317页：21cm.—（诺贝尔文学奖大系:1907年）.—ISBN978-7-5682-0454-5（精装):CNY28.00

典藏地：DZU

0835

翠微集/赵方新.—济南:山东画报出版社,2012.—240页:20cm.—(长河文丛005).—ISBN978-7-5474-0622-9:CNY28.00

典藏地:DZU、DZS、QHX

0836

存在或遗忘/鲁西著.—北京:线装书局,2013.—189页:20cm.—(长河文丛).—ISBN978-7-5120-0916-5:CNY32.00

典藏地:DZS

0837

打开心扉的118扇窗/王佑成编著.—北京:中国文联出版公司,2005.—205页:19cm.—ISBN7-5059-4252-2:CNY16.00

典藏地:DZU、DZS

0838

大刀记/郭澄清著.—济南:山东人民出版社,1975.—3册(1740页):无图表:16cm.—CNY1.10

典藏地:DZU

0839

大地的足音:报告文学、小说集/德州地区文化局.—德州,1984.—279页:21cm.—CNY8.00

典藏地:DZU

0840

大地情怀/李凤臣著.—北京:中国文联出版公司,2006.—218页:21cm.—ISBN7-5059-5368-3:CNY19.90

典藏地:DZS

0841

大地深情/解永敏等编.—北京:中国社会科学出版社,2006.08.—283页:26cm.—ISBN7-5004-5810-X:CNY28.00

典藏地:DZU、DZS、QHX

0842

大地诗行:"三个代表"在山东报告文学集/中共山东省委宣传部,山东省作家协会编.—济南:山东文艺出版社,2004.—699页：21cm.—ISBN7-5329-2336-3:CNY38.00

典藏地：DZS

0843

大风集/张栋著.—北京:中国文联出版公司,2000.06.—208页：20cm.—ISBN7-5059-3567-4:CNY16.80

典藏地：DZU

0844

大河与平原的对话:黄河文明额齐河符号/张玉华著.—济南,200:山东画报出版社.—186页：21cm.—ISBN978-7-5474-2549-7:CNY380（10册）

典藏地：DZS

0845

大河缘/李风臣著.—北京:中国文联出版公司,2005.—421页：21cm.—ISBN7-5059-5144-0:CNY26.00

典藏地：DZS

0846

大运河文化巡礼/李存修著.—北京:群言出版社,2017.—22,454页:图：29cm.—ISBN978-7-5193-0287-0:CNY58.00

典藏地：DZU

0847

当代文学名著提要/胡俊海,刘克宽主编.—天津:天津教育出版社,1998.—524页：32cm.—ISBN7-5309-0034-X:CNY22.00

典藏地：DZU

0848

当代文学新潮/朱寨,张炯主编.—北京:人民文学出版社,1997.12.—481页：32cm.—ISBN7-02-002468-8:CNY19.40

| 文学（0761—1513） 129

典藏地：DZU

0849

当年会盟地历代歌咏多:齐河史上诗歌蕴藏的故事/国宁,王长月著.—济南,200:山东画报出版社.—186页：21cm.—ISBN978-7-5474-2549-7:CNY380（10册）

典藏地：DZS

0850

当秋天经过时/庄琴著.—北京:作家出版社,2002.—161页：18cm.—ISBN7-5063-2134-X:CNY15.00

典藏地：DZS

0851

盗桃仙子东方朔:历史新编神话剧/刘凤海著.—2014.—96页：20cm.—ISBN978-7-5460-0599-7:CNY28.00

典藏地：DZU

0852

道德的力量/李文豪著.—济南:山东画报出版社,2015.12.—218页：21cm.—（黄河文丛）.—ISBN978-7-5474-1700-3:CNY36.00

典藏地：QHX

0853

德城群星/中共德城区党史研究室编.—267页：20cm.—CNY20.00

典藏地：DZU、DZS

0854

德水耆英——卢见曾/王守栋著.—北京（北京市西城区鼓楼西大街41号（100009）:线装书局,2015.—10,331页：20cm.—:照片.—（德州地域文化研究丛书.第三辑/季桂起主编）.—ISBN978-7-5120-1993-5:CNY30.00

典藏地：DZS

0855

德州扒鸡的故事/邢庆杰主编.—北京:中国文联出版公司,2003.08.—270

页：20cm.—（人民文学杂志社百篇征文获奖作品集）.—ISBN7-5059-4252-2:CNY20.00

典藏地：DZU、DZS

0856

德州风情/王德胜编著.—哈尔滨:北方文艺出版社,2008.10.—272页：20cm.—ISBN978-7-80158-729-9:CNY68.00

典藏地：DZU

0857

德州文史.第6辑德州民营企业家的崛起/中国人民政治协商会议德州市委员会文史学习宣传委员会编.—政协德州市委员会,2002.06.—268页：19cm.—CNY20.80

典藏地：DZU、DZS

0858

德州文史.第10辑德州民营企业家的崛起/中国人民政治协商会议德州市委员会文史学习宣传委员会编.—政协德州市委员会,2002.—169页：19cm.—CNY3.50

典藏地：DZU、DZS

0859

德州文史.第11辑德州民营企业家的崛起/中国人民政治协商会议德州市委员会文史学习宣传委员会编.—政协德州市委员会,2002.—165页：19cm.—CNY3.72

典藏地：DZU、DZS

0860

德州文史.第16辑/中国人民政治协商会议德州市委员会文史学习宣传委员会编.—政协德州市委员会,2002.06.—268页：19cm

典藏地：DZU、DZS

0861

德州新锐诗人作品自选集/德州市文联,德州市作家协会.—321页：20cm

典藏地：DZU

0862

德州作家精品集/德州市文联,德州市作家协会编.—香港:华星出版社,1997.—419页：21cm.—ISBN962-489-139-12:CNY24.00

典藏地：DZS

0863

德州作家精品集/德州市作家协会.—香港:华星出版社,1997.08.—419页：20cm.—CNY24.00

典藏地：DZU

0864

等你春暖花开/张瑞超著.—北京:大众文艺出版社,2012.—142页：21cm.—ISBN978-7-80240-915-6:CNY26.00

典藏地：DZS

0865

邓友梅/邓友梅著.—北京:人民文学出版社,1996.—458页:20cm.—（中国当代作家选集丛书）.—ISBN7-02-002235-9:CNY21.00

典藏地：PYX

0866

邓友梅集/邓友梅著.—福州:海峡文艺出版社,1986.09.—340页:照片:19cm.—（新时期中篇小说名作丛书）.—CNY2.55

典藏地：DZU、PYX

0867

邓友梅小说选/邓友梅著.—成都:四川文艺出版社,1987.—445页:21cm.—（当代作家自家丛书）.—ISBN7-5411-0077-3:CNY2.87

典藏地：PYX

0868

涤虑斋旧梦/郭晓光著.—北京:作家出版社,2005.—142页：19cm.—ISBN7-5063-2857-7:CNY18.60

典藏地：DZS

0869

地出霞光/王焕琦著.—哈尔滨:北方文艺出版社,2008.—371页：21cm.—.—（鲁北风情文学丛书）.—ISBN978-7-5317-2339-4:CNY34.00

典藏地：DZU、DZS

0870

地是琵琶路作弦/丰文茂等著.—济南:济南出版社,2005.03.—154页：20cm.—ISBN7-5059-3251-9:CNY16.80

典藏地：DZU

0871

第三岸.第1辑/高艳国主编.—长春:吉林人民出版社,2011.05.—151页：20cm.—ISBN978-7-206-07911-5:CNY22.80

典藏地：DZU、YCS

0872

第三岸.第2辑/高艳国主编.—长春:吉林人民出版社,2011.—178页：20cm.—ISBN978-7-206-07911-5:CNY22.80

典藏地：DZU、DZS、YCS

0873

第三岸.第3辑/高艳国主编.—长春:吉林人民出版社,2011.—178页：24cm.—ISBN978-7-206-07987-0:CNY22.80

典藏地：DZU、DZS、YCS

0874

第三岸.第4辑/高艳国主编.—长春:吉林人民出版社,2012.—178页:照片：24cm.—ISBN978-7-206-07988-7:CNY22.80

典藏地：DZS、YCS

0875

第四极:中国"蛟龙"号挑战深海/许晨著.—北京:作家出版社,2016.—338页,[4]页图版:图：24cm.—ISBN978-7-5063-8708-8:CNY42.00

典藏地：DZU

0876

第一支颂歌/斯人著.—呼和浩特:内蒙古人民出版社,2000.—161页：21cm.—ISBN7-204-03069-9:CNY20.00

典藏地：QYX

0877

电话里的歌声/邢庆杰著.—北京:东方出版社,2008.—218页：23cm.—（最具中学生人气的微型小说名作选）.—ISBN978-7-5060-3238-4:CNY29.00

典藏地：QYX

0878

东方朔全传/刘凤海著.—长春:长春出版社,1999.1.—322页.—（中国历代才子传丛书/喻朝刚、杨德宏主编）.—ISBN7-80604-674-7（精装）:CNY16.00

典藏地：DZU、DZS

0879

东方之子:影响中国的40位艺术家选集:宋宪亭卷/马君艳编辑.—华夏国学出版社,2018.9.—17页:29cm.—ISBN978-988-77900-9-9:CNY68.00

典藏地：PYX

0880

东方卓别林/田毅著.—济南:明天出版社,1986.12.—299页：20cm.—CNY1.85

典藏地：DZU

0881

冬至时分/韦锦编著.—北京:文化艺术出版社,1989.09.—128页：20cm.—ISBN7-5039-0478-X:CNY2.50

典藏地：DZU

0882

董讷柳村诗集注释/王玉杰主编.—北京:中国文史出版社,2018.1.—564页:23cm.—ISBN978-7-5205-0161-3:CNY98.00

典藏地：PYX

0883

笃爱教育/李树旺著.—北京:中国文化出版社,2014.—202页：20cm.—CNY35.00

典藏地：DZU

0884

短篇小说选:1977-1978.9/北京：人民文学出版社,1978.—610页:20cm.—CNY1.25

典藏地：PYX

0885

断续声随断续风/艾庆莲著.—香港:新华彩印出版社,2004.10.—274页：20cm.—ISBN962-8259-36-9:CNY28.00

典藏地：DZU

0886

断崖/顾金良著.—北京:作家出版社,2005.—286页：20cm.—ISBN7-5063-3330-9:CNY28.00

典藏地：DZU

0887

对酒当歌:古贝春集团模范人物报告文学集/李宽云主编.—北京:中国文联出版公司,2010.08.—302页：19cm.—ISBN978-7-5059-6557-7:CNY36.00

典藏地：DZU、DZS

0888

多彩的项链/杨文平著.—线装书局,2014.1.—350页:20cm.—ISBN978-7-5120-1254-7:CNY28.33340.00（全12册）

典藏地：PYX

0889

多维视野中的老舍创作研究/傅晓燕著.—北京:人民出版社,2011.—267页：23cm.—ISBN978-7-01-009846-3:CNY39.00

典藏地：DZU、DZS

0890

多重视角看齐河/中共齐河县委宣传部.—北京:人民日报出版社,2005.03.—233页：20cm.—ISBN7-80153-888-9（精装）:CNY19.00

典藏地：DZU、DZS、QHX

0891

二十世纪中国文学中的母爱主题和儿童教育/翟瑞青著.—北京:人民出版社,2008.01.—331页：21cm.—ISBN978-7-01-006756-8:CNY25.00

典藏地：DZU

0892

发现与批判:朱多锦文论论稿选/朱多锦.—北京:中国文学出版社,2003.07.—665页：20cm.—（新世纪作家丛书）.—ISBN7-5071-1463-5:CNY48.00

典藏地：DZU、QHX

0893

发展成就与思考/中共德州市委宣传部编著.—济南:山东大学出版社,2008.—248页：23cm.—（辉煌的历程.德州改革开放30年）.—ISBN978-7-5607-3684-6:CNY78.60（4册）

典藏地：DZS

0894

凡界渡风:鲁斌散文集/鲁斌著.—杭州:杭州出版社,2016.6.—295页:21cm.—ISBN978-7-5565-0466-4:CNY58.00

典藏地：PYX

0895

凡人轶情:鲁斌中篇小说集/鲁斌著.—杭州:杭州出版社,2018.5.—312页:21cm.—ISBN978-7-5565-0852-5:CNY58.00

典藏地：PYX

0896

芳草地/梁秀玲著.—2003.—230页:20cm.—CNY25.00

典藏地：PYX

0897

芳草集/张栋著.—北京:作家出版社,2009.—159页：20cm.—ISBN978-7-5063-3301-6:CNY20.00

典藏地：DZS

0898

房产战争.1,像狼一样思考/刘东伟著.—北京:现代出版社,2011.01.—295页：23cm.—（刘东伟作品）.—ISBN978-7-80244-960-2:CNY29.00

典藏地：DZU

0899

房间炉火:王龙水短篇小说集/王龙水.—济南:山东文艺出版社,1993.—310页:20cm.—ISBN7-5329-1100-4:CNY7.80

典藏地：DZU

0900

放歌武城人/李玉梅.—北京:作家出版社,2000.11.—258页：20cm.—ISBN7-5063-1896-2:CNY105.00

典藏地：DZU

0901

菲茨杰拉德小说艺术研究/王雪青著.—北京:中国环境出版社,2013.—195页：23cm.—ISBN978-7-5111-1571-3:CNY36.00

典藏地：DZU

0902

沸腾的冰/程先利著.—长春:时代文艺出版社,2007.—147页：20cm.—ISBN978-7-5387-6930-2:CNY18.00

典藏地：QYX

0903

沸腾的胶州湾/解永敏.—北京:中国社会科学出版社,2007—118页：

32cm.—ISBN978-7-5004-6159-3:CNY22.80

典藏地：QHX

0904

粉色记忆/解永敏著.—北京:中国社会科学出版社,2006.—269页:图：26cm.—（文化齐河系列丛书）.—ISBN7-5004-5803-7:CNY26.00

典藏地：DZS、QHX

0905

风臣诗文选集/李风臣著.—北京:作家出版社,2006.—8册：21cm.—ISBN7-5063-3791-6（精装）:CNY269.00

典藏地：DZS

0906

风穿着花瓣的鞋子走过/国洪玲,侯寿伟,杨传刚,赵方新著.—济南:山东画报出版社,2015.12.—198页：21cm.—（黄河文丛）.—ISBN978-7-5474-1700-3:CNY36.00

典藏地：QHX

0907

风的色彩/信书勇编著.—北京:中国电影出版社.—268页：21cm.—ISBN978-7-106-04520-3:39.00CNY

典藏地：QYX

0908

风行四季/张方江[等]著.—北京:团结出版社,2015.—（长河文丛）.—ISBN978-7-5126-3713-9:CNY45.00

典藏地：DZU

0909

风华德州/李文豪主编.—青岛:青岛出版社,2020.—232页:21cm.—ISBN978-7-5552-8618-9:CNY58.00

典藏地：DZS、PYX

0910

风流铁血梦/杨英国著.—哈尔滨:北方文艺出版社,1991.—389页：19cm.—ISBN7-5317-0566-4:CNY6.00

典藏地：DZU、DZS

0911

风马牛/戚忠顺著.—香港:长城文化出版公司,1991.06.—176页：20cm.—CNY3.00

典藏地：DZU

0912

风骚商河/商河诗社.—2002.10.—226页：19cm.—CNY20.00

典藏地：DZU

0913

风俗文化视阈下的先秦两汉文学/昝风华著.—北京:中国社会科学出版社,2015.—249页：24cm.—ISBN978-7-5161-5997-2:CNY60.00

典藏地：DZU

0914

风雨蝶变/赵方新著.—济南:山东画报出版社,2015.12.—157页：21cm.—（黄河文丛）.—ISBN978-7-5474-1700-3:CNY36.00

典藏地：QHX

0915

风雨人生/王龙水著.—天津:百花文艺出版社,1994.02.—243页：20cm.—ISBN7-5306-1538-6:CNY6.80

典藏地：DZU

0916

风雨五十载/王焕文著.—北京:中国文联出版社,2009.—320页：23cm.—ISBN978-7-5059-5537-0:CNY35.00

典藏地：DZS

0917

风雨芷兰:杨汇泉诗词集/杨汇泉著.—香港:名家出版社,2013.—197

页：21cm.—（中华散文系列丛书/李舟仁主编）.—ISBN978-0-8645172-0-3:CNY28.00

典藏地：DZS

0918

风云风雨风采/张庆岭著.—北京:中国文联出版公司,993.—207页：20cm.—ISBN7-5059-2733-7:CNY9.80

典藏地：DZU、DZS、QHX

0919

风之歌:李风臣诗集/李风臣著.—北京:中国青年出版社,2006.—121页：23cm.—ISBN7-5006-6929-1:CNY16.00

典藏地：DZS

0920

枫林唱晚/李风臣著.—北京:中国文联出版公司,2006.—310页：21cm.—ISBN7-5059-5439-3:CNY22.00

典藏地：DZS

0921

枫叶正红:乐陵市离退休干部回忆录/中共乐陵市委组织部,中共乐陵市委老干部局编.—德州:山东新华印刷厂德州厂,1995.—310页：19cm

典藏地：DZS

0922

疯狂的目光/英伦.—香港:香港天马图书有限公司,1993.—211页：32cm.—ISBN962-450-363-X:CNY0.05

典藏地：QHX

0923

冯廷櫆诗笺注/李桂廷著.—北京：线装书局,2015.—10,381页：20cm.—（德州地域文化研究丛书/季桂起主编）.—ISBN978-7-5120-1993-5:CNY30.00

典藏地：DZS

0924

浮世苍生/张培录著.—香港:新天出版社,1993.—99页：19cm.—ISBN962-468-024-8:HKD12.00

典藏地：DZS

0925

抚昔诗韵/郑文兴著.—香港:天马图书出版公司,2016.—76页：20cm.—ISBN978-962-450-412-5:CNY20.00

典藏地：DZU

0926

父亲上树/刘玉栋著.—北京:中国言实出版社,2018.09.—251页：24cm.—（全国阅读精品文库）.—ISBN978-7-5171-2872-4:CNY42.00

典藏地：DZU

0927

复仇记/邢庆杰主编.—北京:中国文联出版公司,2004.10.—454页：21cm.—（人民文学杂志社百篇征文获奖作品集）.—ISBN7-5059-4252-2:CNY28.00

典藏地：DZU、DZS

0928

缚苍龙/刘凤海著.—北京:作家出版社,2006.—702页,[1]叶图版:图：21cm.—（21世纪人文素质丛书）.—ISBN7-5063-1402-9（精装）:CNY56.00

典藏地：DZU

0929

钢铁铸造的岁月：长篇报告文学/李延国,许晨著.—北京:新华出版社,1993.—328页:照片：21cm.—ISBN7-5011-2271-7（精装）:CNY15.00

典藏地：DZS

0930

歌风台随笔/戚忠顺著.—北京:作家出版社,2001.10.—251页：20cm.—ISBN7-5063-1739-7:CNY16.00

典藏地：DZU、DZS

0931

隔着花朵/董玮著.—北京:华文出版社,2004.—148页：19cm.—（齐鲁作家文丛）.—ISBN7-5075-1564-8:CNY

典藏地：DZS

0932

给梦想插上翅膀:激励亿万青少年的成功故事/刘东伟著.—广州:暨南大学出版社,2014.—178页：20cm.—（心灵圣经丛书）.—ISBN978-7-5668-1089-2:CNY19.80

典藏地：DZU

0933

耕海探洋/许晨著.—杭州:浙江教育出版社,2019.09.—418页：24cm.—（"创新报国70年"大型报告文学丛书.第一辑）.—ISBN978-7-5536-9376-7（精装）:CNY78.00

典藏地：DZU

0934

公余随笔/邢跃升著.—济南:山东文艺出版社,1996.—252页:19cm.—ISBN7-5329-1372-4:CNY12.80

典藏地：DZU、DZS、PYX

0935

龚威将军马龙潭/杨英国著.—哈尔滨:北京文艺出版社,1997.—340页：21cm.—ISBN7-5317-0954-6:CNY18.00

典藏地：DZS

0936

狗葬/高洪玉著.—北京:作家出版社,2004.—135页：19cm.—（白领休闲系列）.—ISBN7-5063-2857-7:CNY16.80

典藏地：DZS

0937

古贝春散文选/李宽云主编.—北京:中国文联出版公司,2009.—366页:插图：19cm.—（季羡林等）.—ISBN7-5059-5537-3:CNY36.00

典藏地：DZU、DZS

0938

古贝春诗词选/李宽云主编.—北京:中国戏剧出版社,2007.—244页:20cm.—ISBN978-7-104-02693-8:CNY45.00

典藏地：DZU、DZS、PYX

0939

古贝春香飘四海/顾金栋主编.—兰州:敦煌文艺出版社,2012.—2册（462页）.—：24cm.—ISBN978-7-5468-0303-6:CNY59.80

典藏地：DZU、DZS

0940

古贝飘香/主编邢庆杰.—郑州:文心出版社,2012.—331页：20cm.—ISBN978-7-5510-0134-2:CNY36.00

典藏地：DZU、YCS

0941

古剑屠魔录/月关著.—南京:江苏凤凰文艺出版社,2017.—321页：24cm.—ISBN978-7-5594-0585-2:CNY39.80

典藏地：DZU

0942

古今中外文学名篇拔萃.中国诗卷/柯岩主编.—青岛:青岛出版社,2012.04.—21,535页：24cm.—ISBN978-7-5436-7936-8:CNY60.00

典藏地：DZU

0943

故道风情/宋洪范主编.—北京:中国文联出版社,2013.—222页：21cm.—（美立方文库.第五辑）.—ISBN978-7-5059-8057-0:CNY29.80

典藏地：DZS

0944

故渎/刘金忠著.—北京:中国青年出版社,1995.07.—331页：20cm.—ISBN7-5006-1975-8:CNY32.00

典藏地：DZU、DZS

0945

故土怀古/张曰凯著.—西安:西安出版社,2009.—196页：23cm.—.—（紫香槐散文丛书）.—ISBN978-7-80712-499-3:CNY26.00

典藏地：DZU

0946

故乡情/田毅著.—济南:山东文艺出版社,1987.—44页：19cm.—ISBN7-5329-0034-7:CNY0.22

典藏地：DZS

0947

故乡情结/刘洪忠著.—上海:文学艺术出版社.—248页：20cm.—ISBN978-7-5436-6604-7:CNY30.00

典藏地：DZU、QYX

0948

顾影集/裴智著.—北京:华夏出版社,2012.12.—237页:21cm.—ISBN978-7-5080-7898-3:CNY25.00

典藏地：PYX

0949

管辂/张洪春.—济南:山东画报出版社,2012.—190页：20cm.—（长河文丛002）.—ISBN978-7-5474-0622-9:CNY26.00

典藏地：DZU、DZS

0950

光,是五颜六色的/桑恒昌.—北京:农村读物出版社,1987.10.—124:无图表：32cm.—CNY0.95

典藏地：DZU、DZS

0951

广川集/张栋著.—北京:作家出版社,2006.—163页：18cm.—ISBN7-5063-3390-2:CNY18.00

典藏地：DZS、YCS

0952

郭澄清短篇小说选/郭澄清著.—北京:中国文学出版社,2005.03.—342页：20cm.—（中国20世纪50-60年代短篇小说经典珍藏）.—ISBN7-5071-1505-4:CNY18.00

典藏地：DZU

0953

国画之美/简墨.—济南:济南出版社,2013.10.—208页:图：23cm.—（文化中国:边缘话题.第四辑）.—ISBN978-7-5488-1050-6:CNY38.00

典藏地：DZU

0954

国魂昭昭:肖华司令在冀鲁边/齐书堂编.—204页：26cm

典藏地：DZS

0955

海女/张玺忠著.—香港:金陵书社出版公司,1994.—131页：19cm.—ISBN692-440-355-4:CNY3.50

典藏地：DZS

0956

海岳弦歌集/毛谷风选编.—中国国学出版社,2012.—304页：26cm.—ISBN978-988-19736-5-8:CNY38.00

典藏地：DZS

0957

寒窗初录/张宏图著.—北京:中国戏剧出版社,2009.—218页：21cm.—（博识文丛）.—ISBN978-7-104-02952-6:CNY25.00

典藏地：DZU

0958

行吟齐鲁/邢玉墀著.—北京:线装书局,2013.—126页：26cm.—ISBN978-7-5120-1049-9（线装）.—:CNY128.00

典藏地：QHX、YCS

0959

航鹰幽默小说选/航鹰著.—天津:百花文艺出版社,1995.—293页：19cm.—ISBN7-5306-2002-9:CNY8.80

典藏地：DZS

0960

好梦难圆:中篇小说卷/邓友梅著.—北京:作家出版社,1995.—321:照片：21cm.—（邓友梅自选集.第四卷）.—ISBN7-5063-0748-0:CNY11.60

典藏地：DZS

0961

好诗妙品录/张庆岭著.—武汉:长江文艺出版社,2014.—266页：21cm.—ISBN978-7-5354-7036-2:CNY29.80

典藏地：DZU

0962

河风/解永敏.—香港:金陵书社出版公司,1993.—255页：32cm.—ISBN962-440-406-2:CNY5.40

典藏地：QHX

0963

河歌/杨英国著.—哈尔滨:北方文艺出版社,1989.—264页：21cm.—ISBN7-5317-0242-8:CNY2.75

典藏地：DZU、DZS

0964

河神:杨英国中短篇小说集/杨英国著.—牡丹江:黑龙江朝鲜民族出版社,1992.—269页:照片：20cm.—ISBN7-5389-0447-6:CNY6.20

典藏地：DZU、DZS

0965

黑大侠情话/张宝申著.—银川:宁夏人民出版社,1989.8.—354页：19厘米.—（当代回族作家丛书：通俗系列）.—ISBN7-227-00375-2:CNY3.10

典藏地：DZU、DZS

0966

黑马：一名军转干部和一个企业的传奇/李长征著.—北京：作家出版社,2006.10.—186页：21cm.—ISBN7-5063-3390-2:CNY58.00

典藏地：DZU、DZS

0967

黑色轨迹/段金林著.—北京：海天出版社,2004.—482页：20cm.—ISBN962-450-599-3:CNY22.00

典藏地：DZU

0968

黑色诱惑/纪慎言著.—长春：东北师范大学出版社,1998.04.—206页：20cm.—ISBN7-5602-2157-2:CNY9.80

典藏地：DZU、DZS

0969

痕迹/风冉编.—北京：中国文联出版社,2003.03.—275页:图：20cm.—（黄河文丛）.—ISBN7-5059-4252-2:CNY15.80

典藏地：DZU

0970

亨利詹姆斯小说的现代性研究/王雪青著.—北京：中国环境出版社,2013.—177页：23cm.—ISBN978-7-5111-1583-6:CNY35.00

典藏地：DZU

0971

红梅绿柳：散文故事贩小说/刘承智著.—济南：山东文艺出版社,1993.5.—303页：19cm.—ISBN7-5329-0916-6:CNY4.30

典藏地：DZU

0972

红色乐陵：枣林烽火故事集/孙丰勇主编.—北京：中国文史出版社,2013.—377页:图：24cm.—ISBN978-7-5034-4202-5:CNY65.00

典藏地：DZU

0973

红色使命/杨剑茹著.—长春:吉林文史出版社,2011.—258页：28cm.—ISBN978-7-5472-0442-9:CNY39.80

典藏地：DZU

0974

后殖民文化语境中的库切/高文惠著.—北京:中国社会科学出版社,2008.—304页：21cm.—ISBN978-7-5004-7030-4:CNY24.00

典藏地：DZU

0975

糊涂难/孙青松著.—济南:山东文艺出版社,1991.3.—316页：20厘米.—ISBN7-5329-0656-6:CNY5.50

典藏地：DZU

0976

花甲集/郝德禄.—2007.—224页：32cm

典藏地：QHX

0977

滑稽大师—东方朔/刘凤海著300页：22cm.—ISBN978-986-167-286-1:CNY

典藏地：DZS

0978

黄河咒/王树理著.—济南:山东文艺出版社,2009.07.—329页：20cm.—ISBN978-7-5329-2691-6:CNY20.00

典藏地：DZU

0979

黄河作证:山东省党风廉政建设正反典型实录/中共山东省纪委宣传教育室组织编写.—济南:山东人民出版社,2000.—420页：20cm.—ISBN7-209-02592-8:CNY19.60

典藏地：DZS

0980

黄埔风云/吴昌华著.—北京:大众文艺出版社,2002.—2册:照片：21cm.—ISBN7-80171-045-2:CNY50.00

典藏地：DZS

0981

辉煌的历程:德州改革开放30年（发展成就与思考）/中共德州市委宣传部编著.—济南:山东大学出版社,2008.12.—253页：20cm.—ISBN978-7-5607-3684-6:CNY19.65

典藏地：DZU

0982

辉煌的历程:德州改革开放30年（历史的记忆）/中共德州市委宣传部编著.—济南:山东大学出版社,2008.12.—253页：20cm.—ISBN978-7-5607-3684-6:CNY19.65

典藏地：DZU

0983

辉煌的历程:德州改革开放30年（媒体看德州）/中共德州市委宣传部编著.—济南:山东大学出版社,2008.12.—253页：20cm.—ISBN978-7-5607-3684-6:CNY19.65

典藏地：DZU

0984

回到明朝当王爷/月关著.—济南:山东文艺出版社,2019.04.—10册：24cm.—ISBN978-7-5329-5826-9:CNY480.00（10册）

典藏地：DZU

0985

回眸/张士栋.—2013.—202页：25cm.—ISBN978-7-80240-960-6

典藏地：DZU

0986

| 文学（0761—1513） 149

回眸微笑/桑金航著.—2010.—308页：20cm

典藏地：DZU

0987

回眸一笑/王新艳著.—哈尔滨：北方文艺出版社,2008.—250页：21cm.—（鲁北风情文学丛书）.—ISBN978-7-5317-2339-4:CNY25.00

典藏地：DZS、QYX

0988

会笑的弥勒佛/刘承智.—长春：东北师范大学出版社,1998.04.—286页：20cm.—ISBN7-5602-2157-2:CNY12.80

典藏地：DZU

0989

惠风集/张栋著.—北京：中国文联出版社,2012.—146页：25cm.—ISBN978-7-5059-7649-8:CNY28.00

典藏地：DZS

0990

豁然开朗/华锋著.—北京：中国社会科学出版社,2006.08.—288页：26cm.—ISBN7-5004-5804-5:CNY27.00

典藏地：DZU、DZS、QHX

0991

活在路上/顾金栋著.—北京：作家出版社,2006.—222页：20cm.—ISBN7-5063-3330-9:CNY22.00

典藏地：DZS

0992

火色马/刘玉栋著.—济南：山东文艺出版社,2011.—243页：24cm.—ISBN978-7-5329-3403-4:CNY27.00

典藏地：DZU

0993

脊梁/陈建军主编.—济南：华夏文化艺术出版社,2007.—312页：20cm.—

ISBN962-8700-62-6:CNY38.00

典藏地：DZS

0994

纪念毛泽东诞辰120周年诗词汇编/平原县书画协会.—43页

典藏地：PYX

0995

祭歌[硕士论文]/张曰凯著.—北京:华龄出版社,2019.09.04.—253页：19cm.—ISBN978-7-80082-562-0:CNY6.30

典藏地：DZU、DZS

0996

家里养着月亮/姜仲华著.—北京:线装书局,2014.—283页：21cm.—.—（长河文丛.VI/马启代主编）.—ISBN978-7-5120-1492-3:CNY36.00

典藏地：DZU

0997

稼轩词编年笺注/邓广铭.—上海:上海古籍出版社,1978.—640页.—CNY1.75

典藏地：DZU

0998

剪一缕阳光悄悄珍藏/高迎春著.—北京:长征出版社,2009.—416页：21cm.—（鲁北作家文丛）.—ISBN978-7-80204-485-2:CNY34.80

典藏地：DZU

0999

剪一缕阳光悄悄珍藏/李庄著.—北京:长征出版社,2008.—208页：23cm.—（鲁北作家文丛）.—ISBN978-7-80204-485-2:CNY29.00

典藏地：DZS

1000

见证:德州市创建国家卫生城市纪实/崔金鹏著.—北京:中国言实出版社,2012.—334页：22cm.—ISBN978-7-80250-752-4:CNY42.00

典藏地：DZU、DZS

1001

渐行渐远/刘长新著.—北京:中国友谊出版公司,2010.9.—246页:22cm.—ISBN978-7-5057-2798-4:CNY35.00

典藏地：PYX、QYX

1002

鉴塘文选/扬子,木鱼主编.—香港:中国文化出版社,2015.—205页：19cm.—CNY32.80

典藏地：DZU

1003

箭已离弦/芙韬著.—北京:作家出版社,2006.—309页：20cm.—ISBN7-5063-3390-2:CNY25.00

典藏地：DZS、QYX

1004

蛟龙探海/许晨著.—北京:五洲传播出版社,2019.—231页,[4]页图版:彩图：23cm.—（创新中国）.—ISBN978-7-5085-4008-5:CNY58.00

典藏地：DZU

1005

揭秘/顾金栋著.—北京:作家出版社,2006.—254页：20cm.—ISBN7-5063-3330-9:CNY25.00

典藏地：DZU、DZS

1006

街角的温柔/月秋子著.—北京:大众文艺出版社,2012.—141页:21cm.—（心星文丛）.—ISBN978-7-80240-917-0:CNY22.00

典藏地：PYX

1007

巾帼遗恨/焦力军等著.—济南:山东文艺出版社,1993.07.—382页:21cm.—ISBN7-5329-1030-X:CNY7.80

典藏地：DZU、DZS、PYX

1008

今夜无眠/高艳国著.—济南:山东文艺出版社,1994.10.—118页：20cm.—ISBN7-5329-1180-2:CNY6.00

典藏地：DZU、DZS

1009

金丝枣乡的传说/乐陵市民间文学三集成编委会编.—[乐陵]:[乐陵市民间文学三集成编委会],1989.—196页：19cm.—CNY2.45

典藏地：DZU

1010

津门往事/吕舒怀著.—成都:四川文艺出版社,2020.1.—330页：21cm.—ISBN978-7-5411-5563-5:CNY45.00

典藏地：DZU

1011

锦衣夜行.3,夺鼎记/月关[著].—北京:中国友谊出版公司,2017.—407页：24cm.—ISBN978-7-5057-3874-4:CNY39.80

典藏地：DZU

1012

锦衣夜行.5,夺鼎记/月关[著].—北京:中国友谊出版公司,2017.—418页：23cm.—ISBN978-7-5057-4025-9:CNY39.80

典藏地：DZU

1013

京城内外/邓友梅著.—北京:人民文学出版社,1985.—613页:21cm.—ISBN7-:CNY4.15

典藏地：PYX

1014

京津乐陵人/李玉胜,朱爱国主编.—北京:线装书局,2015.—191页:图:24cm.—ISBN978-7-5120-1928-7:CNY38.00

典藏地：DZU

1015

京昆之美/简墨.—济南:济南出版社,2013.10.—203页:图:23cm.—(文化中国:边缘话题.第四辑).—ISBN978-7-5488-1048-3:CNY37.00

典藏地:DZU

1016

惊鸿/杨英国著.—北京:中国文史出版社,2019.—312页:24cm.—(中国专业作家小说典藏文库.杨英国卷).—ISBN978-7-5205-1137-7:CNY68.00

典藏地:DZU

1017

景景情情/高从香著.—济南:山东画报出版社,2016.05.—216页:20cm.—ISBN978-7-5474-1485-9:CNY28.00

典藏地:DZU、DZS、PYX

1018

旧语新说/刘清洲编著.—北京:大众文艺出版社,1998.—212页:21cm.—ISBN7-80094-468-9:CNY11.00

典藏地:DZS

1019

琚子太浮沉/鲁风著.—济南:山东文艺出版社,2002.04.—328页:20cm.—ISBN7-5329-2031-3:CNY27.00

典藏地:DZU

1020

菊斋随笔/刘长居.—2013.—304页:20cm.—(美立方文库).—ISBN978-7-5468-0580-1:CNY15.00

典藏地:DZU、DZS

1021

绝唱/程先利著.—北京:中国戏剧出版社,2000.—384页:19cm.—(行者文丛).—ISBN7-104-01232-X:CNY22.50

典藏地:DZS

1022

军旗永远飘扬、军功章永远闪耀.刻骨铭心的往事:记父亲的军功章文革运动中被造反派没收之事/凤子主编.—158页:29cm

典藏地：PYX

1023

开拓者的秘密/德州地区文化局编.—济南:山东文艺出版社,1988.—292页:照片：19cm.—（新时期的建设者丛书）.—ISBN7-5329-0101-7:CNY2.05

典藏地：DZS

1024

康熙乾隆咏德州/刘金译注.—北京:中国文联出版社,2013.—133页：20cm.—（新锐作家文丛.第三辑）.—ISBN978-7-5059-8218-5:CNY24.00

典藏地：DZS

1025

康莊紀事/孫康著.—台北:文海出版社有限公司,2004.—286页：20cm.—ISBN957-549-541-1:TWD320.00

典藏地：DZU

1026

康莊深夜話故鄉/孫康著.—2014.—224页：20cm.—CNY100.00

典藏地：DZU

1027

康莊詩影情懷/孫康著.—2011.06.—231页：20cm.—CNY100.00

典藏地：DZU

1028

康莊瑣記/孫康著.—台北:文史哲出版社,2005.—262页：20cm.—CNY320.00

典藏地：DZU

1029

抗战中的西北/徐盈著.—北京:生活?读书?新知三联书店,2014.—99页:书影：19cm.—（三联经典文库.第二辑：116）.—ISBN978-7-108-04648-2（精装）:CNY14.00

典藏地：DZU

1030

克寇传/丁志峰著.—北京:中国戏剧出版社,2007.07.—261页：20cm.—ISBN7-104-02561-8:CNY20.00

典藏地：DZU、YCS

1031

口子窑的传说/吴太山著.—北京:中国文联出版社.—195页：26cm.—（中国新时代作家文丛）.—ISBN978-7-5059-7525-5:CNY22.00

典藏地：DZS

1032

哭过以后/英伦.—山东文艺出版社济南,1991.—120页：32cm.—ISBN7-5329-0778-3:CNY2.00

典藏地：QHX

1033

酷蚁安特尔总动员.1,安特尔出世/霞子著.—北京:科学普及出版社,2016.—197页：20cm.—ISBN978-7-110-09427-3:CNY18.00

典藏地：DZU

1034

酷蚁安特尔总动员.2,流浪奇遇/霞子著.—北京:科学普及出版社,2016.—191页：20cm.—ISBN978-7-110-09427-3:CNY18.00

典藏地：DZU

1035

酷蚁安特尔总动员.3,真假公主/霞子著.—北京:科学普及出版社,2016.—183页：20cm.—ISBN978-7-110-09427-3:CNY18.00

典藏地：DZU

1036

酷蚁安特尔总动员.4,把大象搬进蚂蚁窝/霞子著.—北京:科学普及出版社,2016.—183页:20cm.—ISBN978-7-110-09427-3:CNY18.00

典藏地:DZU

1037

酷蚁安特尔总动员.5,飞翔之梦/霞子著.—北京:科学普及出版社,2016.—185页:20cm.—ISBN978-7-110-09427-3:CNY18.00

典藏地:DZU

1038

酷蚁安特尔总动员.6,遨游太空/霞子著.—北京:科学普及出版社,2016.—189页:20cm.—ISBN978-7-110-09427-3:CNY18.00

典藏地:DZU

1039

酷蚁安特尔总动员.7,四面楚歌/霞子著.—北京:科学普及出版社,2016.—183页:20cm.—ISBN978-7-110-09427-3:CNY18.00

典藏地:DZU

1040

酷蚁安特尔总动员.8,百花盛开的蚂蚁山/霞子著.—北京:科学普及出版社,2016.—185页:20cm.—ISBN978-7-110-09427-3:CNY18.00

典藏地:DZU

1041

来自黄河的诗/桑恒昌著:顾正祥译.—2005.—159页.—ISBN3-925682-61-9:CNY18.80

典藏地:DZU

1042

赖麻子家的风花雪月/张洪春著.—哈尔滨:北方文艺出版社,2008.—309页:21cm.—(鲁北风情文学丛书).—ISBN978-7-5317-2339-4:CNY34.00

典藏地:DZS

1043

兰陵笑笑生与《金瓶梅》/王平著.—济南:山东文艺出版社,2004.—122页:20cm.—(齐鲁历史文化丛书.第7辑).—ISBN7-5329-2363-0:CNY10.60

典藏地:DZS

1044

蓝天鸽哨/张培录著.—香港:金陵书社出版公司,1997.—129页:19cm.—ISBN962-440-355-4:CNY4.95

典藏地:DZS

1045

朗润青山十八条溪/憨仲主编.—中国文艺出版社,2009.—562页:20cm.—ISBN978-988-18-5012-6:CNY45.60

典藏地:DZU

1046

老苍/杨英国著.—北京:中国文史出版社,2020.01.—273页:24cm.—(中国专业作家小说典藏文库.杨国英卷).—ISBN978-7-5205-1454-5:CNY59.80

典藏地:DZU

1047

老骥情怀/华锋等编.—北京:中国社会科学出版社,2006.08.—182页:25cm.—ISBN7-5004-5808-8:CNY22.00

典藏地:DZU、DZS、QHX

1048

老石爷传奇/刘先普著.—北京:中国文联出版公司,1999.—273页:照片:21cm.—ISBN7-5059-3337-X:CNY19.80

典藏地:DZS

1049

老枣树下的传说/张连生,李景山主编.—庆云:庆云县文化局.—148页:19cm

典藏地:DZS

1050

乐在其中:纪慎言散文小说集/纪慎言著.—哈尔滨:北方文艺出版社,2008.—404页：21cm.—（鲁北风情文学丛书）.—ISBN978-7-5317-2339-4:CNY36.00

典藏地：DZS

1051

李攀龙与"后七子"/石麟著.—济南:山东文艺出版社,2004.—112页：20cm.—（齐鲁历史文化丛书.第7辑）.—ISBN7-5329-2363-0:CNY9.70

典藏地：DZS

1052

李庄的诗/李庄著.—北京:长征出版社,2008.—208页：24cm.—ISBN978-7-80204-485-2:CNY29.00

典藏地：DZU

1053

历程/郑广敏著.—北京:中国文联出版社,2007.—198页：20cm.—ISBN978-7-5059-4252-3:CNY20.00

典藏地：DZS

1054

历代诗人咏德州/王树理选注.—济南:山东文艺出版社,1991.12.—262：19cm.—ISBN7-5329-0787-2:CNY4.50

典藏地：DZU、DZS

1055

凉山月:长篇小说卷/邓友梅著.—北京:作家出版社,1995.—399页:照片：21cm.—（邓友梅自选集.第一卷）.—ISBN7-5063-0758-8:CNY13.80

典藏地：DZS

1056

梁山泊与《水浒传》/王恒展著.—济南:山东文艺出版社,2004.—159页：20cm.—（齐鲁历史文化丛书.第7辑）.—ISBN7-5329-2363-0:CNY13.80

典藏地：DZS

1057

晾晒不干的记忆/宋云亮著.—北京:中国广播电视出版社,2009.—165页:20cm.—ISBN978-7-5043-4644-5:CNY26.00

典藏地:DZU

1058

聊斋枝权/毕汝升著.—北京:线装书局,2013.—181页:21cm.—(长河文丛/高艳国主编:12).—ISBN978-7-5120-0916-5:CNY300.00(全12册)

典藏地:DZS

1059

临邑吟赞/张栋著.—北京:中国文联出版公司,2009.09.—160页:20cm.—ISBN978-7-5059-5537-0:CNY20.00

典藏地:DZU、DZS

1060

灵魂的酒与辉煌的泪/桑恒昌著.—广州:花城出版社,1993.11.—134页:19cm.—ISBN7-5360-1385-X:CNY3.90

典藏地:DZU、DZS

1061

灵魂的祈祷/刘晓东,宋云亮著.—北京:作家出版社,2006.—266页:20cm.—ISBN978-7-5063-3129-6:CNY38.00

典藏地:DZU

1062

灵魂的重量/张庆岭著.—北京:中国文联出版社,2002.—169页:19cm.—ISBN7-5059-3860-6:CNY16.00

典藏地:DZS、QHX

1063

灵气/王蒙等著.—北京:华夏出版社,2010.—270页:23cm.—(超人气现代名家小小说丛书).—ISBN978-7-5080-6551-9:CNY29.80

典藏地:QYX

1064

刘备在平原/刘庆民编．—济南:黄河出版社,2002.07．—372页：20cm．—ISBN7-80558-904-6:CNY30.00

典藏地：DZU、DZS

1065

刘备坐平原/张洪春著．—北京:中国文联出版公司,2002.10．—349页：32cm．—ISBN7-5059-4068-6:CNY30.00

典藏地：DZU、DZS

1066

刘琳小说选/刘琳著．—香港:香港新世纪出版社,1992.08．—413页：20cm．—ISBN962-7375-91-8:CNY7.50

典藏地：DZU、DZS

1067

流火季节/邢庆杰著．—北京:中国戏剧出版社,2000.11．—252页：21cm．—（行者文丛）．—ISBN7-104-01232-X:CNY22.50

典藏地：DZU

1068

流浪的红蜻蜓/谢文成著．—北京:长征出版社,2009．—234页：21cm．—（鲁北作家文丛）．—ISBN978-7-80204-485-2:CNY24.00

典藏地：DZS

1069

流浪者之歌/孙玉海著．—北京:长征出版社,2009．—318页:20cm．—（鲁北作家文丛）．—ISBN978-7-80204-485-2:CNY35.00

典藏地：DZS、PYX、QYX

1070

流星/刘琳著．—济南:山东文艺出版社,1991．—120页：19cm．—（东方诗卷丛书）．—ISBN7-5329-0893-3:CNY2.00

典藏地：DZS

1071

流星划过夜空/魏保和著.—济南:山东画报出版社,2015.12.—281页:21cm.—(黄河文丛).—ISBN978-7-5474-1700-3:CNY36.00

典藏地:QHX

1072

琉篱澹园诗文录/王欣荣.—北京:中国诗书画,2012.—370页:16cm.—ISBN978-7-988162-05-0:CNY50.00

典藏地:QHX

1073

六百岁的德州:其人其文/王德胜编著.—济南:山东文化音像出版社,2012.—246页:照片:24cm.—ISBN978-7-5317-2330-1:CNY78.00

典藏地:DZU、DZS

1074

六十五杯酒/顾金栋主编.—北京:线装书局,2017.07.—26cm.—ISBN978-7-5120-2806-7:CNY29.80

典藏地:DZU

1075

龙门报告/梁家卿著.—北京:中国文联出版社,2007.04.—386页:彩照:20cm.—(龙文文丛).—ISBN7-5059-4365-0:CNY35.00

典藏地:DZU、DZS

1076

龙门作证/梁家卿.—济南:黄河出版社,2001.—382页:20cm.—CNY28.00

典藏地:DZU、DZS、PYX

1077

龙潭记/郭澄清著.—北京:人民文学出版社,1985.—456页:19cm.—CNY2.00

典藏地:DZU

1078

隆冬时节我们去割芦苇/丰文茂著.—北京:现代出版社,2016.—253页:图:

23cm.—ISBN978-7-5143-5260-3:CNY20.00

典藏地：DZU

1079

卢振中作品选:马戏团轶事/卢振中著.—北京:中国少年儿童出版社,1988.06.—226页：20cm.—ISBN7-5007-0411-9:CNY2.30

典藏地：DZU

1080

鲁北烽火/德州地区出版办公室编.—1989济南:山东文艺出版社.—359页：19cm.—（山东革命斗争回忆录丛书）.—CNY3.89ISBN7-5329-0256-0

典藏地：DZU、DZS、DCQ

1081

鲁北烽火:续集/中共德州地委党史资料征集研究委员会编.—济南:山东文艺出版社,1989.—359页：19cm.—（山东革命斗争回忆录丛书）.—CNY3.89

典藏地：DZS

1082

鲁北俊才./山东省德州市文联编.—北京:经济日报出版社,1995.—209页:21cm.—ISBN7-80036-973-0:CNY12.00

典藏地：PYX

1083

鲁北平原抒情/卢清钰著.—济南:山东文艺出版社,1993.12.—120页：20cm.—ISBN7-5329-0988-3:CNY5.00

典藏地：DZU、DZS

1084

鲁北诗歌精选/鲁北著.—北京:中国戏剧出版社,2010.—40页：27cm.—ISBN978-7-104-03136-9

典藏地：DZU

1085

鲁北诗韵/丁志锋著.—北京:现代出版社,2014.—207页：20cm.—ISBN978-

7-5143-2410-5:CNY30.00

  典藏地：DZU

1086

鲁北刑警写真/毛寄萍著.—济南:黄河出版社,1997.—314页：21cm.—ISBN7-80558-948-8:CNY15.00

  典藏地：DZU、DZS

1087

鲁闽风云/徐盈等著.—北京:生活读书贩新知三联书店,2014.—96页:书影：19cm.—（三联经典文库.第二辑：117）.—ISBN978-7-108-04649-9（精装）:CNY14.00

  典藏地：DZU

1088

伦理道德小说集东方女性/航鹰著.—北京:人民文学出版社,1985.—450页:无图表：19cm.—CNY2.00

  典藏地：DZU

1089

裸体的日本/晓凡.—北京:中国文联出版公司,1988.06.—252:无图表：32cm.—ISBN7-5059-0543-0:CNY2.30

  典藏地：DZU

1090

洛北集/张栋著.—北京:朝花美术出版社,1999.—152页：19cm.—ISBN7-5056-2733-7:CNY9.80

  典藏地：DZS

1091

落草风雨集/张鸿喜著.—北京:中国文联出版公司,2013.—127页：20cm.—（作家视线丛书）.—ISBN978-7-5059-7082-3:CNY18.00

  典藏地：DZU、YCS

1092

落差/孙德奎著.—北京:中国戏剧出版社,2013.—216页：21cm.—.—（舜耕文丛）.—ISBN978-7-104-04034-7:CNY28.00

典藏地：DZU、QHX

1093

落叶/朱竹著.—北京:中国戏剧出版社,2009.05.—216页：20cm.—ISBN978-7-104-02740-9:CNY25.00

典藏地：DZU、DZS

1094

履痕/田毅著.—北京:中国文联出版公司,2004.12.—296页：20cm.—ISBN7-5059-4252-2:CNY20.60

典藏地：DZU、DZS

1095

绿窗随笔/孙康著.—2003.—272页：20cm.—CNY120.00

典藏地：DZU

1096

绿魂/航鹰著.—上海:文汇出版社,2017.—23,321页：24cm.—（航鹰文集.卷七,散文）.—ISBN978-7-5496-1965-8:CNY55.00

典藏地：DZU

1097

绿色的呼唤/李凤臣著.—北京:中国文联出版公司,2006.—477页：21cm.—ISBN7-5059-5262-5:CNY29.80

典藏地：DZS

1098

马颊河/宋延广著.—南昌:百花洲文艺出版社,2018.—364页:23cm.—ISBN978-7-5500-2697-1:CNY35.00

典藏地：PYX

1099

马颊河的女儿/房玉梅著.—济南:山东人民出版社,2011.—357页:照片：

24cm.—(齐鲁"三河"丛书).—ISBN978-7-209-05618-2:CNY36.00(全2册)

典藏地:DZS

1100

马戏团轶事/卢振中著.—北京:中国少年儿童出版社,1988.—226页:21cm.—(《儿童文学》丛书).—CNY2.30

典藏地:DZS

1101

麦苗返青/郭澄清著.—济南:山东人民出版社,1978.9.—514页:20cm.—CNY1.20

典藏地:DZU

1102

漫话古贝春/高步云编著.—北京:中国文联出版社,2007.—429页:24cm.—ISBN7-5059-3251-9:CNY55.00

典藏地:DZS

1103

盲人摸象/格式著.—北京:海洋出版社,1997.05.—174页:20cm.—ISBN7-5027-4310-3:CNY9.80

典藏地:DZU

1104

媒体看德州/中共德州市委宣传部编著.—济南:山东大学出版社,2008.—253页:23cm.—(辉煌的历程.德州改革开放30年).—ISBN978-7-5607-3684-6:CNY78.60(4册)

典藏地:DZS

1105

美丽庆云:庆云文苑五周年作品选/庆云文苑著.—2014.—230页:20cm.—CNY38.00

典藏地:DZU

1106

美意铺陈/任先青著.—北京:团结出版社,2015.—189页:21cm.—(长河文丛?清心集/马启代主编).—ISBN978-7-5126-3713-9:CNY35.00

典藏地:DZU

1107

孟祥斌/《金华晚报》,山东齐河县委宣传部,杭州今古时代电影制作有限公司著.—沈阳:万卷出版公司,2009.—114页:照片:25cm.—ISBN978-7-5470-0413-5:CNY25.00

典藏地:QHX

1108

梦圆悉尼:山东奥运健儿征战记/许晨著.—北京:长征出版社,2001.05.—307页:20cm.—ISBN7-80015-694-X:CNY22.00

典藏地:DZU

1109

迷航:1927年陈独秀在武汉.—北京:中国文联出版公司.—ISBN978-7-5059-2930-2:CNY21.80典藏地:

典藏地:DZU、DZS、YCS

1110

觅踪寻痕/张曰凯著.—广州:广州出版社,2001.12.—364页:32cm.—ISBN7-80655-060-7:CNY20.00

典藏地:DZU

1111

面对秋风/纪慎言著.—长春:东北师范大学出版社,1998.04.—168页:24cm.—ISBN7-5602-2157-2:CNY7.80

典藏地:DZU、DZS

1112

民乐之美/简墨著.—济南:济南出版社,2013.10.—188页:图:23cm.—(文化中国:边缘话题.第四辑).—ISBN978-7-5488-1049-0:CNY35.00

典藏地：DZU

1113

民企亮点耀戎城/丰文茂主编：广州市文学艺术界联合会编.—广州:中国文献出版社,2004.03北京:作家出版社.—226页:照片：21cm.—CNY16.00.—ISBN7-5063-3305-6（错误）.—

典藏地：DZU

1114

民为邦本/杨英国著.—哈尔滨:北方文艺出版社,2008.—266页：21cm.—（鲁北风情文学丛书）.—ISBN978-7-5317-2339-4:CNY288.00（全10册）

典藏地：DZS

1115

民心自有功臣碑/中共德州地委党史资料征集研究委员会编.—德州:德州地委,1989.—366页：21cm

典藏地：DZS

1116

明清小说研究概论/党月异,张廷兴著.—北京:中央编译出版社,2011.06.—386页：24cm.—ISBN978-7-5117-0877-9:CNY60.00

典藏地：DZU

1117

明清小说研究综论/党月异：张廷兴著.—北京:中央编译出版社,2010.—374页：20cm.—ISBN978-7-5117-0574-7:CNY48.00

典藏地：DZU

1118

明月集/丁志峰.—长春:东北师范大学出版社,1998.—285页：20cm.—ISBN7-5602-2157-2:CNY16.00

典藏地：DZU、DZS、YCS

1119

魔鞭/田毅著.—济南:山东文艺出版社,1986.—375页:无图表：19cm.—

CNY2.10

典藏地：DZU

1120

抹不掉的记忆/胡月强著.—北京:线装书局,2013.—230页：21cm.—.—（长河文丛：010/高艳国主编）.—ISBN978-7-5120-0916-5:CNY27.00

典藏地：DZU、DZS

1121

墨海丹山/韩德光,李炳喜编.—北京:中国社会科学出版社,2006.—124页：26cm.—（文化齐河系列丛书）.—ISBN7-5004-5811-8:CNY70.00

典藏地：DZS、QHX

1122

母爱的震撼/邢庆杰著.—南昌:江西高校出版社,2009.—181页：23cm.—（青少年素质读本?中国小小说50强）.—ISBN978-7-81132-570-6:CNY23.00

典藏地：QYX

1123

母亲de红色之恋/陈璞平著.—青岛:青岛出版社,2005.—205页:照片：24cm.—ISBN7-5436-3374-4:CNY22.00

典藏地：DZU、DZS

1124

母亲在国难中出嫁/刘世亭著.—北京:团结出版社,2012.—206页：21cm.—（高海拔书系/赵庆军主编）.—ISBN978-7-5126-0760-6:CNY198.00（全九册）

典藏地：DZS

1125

木木诉讼记/田邦利著.—济南:山东人民出版社,2016.—166页：21cm.—ISBN978-7-209-10227-8:CNY29.00

典藏地：DZU

1126

那五/邓友梅著.—长春:时代文艺出版社,2001.10.—471页:20cm.—(中国小说50强:1978年~2000年.第1辑).—ISBN7-5387-1571-1:CNY33.00,CNY305.00(全10册)

  典藏地：DZU、DZS、PYX

1127

那些被小雨打湿的记忆/王季春著.—石家庄:花山文艺出版社,2013160页：24cm.—("读品贩悟"文学新观赏青少年读写范?典丛书/高长梅,王培静主编).—ISBN978-7-5511-1032-7:CNY27.80

  典藏地：DZS

1128

那些岁月/徐茂顺.—香港：香港新天出版社,2004.—261页：32cm.—ISBN962-468-242-9:CNY25.80

  典藏地：QHX

1129

那一次次心动/蔡文典著.—北京:作家出版社,2007.—320页：20cm.—ISBN978-7-5063-3945-2:CNY30.00

  典藏地：DZS

1130

那一镂文韵酒香:名家话酒暨河北省第三届散文大赛古贝春采风作品集.第三辑/顾金栋主编.—北京:中国文联出版公司,2012.—233页：20cm.—ISBN7-5059-7832-2:CNY29.80

  典藏地：DZU

1131

奈何集/裴智著.—香港:银河出版社,2008.—190页:20cm.—ISBN962-475-797-6:CNY18.00

  典藏地：PYX

1132

南疆战火中的德州儿女/中国德州市委宣传部,德州市民政局编.—德州:德

州市委,1986.—128页：19cm

  典藏地：DZS

1133

南梅指书毛泽东诗词百首集/陈克刚编.—太白文艺出版社:西安,2003.—140页:照片：29cm.—ISBN7-80680-136-7:CNY178.00

  典藏地：QYX

1134

南山一夜/刘玉栋著.—成都:四川人民出版社,2019.09.—427页：21cm.—（走向经典）.—ISBN978-7-220-11391-8:CNY48.00

  典藏地：DZU

1135

难忘军旅/邓友梅著.—北京:解放军出版社,2005.—369页:照片：23cm.—（老兵大家丛书/陈先义,柳萌主编）.—ISBN7-5065-4813-5:CNY38.00

  典藏地：DZU

1136

泥一腿水一腿：我为情狂/解永敏著.—北京:新世界出版社,2002.10.—347页：32cm.—ISBN7-80005-869-7:CNY20.00

  典藏地：DZU、QHX

1137

你和我的跋涉/冯国华著.—济南:山东文艺出版社,1994.—180页：19cm.—ISBN7-5329-1180-2:CNY4.50

  典藏地：DZS

1138

你和我的呼唤/冯国华著.—北京:民族出版社,1996.—170页：19cm.—ISBN7-105-02684-7:CNY4.50

  典藏地：DZS

1139

你和我的梦幻/冯国华著.—天津:百花文艺出版社,1992.—144页：19cm.—

ISBN7-5306-1076-7:CNY2.75

  典藏地：DZS

1140

年轮.月轮.日轮/桑恒昌.—呼和浩特:远方出版社,1997.05.—217页：20cm.—ISBN7-80595-313-9:CNY16.00

  典藏地：DZU、DZS

1141

聂绀弩旧体诗全编/侯井天.—2005.09.01

  典藏地：QHX

1142

女枪王/姜金霞著.—北京:中国人民公安大学出版,2009.—298页:图：25cm.—ISBN978-7-81139-736-9:CNY30.00

  典藏地：DZU

1143

哦,金合欢/王树理著.—济南:山东画报出版社,2010.—234页:图：23cm.—ISBN978-7-5474-0208-5:CNY40.00

  典藏地：DZU

1144

欧罗巴之梦/航鹰著.—天津:百花文艺出版社,1995.—287页：19cm.—ISBN7-5306-2001-0:CNY8.80

  典藏地：DZS

1145

盘踞/刘强,解永敏著.—济南:山东文艺出版社,2015.—356页：24cm.—ISBN978-7-5329-5063-8:CNY39.50

  典藏地：DZU

1146

跑鞋人/鲁斌著.—北京:新华出版社,2018.4.—430页:23cm.—ISBN978-7-5166-3935-1:CNY60.00

典藏地：PYX

1147

鹏飞精短双语诗选/崔金鹏著：杨宗泽译.—北京：线装书局,2013.—53页：21cm.—ISBN978-7-5120-1067-3:CNY30.00

典藏地：DZU

1148

批评的不安与自信/季桂起著.—天津：百花文艺出版社,1995.—344页：32cm.—ISBN7-5306-2078-9:CNY15.00

典藏地：DZU、DZS

1149

飘落的蓝天/李广彬著.—北京：中国文学出版社,2003.—158页：21cm.—ISBN7-5071-1470-8.—ISBN7-5071-1470-0:CNY15.80

典藏地：DZS

1150

品味雨声/周相国著.—北京：中国文联出版社,2004.—136页：21cm.—ISBN7-5059-3653-0:CNY12.80

典藏地：DZS

1151

平凡的追思/左兴奎著.—德州新华印刷,2003.10.—152页：20cm.—CNY12.00

典藏地：DZU、DZS

1152

平原巾帼史略.第一集/平原县妇女联合会编.—平原：平原县妇女联合会,1988.—259页：19cm

典藏地：DZS

1153

平原客/李佩甫著.—广州：花城出版社,2017.—354页：25cm.—ISBN978-7-5360-8350-9:CNY45.00

典藏地：DZU

1154

平原龙门札记/王玉杰、王志远著.—北京:中国文联出版社,2011.—244页:21cm.—ISBN978-7-5059-7306:CNY28.00

典藏地：PYX

1155

平原上的摩西/双雪涛著.—天津:百花文艺出版社,2016.—222页：21cm.—ISBN978-7-5306-6962-4（精装）:CNY39.50

典藏地：DZU

1156

普爱山庄/航鹰著.—上海:文汇出版社,2017.—22,480页：24cm.—（航鹰文集.卷五,小说）.—ISBN978-7-5496-1967-2:CNY80.00

典藏地：DZU

1157

齐河文艺/于琴.—齐河:文化县文学艺术界联合会,2013.01.—104页：30cm

典藏地：QHX

1158

齐梁体诗传/曹鼎著.—长春:吉林人民出版社,2000.—[24],898页：20cm.—（中国历代名家流派诗传）.—ISBN7-206-03492-6:CNY58.00

典藏地：DZU、DZS

1159

齐鲁英雄传/冯国华,冯浩著.—北京:团结出版社,2015.07.—999页：20cm.—ISBN978-7-5126-3706-1:CNY135.00

典藏地：DZU

1160

歧路夜行/华锋著.—北京:线装书局,2013.—216页:21cm.—（长河文丛:007/高艳国主编）.—ISBN978-7-5120-0916-5:CNY25.00

典藏地：DZU、QHX

1161

骑龙鱼的水娃.1,水晶球的秘密/霞子著.—青岛:中国海洋大学出版社,2017.—170页:彩图：22cm.—ISBN978-7-5670-1389-6:CNY22.00

典藏地：DZU

1162

骑龙鱼的水娃.2,迷魂洞探险/霞子著.—青岛:中国海洋大学出版社,2017.—166页:彩图：22cm.—ISBN978-7-5670-1390-2:CNY22.00

典藏地：DZU

1163

骑龙鱼的水娃.3,大战水卷龙/霞子著.—青岛:中国海洋大学出版社,2017.—163页:彩图：22cm.—ISBN978-7-5670-1391-9:CNY22.00

典藏地：DZU

1164

千秋叩问/王充闾著.—2版.—北京:京华出版社,2009.—219页：23cm.—（历史文化大散文系列）.—ISBN978-7-80724-211-6:CNY29.50

典藏地：DZU

1165

牵牛那个花/梅子著.—济南:山东友谊出版社,2015.—225页：20cm.—（未央文库）.—ISBN978-7-5516-0794-0:CNY29.80

典藏地：DZU、QYX

1166

前身与后影/尹铁铮著.—北京:作家出版社,2004.04.—338页：20cm.—ISBN7-5063-1620-X:CNY22.80

典藏地：DZU、DZS

1167

强者/晓凡等著.—北京:中国青年出版社,1980.—306页:照片：19cm.—CNY0.66

典藏地：DZU

1168

且听风吟六十年:杨文平文章选编/杨文平著.—北京:团结出版社,2020.1.—449页:26cm.—ISBN978-7-5126-7521-6:CNY18.6

典藏地：PYX

1169

秦墟/月关著.—北京:九州出版社,2017.—315页:彩照：24cm.—ISBN978-7-5108-5143-8:CNY39.80

典藏地：DZU

1170

青春风铃/高艳国著.—北京:中国文联出版公司,1999.03.—154页：20cm.—ISBN7-5059-2733-7:CNY9.80

典藏地：DZU、DZS

1171

青春若有张不老的脸/周中强著.—武汉:长江文艺出版社,2015.—257页:彩图：21cm.—（痞人日记系列作品：01）.—ISBN978-7-5354-7804-7:CNY36.00

典藏地：DZU

1172

倾斜的阁楼/航鹰著.—北京:中国青年出版社,1984.—462页：19cm.—CNY1.40

典藏地：DZU

1173

卿云歌/王树理著.—济南:山东文艺出版社,2013.—309页：24cm.—ISBN978-7-5329-4276-3:CNY36.00

典藏地：DZU、QYX

1174

清词研究论稿/孙彦杰等著.—北京:中国文史出版社,2005.—357页：20cm.—ISBN7-5034-1709-9:CNY24.80

典藏地：DZU

1175

清风散晓霞/赵延龄著.—356页

典藏地：QHX

1176

清粼粼的四女河/刘世亭著.—台北:中国文化出版,2006.—680页：20cm.—ISBN962-8697-63-3:CNY46.00

典藏地：DZU、DZS

1177

清水无香/王海滨著.—北京:线装书局,2013.—190页:照片：21cm.—（长河文丛.Ⅲ/马启代主编).—ISBN978-7-5120-1134-2:CNY23.00

典藏地：DZU

1178

情感空间/张春明著.—长春:吉林人民出版社,2011.—231页:21cm.—ISBN978-7-206-07913-9:CNY29.80

典藏地：DZS、PYX、YCS

1179

情系热土/张培录,王长岭著.—香港:金陵书社出版公司,1994.—115页：19cm.—（鲁北作家丛书).—ISBN962-440-355-4:CNY3.68

典藏地：DZS

1180

情缘心语行思有痕/安占山著.—218页：20cm

典藏地：DZS

1181

情韵:一个老公务员的情怀足韵/郭其礼著.—北京:中国文联出版社,2003.—218页:照片：21cm.—（龙文文丛).—ISBN7-5059-4365-0:CNY25.00

典藏地：DZS

1182

情种/杨英国著.—北京:中国文史出版社,2020.1.—277页：24cm.—（中国

专业作家小说典藏文库.杨英国卷）.—ISBN978-7-5205-1455-2:CNY59.80

典藏地：DZU

1183

庆云骄子/《庆云骄子》编辑委员会.—2009.—232页：21cm

典藏地：QYX

1184

庆云历代诗词选编/毛琳主编.—267页：21cm

典藏地：QYX

1185

庆云民间故事集/庆云县史志办公室编.—200.—375页：21cm.—ISBN978-7-:CNY20.00

典藏地：DZS、QYX

1186

庆云民俗/刘长新著.—海口：南海出版社,2010.—224页：21cm.—ISBN978-7-5442-4668-2:CNY30.00

典藏地：DZS、QYX

1187

秋林集/张栋著.—北京：作家出版社,2001.12.—204页：20cm.—ISBN7-5063-1739-7:CNY16.00

典藏地：DZU、DZS

1188

秋水无痕/杨剑茹,李红霞著.—南昌：百花洲文艺出版社,2017.01.—270页：24cm.—ISBN978-7-5500-1849-5:CNY29.30

典藏地：DZU

1189

秋岩诗集校注/（清）郝答著.—456页

典藏地：QHX

1190

取德州/刘金忠.—天津:百花文艺出版社,1991.06.—237页：20cm.—ISBN7-5306-0637-9:CNY3.90

典藏地：DZU、DZS

1191

热爱生命/费克著.—北京:作家出版社,2002.—132页：20cm.—ISBN7-5063-2018-5:CNY13.80

典藏地：DZS

1192

人生大舞台："样板戏"幕前幕后/许晨著.—济南:黄河出版社,1990.—341页：19cm.—ISBN7-80558-083-9:CNY4.50

典藏地：DZS

1193

人生风景线/刘琳,王俊鹏主编.—光明日报出版社,1997.—519页：21cm.—(《腾飞的中国》系列丛书山东省卷).—ISBN7-80091-673-1:CNY21.50

典藏地：DZS

1194

仁者如水/杨志刚著.—济南:齐鲁书社,2012.—288页：21cm.—ISBN978-7-5333-2675-3:CNY32.00

典藏地：DZU

1195

如果你懂得海/何炜著.—天津:百花文艺出版社,2002.—226页：19cm.—ISBN7-5306-3358-9:CNY13.00

典藏地：DZS

1196

如有爱,再相逢/薛飞著.—北京:中国和平出版社,2011.—246页：22cm.—ISBN978-7-5137-0187-7:CNY29.80

典藏地：DZU

1197

三皇五帝贩三王/李亦然.—济南:黄河出版社,2007.—377页：32cm.—ISBN978-7-80152-787-5:CNY23.80

典藏地：QHX

1198

三月桃花开/邢庆杰著.—北京:长征出版社,2008.—250页：21cm.—（鲁北作家文丛）.—ISBN978-7-80204-485-2:CNY30.00

典藏地：DZS、YCS

1199

散文文体:理论与实践/胡俊海著.—长春:吉林人民出版社,1994.—371页:无图表：19cm.—ISBN7-206-02012-7:CNY9.00

典藏地：DZU、DZS

1200

散文杂拌/邓友梅著.—北京:作家出版社,1995.—457页:照片：21cm.—（邓友梅自选集.第五卷,散文卷）.—ISBN7-5063-0751-0:CNY15.50

典藏地：DZS

1201

桑恒昌:一个诗做的人/王传华编著：王川点评.—北京:团结出版社,2018.—14,10,605页：21cm.—ISBN978-7-5126-6416-6:CNY198.00（全9册）

典藏地：DZU

1202

桑恒昌短诗选/桑恒昌著.—香港:银河出版社,2006.12.—65页：20cm.—ISBN962-475-708-9

典藏地：DZU

1203

桑恒昌怀亲诗集/桑恒昌.—北京:中国文联出版公司,1999.03.—237页：20cm.—ISBN7-5059-2733-7:CNY15.00

典藏地：DZU、DZS

1204

桑恒昌怀亲诗选/桑恒昌著.—北京:作家出版社,2012.—265页：21cm.—ISBN978-7-5063-6393-8:CNY26.00

典藏地：DZU

1205

桑恒昌论/桑恒昌著.—呼和浩特:内蒙古人民出版社,1993.06.—437页：20cm.—ISBN7-204-01963-6:CNY9.50

典藏地：DZU、DZS

1206

桑恒昌诗歌欣赏/马启代主编.—天津:天津人民出版社,1993.12.—379页：20cm.—ISBN7-201-01802-7:CNY12.80

典藏地：DZU

1207

桑恒昌抒情诗选/桑恒昌.—北京:华艺出版社,1989.03.—213页：20cm.—ISBN7-80039-179-5:CNY2.95

典藏地：DZU、DZS

1208

莎士比亚戏剧分类研究/张丽著.—北京:中国社会科学出版社,2009.09.—301页：20cm.—ISBN978-7-5004-8124-9:CNY26.00

典藏地：DZU

1209

山东红色老区行:全国网络媒体山东红色老区行新闻报道集/李建军,刘致福,韩国强主编：山东省网络文化办公室编.—济南:山东人民出版社,2012.—11,334页:照片：26cm.—ISBN978-7-209-06216-9:CNY69.00

典藏地：QYX

1210

山东诗人60家.上卷/谢明洲,孙方杰主编.—北京:中国文联出版社,2015.—594页:肖像：24cm.—ISBN978-7-5059-9747-9（精装）:CNY93.00

典藏地：DZU

1211

山东元代杂剧/许金榜著.—济南:山东文艺出版社,2004.—104页:20cm.—（齐鲁历史文化丛书.第6辑）.—ISBN7-5329-2362-2:CNY9.10

典藏地：DZS

1212

山东元明散曲/王少华,张达著.—济南:山东文艺出版社,2004.—144页:20cm.—（齐鲁历史文化丛书.第6辑）.—ISBN7-5329-2362-2:CNY12.20

典藏地：DZS

1213

山东竹枝词/刘玉民著.—济南:山东文艺出版社,2011.—338页:24cm.—ISBN978-7-5329-3397-6:CNY28.00

典藏地：DZS

1214

山里人/张雪著.—济南:山东人民出版社,1976.—308:19cm.—CNY0.60

典藏地：DZU

1215

山中寻梦/朱长新著.—济南:山东画报出版社,2015.12.—199页:21cm.—（黄河文丛）.—ISBN978-7-5474-1700-3:CNY36.00

典藏地：QHX

1216

善良的回报/邢庆杰著.—长春:吉林出版集团有限责任公司,2010.—228页:23cm.—（中国小小说名家档案）.—ISBN978-7-5463-2876-8:CNY30.00

典藏地：QYX

1217

社迷/郭澄清著.—天津:百花文艺出版社.—152页:无图表：19cm.—CNY6.45

典藏地：DZU

1218

神女孝亲/李建伟,广军著.—香港:光大出版社,2009.—310页：20cm.—（中国历代文化丛书）.—ISBN978-988-17612-0-0:CNY36.00

典藏地：DZS

1219

神奇的绿飘带/焦力军主编.—1989.—352页:20cm

典藏地：PYX

1220

生命的金字塔/高艳国著.—北京:经济日报出版社,1996.—280页：21cm.—ISBN7-800036-973-0:CNY10.50

典藏地：DZS

1221

生命的恋歌/周兴春著.—北京:中国工人出版社,2002.—202页：20cm.—ISBN7-5008-2795-4:CNY25.00

典藏地：DZU

1222

生命的流动/司清涛著.—北京:中国文联出版公司,2008.08.—342页：20cm.—（齐鲁作家文丛）.—ISBN978-7-5059-5537-0:CNY32.00

典藏地：DZU

1223

生命的颂歌/周兴春著.—北京:中国人民大学出版社,2004.11.—228页：20cm.—ISBN7-300-03353-9:CNY22.80

典藏地：DZU、DZS

1224

生命的赞歌/周兴春著.—北京:中国文联出版公司,2003.03.—231页：32cm.—ISBN7-5059-4252-2:CNY25.00

典藏地：DZU、YCS

1225

生命之歌/刘雪华著.—长春:时代文艺出版社,2008.—197页：20cm.—

ISBN978-7-5387-5675-3:CNY28.00

  典藏地：DZS

1226

圣战日[电子资源.图书]:战斗,在车臣打响/（俄）.—阿谢洛?科夫著：谢云才等译.—哈尔滨:黑龙江人民出版社,2004.—423页：20cm.—ISBN7-207-06138-2:CNY23.00

  典藏地：DZU

1227

诗,或者歌/卢清钰著.—北京:中国文联出版公司,1998.—226页：21cm.—ISBN7-5059-3092-9:CNY12.80

  典藏地：DZS

1228

诗歌里的齐鲁风景/蓝野,孙方杰编.—北京:中国言实出版社,2012.—226页：21cm.—ISBN978-7-80250-798-2:CNY38.00

  典藏地：DZS

1229

诗路花语/马增信著.—北京:长征出版社,2008.12.—222页：24cm.—ISBN978-7-80204-485-2:CNY22.00

  典藏地：DZU、DZS

1230

时代的风采:德州著名企业三十家.—北京:中国文联出版社,1989.—310页:21cm.—ISBN7-5059-1224-0:CNY5.35

  典藏地：PYX

1231

时代俊杰/杨英国主编.—德州:德州市文学艺术界联合会《鲁北文学》编辑部出版,2003.—395页：20cm.—CNY28.60

  典藏地：QYX

1232

时代新声/李振国主编.—166页：19cm

典藏地：QHX

1233

时光之约:当代散文诗人16家/谢明洲主编.—北京:中国文联出版公司,1998.—251页：21cm.—（齐鲁文库）.—ISBN7-5059-3098-7:CNY16.80

典藏地：DZS

1234

试着赞美:诗集/董玮著.—长春:吉林人民出版社,2011.—11,199页：21cm.—ISBN978-7-206-07912-2:CNY21.00

典藏地：DZU、DZS、YCS

1235

守望月光下的村庄/崔金鹏著.—济南:黄河出版社,2009.—112页:图：20cm.—（国风文学丛书）.—ISBN978-7-5460-0097-8:CNY20.00

典藏地：DZU

1236

守望者的悲壮与无奈:20世纪30年代的自由派文人/刘希云著.—北京:中国社会科学出版社,2014.—313页：24cm.—ISBN978-7-5161-4908-9:CNY59.00

典藏地：DZU

1237

守拙斋诗词百首/郑若林著.—济南:齐鲁书社,2011.—111页:照片：21cm.—ISBN978-7-5333-2542-8:CNY20.00

典藏地：DZS

1238

书法之美:品读古代书家/简墨著.—上海:上海书画出版社,2010.06.—182页:图：24cm.—ISBN978-7-5479-0080-2:CNY32.00

典藏地：DZU

1239

书山雪莲/张庆岭编.—北京:中国社会科学出版社,2006.08.—252页：

25cm.—ISBN7-5004-5807-X:CNY25.00

典藏地：DZU、DZS、QHX

1240

书生夜短/杨英国著.—长春:东北师范大学出版社,1998.—268页：21cm.—（鲁北作家丛书）.—ISBN7-5602-2157-2:CNY12.00

典藏地：DZS、YCS

1241

抒情的鲁北/谢文成.—济南:山东画报出版社,2012.—293页：20cm.—（长河文丛003）.—ISBN978-7-5474-0622-9:CNY32.00

典藏地：DZU、DZS

1242

双桨无舵/刘琳.—北京:光明日报出版社,1997.10.—179页：20cm.—ISBN7-80091-673-1:CNY12.50

典藏地：DZU、DZS

1243

谁为你在雨中哭泣/邢庆杰著.—北京:作家出版社,2006.10.—256页：21cm.—ISBN7-5063-3390-2:CNY25.00

典藏地：DZU

1244

说出来不容易:走进《乡约》的人生/肖东坡主编.—北京:中国大地出版社,2006.—450页:照片：25cm.—ISBN7-80097-819-2:CNY88.00

典藏地：DZU

1245

硕方履痕/王中才.—北京:解放军文艺出版社,1998.12.—341页：20cm.—ISBN7-5033-0979-2:CNY15.00

典藏地：DZU

1246

思鸣录/周兴春著.—北京:中国文联出版公司,2006.—277页：20cm.—

ISBN7-5059-5345-1:CNY28.00

典藏地：DZU

1247

四方集/郝德禄.—2005.—207：32cm

典藏地：QHX

1248

苏文河诗选/苏文河著.—济南:山东画报出版社,2012.—299页：21cm.—ISBN978-7-80713-034-5:CNY26.00

典藏地：DZU、DZS

1249

簌簌衣巾落枣花/主编房绍良.—北京:中国文联出版公司,2009.09.—230页：20cm.—ISBN978-7-5059-5537-0:CNY35.00

典藏地：DZU

1250

岁月痕迹/孙永春著.—天津:百花文艺出版社,2003.—234页：21cm.—ISBN7-5306-3773-8:CNY16.00

典藏地：DZS

1251

岁月集/郝德禄.—2006.—258：32cm

典藏地：QHX

1252

岁月新韵/卢清钰著.—北京:作家出版社,2001.11.—274页：20cm.—（世象丛书）.—ISBN7-5063-2234-X:CNY20.00

典藏地：DZU、DZS

1253

碎时光/施战军著.—济南:黄河出版社,2003.—334页:照片：20cm.—（齐鲁作家文存）.—ISBN7-80152-489-6:CNY20.00

典藏地：DZU

1254

碎碎念/于琇荣著.—北京:线装书局,2013.—12,206页:21cm.—.—（长河文丛：008/高艳国主编）.—ISBN978-7-5120-0916-5:CNY26.00

典藏地：DZU、DZS

1255

孙悟空与庆云的古枣树群.上/李保坤著.—北京:文化艺术出版社,2009.—277页：20cm.—ISBN978-7-5039-2886-4:CNY36.00

典藏地：DZU、DZS、QYX

1256

苔色轩诗词选/席文天著.—德州.—190页：19cm.—ISBN7-:CNY10.00

典藏地：DZS

1257

太息集/裴智著.—香港:—天马图书出版公司,2001.—151页:20cm.—ISBN962-450-915-8:CNY15.00

典藏地：PYX

1258

太阳风/朱竹著.—天津:南开大学出版社,1989.09.—127页：19cm.—ISBN7-310-00290-3:CNY2.20

典藏地：DZU、DZS

1259

太阳河/朱竹著.—北京:长征出版社,2004.—204页：19cm.—（黄河文丛）.—ISBN7-80015-936-1:CNY25.00

典藏地：DZS

1260

太阳鸟/朱竹著.—北京:中国戏剧出版社,2007.—264页：20cm.—ISBN978-7-104-02635-8:CNY25.00

典藏地：DZU

1261

太阳雨/朱竹著.—北京:中国戏剧出版社,2007.—207页：20cm.—ISBN978-7-104-02635-8:CNY25.00

典藏地：DZU

1262

探花府/刘玉栋著.—太原:北岳文艺出版社,2016.09.—321页:图：24cm.—ISBN978-7-5378-4889-3:CNY34.00

典藏地：DZU

1263

唐赛儿/刘凤海著.—北京:大众文艺出版社,2002.08.—453页：20cm.—ISBN7-80171-211-0:CNY20.00

典藏地：DZU

1264

唐诗三百首./丁兴才书.—郑州:中州古籍出版社,2015.7.—3册:30cm.—ISBN978-7-5348-5417-0:CNY680.00

典藏地：PYX

1265

唐宋诗词述要/黄昭寅著.—北京:中央编译出版社,2013.01.—248页：24cm.—（当代中国学术文库）.—ISBN978-7-5117-1559-3:CNY48.00

典藏地：DZU

1266

桃花巷风情录/杨柱山著.—北京:作家出版社,2002.—157页：18cm.—（文化小说丛书）.—ISBN7-5063-2018-5:CNY12.00

典藏地：DZS

1267

桃仙配/刘凤海著.—北京:作家出版社,2008.—403页：20cm.—ISBN978-7-5063-1402-2:CNY28.00

典藏地：DZS

1268

桃仙子的传说/陵县文化局编.—济南:济南出版社,1989.03.—28页：20cm.—ISBN7-80572-023-1:CNY38.00

典藏地：DZU

1269

陶之梦/张雪著.—沈阳:春风文艺出版社,2001.—523页：20cm.—ISBN7-5313-2417-2:CNY25.00

典藏地：DZU

1270

啼笑集/裴智著.—西安:陕西旅游出版社,1995.—123页:20cm.—ISBN7-5418-0870-9:CNY5.00

典藏地：PYX

1271

体验批评:新时期文学与影视评论/胡俊海著.—天津:百花文艺出版社,1997.—364页：19cm.—ISBN7-5306-2636-1:CNY18.00

典藏地：DZU、DZS

1272

天黑前回家/刘玉栋著.—济南:山东文艺出版社,2004.07.—32cm.—217页.—ISBN7-5329-2352-5:CNY18.00

典藏地：DZU

1273

天命集/李凤臣著.—北京:中国文联出版公司,2006.—475页：21cm.—ISBN7-5059-5238-2:CNY29.80

典藏地：DZS

1274

天香醉染牡丹春/高迎春著.—北京:团结出版社,2015（2015印）.—306页:图：21cm.—ISBN978-7-5126-3326-1:CNY36.00

典藏地：DZU

1275

天园有路/杨英国著.—北京:民族出版社,1995.08.—405页：20cm.—ISBN7-105-02495-X:CNY15.80

典藏地：DZU、DZS

1276

田雯诗选/曹鼎,刘保今选注；杨炳辉选注.—北京:首都师范大学出版社,1996.—253页:画像：21cm.—ISBN7-81039-276-X:CNY12.80

典藏地：DZU、DZS

1277

田毅短篇小说集/田毅著.—九龙:金陵书社出版公司,1994.—221页：19cm.—（鲁北作家丛书）.—ISBN962-440-355-4:CNY4.50

典藏地：DZS

1278

田毅诗选/田毅.—长城（香港）文化出版公司,1992.—219页：19cm.—CNY3.50

典藏地：DZU、DZS、YCS

1279

铁血传奇/刘东伟著.—合肥:安徽文艺出版社,2015.—249页：23cm.—ISBN978-7-5396-5419-5:CNY29.00

典藏地：DZU

1280

铁血风流/杨英国著.—北京:中国文史出版社,2015.—458页：24cm.—（跨度长篇小说文库.抗战系列）.—ISBN978-7-5034-6600-7:CNY58.00

典藏地：DZU、YCS

1281

铁血之旅/王光明等著.—天津:百花文艺出版社,1997.—211页：21cm.—ISBN7-5306-2577-2:CNY13.80

典藏地：DZS

1282

听听岁月/桑恒昌著.—北京:中国文联出版公司,2003.03.—206页：32cm.—（黄河文丛）.—ISBN7-5059-4252-2:CNY20.00

典藏地：DZU、DZS

1283

听雨/月秋子著.—太原:北岳文艺出版社,2014.—243页:23cm.—ISBN978-7-5378-4124-5:CNY28.8

典藏地：PYX

1284

同自己的心灵对话/王佑成著.—北京:长征出版社,2004.—271页：21cm.—ISBN7-80015-936-1:CNY19.80

典藏地：DZU、DZS

1285

透明的世界/刘琳著.—济南:山东友谊书社,1990.—338页：20厘米.—（齐鲁之光丛书）.—ISBN7-80551-309-0:CNY5.30

典藏地：DZU、DZS

1286

外科主任/杨英国著.—北京:中国文史出版社,2020.1.—436页：24cm.—（中国专业作家小说典藏文库.杨英国卷）.—ISBN978-7-5205-1288-6:CNY69.80

典藏地：DZU

1287

王龙云打油诗歌选/王龙云著.—257页：20cm

典藏地：DZU

1288

王韬与中国近代文学的转型/党月异著.—北京:中国社会科学出版社,2014.—277页：24cm.—ISBN978-7-5161-4655-2:CNY55.00

典藏地：DZU

1289

往事如烟觅旧踪/季桂起著.—北京:长征出版社,2008.12.—253页：20cm.—（鲁北作家文丛）.—ISBN978-7-80204-485-2:CNY24.00

典藏地：DZU

1290

往事知多少/李久泽著.—香港:天马图书出版公司,2008.—230页：20cm.—ISBN978-962-450-637-2:CNY15.00

典藏地：DZS

1291

往事追忆/袁绍钧著.—北京:团结出版社,2018.—256页：21cm.—（芳华集/王海峰,自牧主编）.—典藏地：统一书刊号880017?620:CNY36.00

典藏地：DZU

1292

巍巍泰山:山东鲁能泰山足球队夺冠纪实/许晨著.—济南:山东文艺出版社,2000.3.—427页；19cm.—:照片.—（长篇报告文学）.—ISBN7-5329-1797-5:CNY27.80

典藏地：DZU

1293

文学的调整与再生:论近代中国文学变革的文化内涵及机制/季桂起著.—北京:中国文联出版公司,2000.—143页：20cm.—ISBN7-5059-2374-9:CNY10.80

典藏地：DZU

1294

文学中的性别意识与审美表现形态/姜山秀著.—北京:中国广播电视出版社,2005.—215页：21cm.—ISBN7-5043-4400-1:CNY15.80

典藏地：DZU

1295

文苑摘英/赵连起著.—西安:陕西人民教育出版社,1992.—212页：20cm.—ISBN7-5419-3579-4:CNY5.50

典藏地：DZU、DZS

1296

文字飘流/李长征著.—北京:中国文联出版公司,1998.—313页：20cm.—ISBN7-5059-3076-1:CNY18.60

典藏地：DZU、DZS

1297

我的伯父——抗日英雄王克寇/王岚著.—青岛:青岛出版社,2011.—293页:照片,图：24cm.—ISBN978-7-5436-7194-2:CNY36.00

典藏地：DZS

1298

我和小荣/刘真著.—石家庄:花山文艺出版社,2014.—165页:彩图：23cm.—（代代读儿童文学经典丛书）.—ISBN978-7-5511-0834-8:CNY20.00

典藏地：DZU

1299

我们笑在最后/朱多锦主.—香港:金陵书社出版公司,1992.11香港:金陵书社出版公司.—242页:无图表：19cm.—CNY58.00ISBN962-440-465-8

典藏地：DZU

1300

我是传奇/肖东坡主编.—北京:当代中国出版社,2009.—262页:照片：25cm.—ISBN978-7-80170-795-6:CNY29.80

典藏地：DZU

1301

我为情狂/解永敏.北京:新世界出版社,2002.—347页：32cm.—ISBN7-80005-869-7:CNY20.00

典藏地：QHX

1302

卧牛城的故事/孙建功著.—北京:中国文学出版社,2003.03.—230页：20cm.—ISBN7-5071-1468-6:CNY18.80

典藏地：DZU、DZS

1303

无地涅槃/王焕琦著.—南京:江苏文艺出版社,2003.—310页:20cm.—ISBN7-5399-1883-7:CNY20.00

典藏地:DZS

1304

无人夏夜/高艳国著.—济南:山东文艺出版社,1994.—140页:19cm.—ISBN7-5329-1180-2:CNY4.50

典藏地:DZS

1305

无事忙侃山/邓友梅著.—呼和浩特:远方出版社,2002.—312页:21cm.—(远方——名家经典书库).—ISBN7-80595-730-4:CNY30.00

典藏地:DZU

1306

无崖之心/任先青著.—1993.01.—197页:20cm.—CNY3.50

典藏地:DZU

1307

无言的结局/程宪利著.—香港:金陵书社出版公司,1994.—121页:19cm.—ISBN962-440-355-4:CNY3.50

典藏地:DZS

1308

无影碑/王振海著.—北京:解放军文艺出版社,2015.—620页:21cm.—ISBN978-7-5033-2551-9:CNY36.00

典藏地:DZU

1309

无影之水/卢俊著.—香港:金陵书社出版公司,1994.—181页:19cm.—ISBN962-440-355-4:CNY3.50

典藏地:DZS

1310

无字碑/陈璞平著.—2版.—青岛:青岛出版社,2009(2009重印).—426页：24cm.—ISBN978-7-5436-5705-2:CNY36.00

典藏地：DZS

1311

武城那些事:佛光寺/李建伟,刘建义著.—香港:中国教育科学文化出版社,2009.—411页：25cm.—ISBN978-988-17612-1-7:CNY50.00

典藏地：DZS

1312

武城乡村记忆/耿建强主编.—济南:山东画报出版社,2016.—371页:图：25cm.—ISBN978-7-5474-1962-5:CNY38.00

典藏地：DZU

1313

夕拾朝花香更浓/李平秀著.—哈尔滨:北方文艺出版社,2008.—209页：21cm.—(鲁北风情文学丛书).—ISBN978-7-5317-2339-4:CNY25.00

典藏地：DZU、YCS

1314

夕阳吟州/平原县老年诗书画研究会汇编.—90页

典藏地：PYX

1315

希望之光/王俊鹏等著.—香港:香港新世纪出版社,1993.—389页：21cm.—ISBN962-440-791-3:CNY6.35

典藏地：DZS

1316

习惯了深呼吸/张庆岭著.—北京:中国文联出版公司,2008.—129页：20cm.—ISBN7-5059-5537-3:CNY25.50

典藏地：DZU、QHX

1317

戏林拾薪/尹丕杰著.—163页：19cm

典藏地：DZS

1318

夏津楹联选注/主编贺心玉.—2011.—155页：25cm

典藏地：DZU

1319

夏夜桐风/徐茂顺.—北京：华艺出版社,2009.09.—289页：22cm.—ISBN978-7-80252-081-3:CNY32.60

典藏地：QHX

1320

闲话鼻烟壶/邓友梅著：季羡林主编.—长春：吉林摄影出版社,1999.7.—138页：18cm.—（二十世纪中国著名作家散文经典/季羡林主编）.—ISBN7-80606-247-5:CNY6.60

典藏地：DZU

1321

现代中国文学的民族性建构/张俊才等著.—太原：山西人民出版社,2008.—305页：24cm.—ISBN978-7-203-06069-7:CNY28.00

典藏地：DZU

1322

献诗/斯人著.—九龙：金陵书社出版公司,1994.—102页：19cm.—ISBN692-440-355-4:CNY2.80

典藏地：QYX

1323

乡村笔记/肖东坡著.—北京：中国文联出版社,2002:照片.—398页：20cm.—（东方文丛）.—ISBN7-5059-4211-5:CNY16.80

典藏地：DZU

1324

乡村涅槃:山东齐河县农村社区建设纪实/高艳国,赵方新,解永敏著.—北京：

作家出版社,2011.11.—220页：20cm.—ISBN978-7-5063-6141-5:CNY28.00

　　典藏地：DZU、YCS、DZS、QHX

1325

乡村人物/高艳国著.—北京:作家出版社,1999.12.—160页：20cm.—ISBN7-5063-1600-5:CNY15.00

　　典藏地：DZU、YCS

1326

乡村十二月/马振国著.—北京:作家出版社,2012.—268页：20cm.—ISBN978-7-5063-6577-2:CNY26.00

　　典藏地：DZS

1327

乡魂飘飘/魏保和著.—济南:山东画报出版社,2015.12.—281页：21cm.—(黄河文丛).—ISBN978-7-5474-1700-3:CNY36.00

　　典藏地：QHX

1328

相声小品集/时念培著.—北京:中国文联出版社,2010.—300页：21cm.—ISBN978-7-5059-5537-0:CNY28.00

　　典藏地：DZS

1329

香尽秋色不说寒/张庆杰著.—沈阳:白山出版社,2015.—200页：20cm.—ISBN978-7-5529-0574-8:CNY45.00

　　典藏地：DZU

1330

湘江北上：杨汇泉散文集/杨汇泉著.—长沙:湖南文艺出版社,2010.12.—431页:22cm.—ISBN978-7-5404-4693-2:CNY28.00

　　典藏地：PYX

1331

想做太阳的女人/秀义著.—北京:长征出版社,2009.—187页：20cm.—

ISBN978-7-80204-485-2:CNY15.00

典藏地：DZS

1332

消失的盐碱地/鲁西著.—北京:现代出版社,2015.—201页：20cm.—ISBN978-7-5143-3931-4:CNY36.00

典藏地：DZU

1333

小城漫笔/丰文茂著.—北京:长征出版社,2008.—151页：21cm.—.—（鲁北作家文丛）.—ISBN978-7-80204-485-2:CNY18.00

典藏地：DZU、DZS

1334

小鸟闯进我屋里/刘月新著.—桂林:漓江出版社,2011.—232页：21cm.—ISBN978-7-5407-5453-2:CNY29.80

典藏地：DZU、QYX

1335

小溪有声/李妹姚著.—北京:线装书局,2013.—199页:图：21cm.—（长河文丛：009/高艳国主编）.—ISBN978-7-5120-0916-5:CNY25.00

典藏地：DZU、DZS

1336

孝行天下:王凯、王锐兄弟载母华夏万里肖行纪实/崔金鹏著.—北京:线装书局,2017.—192页：22cm.—ISBN978-7-5120-2704-6:CNY38.00

典藏地：DZU

1337

心的证明/赵红卫著.—北京:新世界出版社,2006.—309页:照片：24cm.—ISBN7-80228-000-1:CNY30.00

典藏地：DZS

1338

心底的烛光/李风臣著.—北京:作家出版社,2005.—305页：19cm.—（拿来

文丛.第3辑）.—ISBN7-5063-3240-X:CNY18.00

  典藏地：DZS

1339

  心灵的碎片/邢庆杰著.—北京:作家出版社,2005.—345页：20cm.—ISBN7-5063-3301-5:CNY25.00

  典藏地：QYX

1340

  心灵深处/傅国杰著.—天津:天津教育出版社,1993.—204页：19cm.—ISBN7-5309-1899-0:CNY3.10

  典藏地：DZS

1341

  心泉清音/张培录著.—香港:金陵书社出版公司,1994.—117页：19cm.—ISBN962-440-355-4:CNY4.85

  典藏地：DZS

1342

  心弦/魏民著.—济南:山东文艺出版社,2011.—241页：21cm.—ISBN978-7-5329-3611-3:CNY19.80

  典藏地：DZU

1343

  心形的叶子/任先青著.—北京:作家出版社,2000.05.—186页：20cm.—ISBN7-5063-1481-9:CNY12.00

  典藏地：DZU

1344

  心音集/李风臣著.—长春:时代文艺出版社,2005.—254页：19cm.—（时代作家丛书）.—ISBN7-5387-1923-7（精装）:CNY20.00

  典藏地：DZS、QHX

1345

  辛稼轩诗文抄存/邓广铭.—上海:古典文学出版社.—106页:无图表.—

CNY0.42

典藏地：DZU

1346

辛弃疾词鉴赏辞典/上海辞书出版社文学鉴赏辞典编纂中心编.—上海:上海辞书出版社,2013.03.—245页：22cm.—（中国文学名家名作鉴赏辞典系列）.—ISBN978-7-5326-3838-3（精装）:CNY40.00

典藏地：DZU

1347

新锐最故事文丛.周1卷,幽默篇/梁洪涛,刘文峰主编.—北京:华文出版社,2010.—122页：21cm.—ISBN978-7-5075-3260-9:CNY7.00

典藏地：DZU

1348

新锐最故事文丛.周2卷,心灵篇/梁洪涛,刘文峰主编.—北京:华文出版社,2010.—122页：21cm.—ISBN978-7-5075-3260-9:CNY7.00

典藏地：DZU

1349

新锐最故事文丛.周3卷,/梁洪涛,刘文峰主编.—北京:华文出版社,2010.—122页：21cm.—ISBN978-7-5075-3260-9:CNY7.00

典藏地：DZU

1350

新锐最故事文丛.周4卷,/梁洪涛,刘文峰主编.—北京:华文出版社,2010.—122页：21cm.—ISBN978-7-5075-3260-9:CNY7.00

典藏地：DZU

1351

新锐最故事文丛.周5卷,爱情篇/梁洪涛,刘文峰主编.—北京:华文出版社,2010.—122页：21cm.—ISBN978-7-5075-3260-9:CNY7.00

典藏地：DZU

1352

新锐最故事文丛.周6卷,聊斋篇/梁洪涛,刘文峰主编.—北京:华文出版社,2010.—122页：21cm.—ISBN978-7-5075-3260-9:CNY7.00

典藏地：DZU

1353

新锐最故事文丛.周7卷,悬疑篇/梁洪涛,刘文峰主编.—北京:华文出版社,2010.—122页：21cm.—ISBN978-7-5075-3260-9:CNY7.00

典藏地：DZU

1354

新时期文学觅踪:1976--1986文学作品争鸣览胜/马泽等著.—西安:华岳文艺出版社,1990.—316页：19cm.—ISBN7-80549-304-9:CNY4.20

典藏地：DZS

1355

新世纪的曙光/刘琳等编著.—香港:香港新世纪出版社,1992.—392页：19cm.—CNY6.45.—ISBN962-7375-91-7

典藏地：DZU、DZS、YCS

1356

新叶集/张栋著.—北京:中国文联出版公司,2004.—223页：32cm.—ISBN7-5059-4252-2:CNY18.00

典藏地：DZU、YCS

1357

新移民文学:融合与疏离/丰云著.—北京:中国社会科学出版社,2009.08.—251页：20cm.—ISBN978-7-5004-8025-9:CNY25.00

典藏地：DZU

1358

新韵诗词300首/宋宪亭著.—武汉:湖北省社科印刷厂,2004.—119页:19cm.—ISBN962-8735-78-17:CNY10.00

典藏地：DZS、PYX

1359

新韵诗词600首/宋宪亭著.—146页:21cm.—CNY30.00

典藏地：PYX

1360

新韵诗词联/宋宪亭著.—香港:中国正一文化出版社,2010.11.—142页:21cm.—ISBN978-988-98690-2-0:CNY29.80

典藏地：PYX

1361

星星落在麦垛上/霞子著.—北京:中国少年儿童新闻出版总社,2017.—197页:图：21cm.—ISBN978-7-5148-4048-3:CNY20.00

典藏地：DZU

1362

形形色色的第三者/宋新立著.—济南:山东文艺出版社,1989.02.—229页：20cm.—ISBN7-5329-0215-3:CNY2.60

典藏地：DZU

1363

醒来/刘震著.—北京:中国文联出版社,2007.—196页：20cm.—ISBN978-7-5059-5133-4:CNY25.00

典藏地：DZS、QYX

1364

幸福的一天/刘玉栋作品.—济南:山东文艺出版社,2020.3.—266页：24cm.—（山东青年文学名家文库/山东省作家协会编）.—ISBN978-7-5329-6001-9:CNY48.00

典藏地：DZU

1365

幸福时刻/邢庆杰主编.—北京:中国文联出版社,2012.—254页：22cm.—ISBN7-5063-3390-2:CNY30.00

典藏地：DZS、YCS

1366

雄关漫道/高洪玉著.—北京:中国物价出版社,1997.12.—231页：32cm.—ISBN7-80070-820-9:CNY16.80

典藏地：DZU、DZS

1367

徐祯卿诗学思想研究/崔秀霞著.—北京:中国社会科学出版社,2010.—247页：24cm.—ISBN978-7-5004-9058-6:CNY32.00

典藏地：DZU

1368

悬空阁说诗/张庆岭著.—北京:中国文联出版公司,2008.08.—123页：20cm.—ISBN7-5059-5537-3:CNY25.50

典藏地：DZU、QHX、QYX

1369

薛涛全传/尹铁铮著.—长春:长春出版社,1999.—393页：21cm.—（中国历代才子传丛书）.—ISBN7-80604-676-3:CNY18.00

典藏地：DZS

1370

雪落平原/徐茂顺.—北京:华艺出版社,2006.05.—272页：20cm.—ISBN7-80142-754-8:CNY25.60

典藏地：QHX

1371

雪落无声/兰雪著.—福州:海风出版社,2008.02.—228页：20cm.—ISBN978-7-80597-763-8:CNY26.00

典藏地：DZU

1372

雪落乡村:袁春光诗歌散文集/袁春光著.—北京:中国文联出版社,2003.—150页：25cm.—ISBN978-7-5059-4481-7:CNY16.00

典藏地：DZS

1373

血祭关东:苏联红军出兵东北纪实/许晨著.—济南:山东友谊书社,1993.—447页:19cm.—ISBN7-80551-497-6:CNY7.50

典藏地:DZS

1374

血溅平型关/王立友,许晨著.—太原:北岳文艺出版社,1998.—453页:19cm.—ISBN7-5378-1784-7:CNY16.80

典藏地:DZS

1375

寻访画儿韩:短篇小说卷/邓友梅著.—北京:作家出版社,1994.—324页:照片:21cm.—(邓友梅自选集.第3卷).—ISBN7-5063-0770-7:CNY12.00

典藏地:DZS

1376

寻诗四女寺/高艳国主编.—北京:线装书局,2014.08.—235页:21cm.—(长河文丛.Ⅵ/马启代主编).—ISBN978-7-5120-1492-3:CNY32.00

典藏地:DZU

1377

寻找/程先利著.—北京:线装书局,2013.—271页:21cm.—(长河文丛:010/高艳国主编).—ISBN978-7-5120-0916-5:CNY32.00

典藏地:DZU、DZS

1378

驯兽姑娘/田毅.—山东少年出版社,1985.02.—164:无图表:32cm.—CNY0.75

典藏地:DZU

1379

雅俗共赏/崔锡芳著.—银川:宁夏人民出版社,2001.—190页:19cm.—ISBN978-7-227-01327-3:CNY16.00

典藏地:DZU

1380

烟壶/邓友梅著.—上海:上海文艺出版社,1985.—508页:21cm.—ISBN7-:CNY2.75

典藏地：PYX

1381

烟壶美食家/邓友梅,陆文夫等著.—北京:人民文学出版社,2017.—435页：24cm.—(《收获》60周年纪念文存:珍藏版.中篇小说卷:1983-1986).—ISBN978-7-02-013028-3(精装):CNY99.00

典藏地：DZU

1382

烟枪/刘振著.—北京:北京十月文艺出版社,1997.05.—346页：20cm.—ISBN7-5302-0464-5:CNY19.00

典藏地：DZU、DZS

1383

烟雨八百年:齐河旧城纪事/朱长新著.—济南,200:山东画报出版社.—217页：21cm.—ISBN978-7-5474-2549-7:CNY380

典藏地：DZS

1384

颜真卿:刘金忠广播剧选/刘金忠著.—天津:百花文艺出版社,1990.12.—159页：19厘米.—ISBN7-5306-0616-6:CNY2.90

典藏地：DZU、DZS

1385

杨汇泉诗词选墨趣/王磊.—湖南:华声文化艺术出版社,2011.—185页.—ISBN978-988-19844-8-7:CNY128.00

典藏地：PYX

1386

冶炼明天的太阳/许晨著.—济南:山东人民出版社,1997.—356页:照片：21cm.—ISBN7-209-02117-5(精装):CNY21.80

典藏地：DZS

1387

野水/尹世林著.—北京:华艺出版社,1989.—309页:20cm.—CNY4.40

典藏地:DZU、DZS

1388

野有蔓草/魏保和著.—济南:山东画报出版社,2015.12.—281页:21cm.—(黄河文丛).—ISBN978-7-5474-1700-3:CNY36.00

典藏地:QHX

1389

业务二部/杨剑茹著.—武汉:武汉出版社,2012.—260页:25cm.—ISBN978-7-5430-6191-0:CNY28.00

典藏地:DZU

1390

夜行马车/英伦著.—北京:中国社会科学出版社,2006.08.—246页:26cm.—ISBN7-5004-5805-3:CNY25.00

典藏地:DZU、DZS、QHX

1391

一个人的乌托邦/兰雪.—济南:山东画报出版社,2012.—127页:20cm.—(长河文丛010).—ISBN978-7-5474-0622-9:CNY18.00

典藏地:DZU、DZS

1392

一个人走路/孙玉海著.—北京:中国文联出版社,2007.—405页:20cm.—ISBN7-5059-5133-7:CNY36.00

典藏地:DZS、PYX

1393

一九八七年的情诗/山东省作家协会编.—济南:山东文艺出版社,2016.—279页:24cm.—(文学鲁军新锐文丛.第三辑,邢庆杰卷).—ISBN978-7-5329-5221-2:CNY38.00

典藏地:DZU

1394

一路走来:朱殿封工作通讯选/朱殿封著.—桂林:漓江出版社,2013.—426页,[4]页图版:图(部分彩图).—,肖像:23cm.—ISBN978-7-5407-6757-0:CNY98.00

典藏地:DZU、QYX

1395

一路走来:朱殿封评论散文选/朱殿封著.—桂林:漓江出版社,2013.—284页,[4]页图版:彩图:23cm.—ISBN978-7-5407-6757-0:CNY98.00

典藏地:DZU、QYX

1396

一路走来:朱殿封人物通讯选/朱殿封著.—桂林:漓江出版社,2013.—349页,[4]页图版:图(部分彩图).—:23cm.—ISBN978-7-5407-6757-0:CNY98.00

典藏地:DZU、QYX

1397

一路走来:朱殿封消息选/朱殿封著.—桂林:漓江出版社,2013.—396页,[4]页图版:图(部分彩图).—,肖像:23cm.—ISBN978-7-5407-6757-0:CNY98.00

典藏地:DZU、QYX

1398

一生清白/王树理著.—北京:作家出版社,2002.—278页:21cm.—ISBN7-5063-1739-7:CNY18.00

典藏地:QYX

1399

一位村支书的人生突围/石勇著.—济南:山东画报出版社,2015.12.—149页:21cm.—(黄河文丛).—ISBN978-7-5474-1700-3:CNY36.00

典藏地:QHX

1400

一夜惊魂/李宽云著.—北京:中国文联出版公司,2009.—364页:插图:19cm.—(季羡林等).—ISBN978-7-5059-5537-0:CNY30.00

典藏地：DZU

1401

沂蒙赞/阎一强著.—上海：上海人民出版社,1973.12.—131：无图表：32cm:CNY0.24

典藏地：DZU

1402

疑似/杨英国著.—长春：时代文艺出版社,2007.—297页：22cm.—（杨英国小说精选）.—ISBN978-7-5387-2138-6:CNY28.00

典藏地：QYX

1403

以各种方式走向你/王德兴著.—沈阳：辽宁民族出版社,1995.—106页：19cm.—（北方诗丛）.—ISBN7-80527-522-X:CNY7.00

典藏地：DZS

1404

艺术星空.第一辑,克寇传/丁志峰著.—北京：中国戏剧出版社,2007.—261页：25cm.—ISBN978-7-104-02561-0:CNY20.00

典藏地：DZS

1405

艺苑揽萃/吴向东等编.—北京：中国社会科学出版社,2006.—206页：26cm.—（文化齐河系列丛书）.—ISBN7-5004-5809-6:CNY26.00

典藏地：DZS、QHX

1406

呓语陈言/李风臣著.—北京：华艺出版社,2005.—289页：21cm.—（阳光文丛.八）.—ISBN7-80142-754-8:CNY38.00

典藏地：DZS

1407

饮茶闲话/邓友梅著.—北京：高等教育出版社,2016.—371页:照片：23cm.—ISBN978-7-04-044076-8:CNY29.80

典藏地：DZU

1408

印象大清河:齐河风物之河流叙事/石勇著.—济南,200:山东画报出版社.—186页：21cm.—ISBN978-7-5474-2549-7:CNY38.00

典藏地：DZS

1409

英雄冀鲁边:四十六集电视连续剧剧本/周克庸,傅争鸣著.—贵阳:贵州人民出版社,2014.—2册（742页）：24cm.—ISBN978-7-221-12304-6:CNY68.00

典藏地：DZU

1410

迎着彩虹一路歌/王广善主编.—济南:山东大学出版社,2010.—309页：24cm.—ISBN978-7-5607-4236-6:CNY38.00

典藏地：DZU、DZS、QYX

1411

拥抱太阳/王树理著.—济南:山东友谊出版社,1997.11.—167页：20cm.—ISBN7-80551-983-8:CNY8.80

典藏地：DZU

1412

悠闲集/陈治中著.—北京:中国文联出版社,2004.—185页:图：20cm.—ISBN7-5059-4252-2:CNY26.00

典藏地：QYX

1413

悠悠爱河/宋云亮著.—北京:作家出版社,1999.12.—109页:冠照：20cm.—（久久文丛）.—ISBN7-5063-1730-3:CNY9.90

典藏地：DZU、DZS

1414

悠悠岁月/李久泽著.—北京:中国文史出版社,2003.—404页：19cm.—（远东书林）.—ISBN7-5034-1385-9:CNY28.00

典藏地：DZS

1415

悠悠玄庄/张曰凯著.—北京:作家出版社,2011.—421页:彩照：23cm.—ISBN978-7-5063-5856-9:CNY35.00

典藏地：DZU

1416

游击英雄传/张雪著.—济南:山东文艺出版社.—445页：19cm.—ISBN7-5329-0367-2:CNY6.00

典藏地：DZU

1417

游在心湖里的一尾鱼/王新艳著.—北京:线装书局,2013.—232页：21cm.—（长河文丛：002/高艳国主编）.—ISBN978-7-5120-0916-5:CNY300.00（全12册）

典藏地：DZS、QHX

1418

有心栽花/杨英国.—北京:作家出版社,2002.12.—272页：20cm.—ISBN7-5063-2469-5:CNY19.50

典藏地：DZU、YCS

1419

俞平伯散文选集/俞平伯著.—天津:百花文艺出版社,1990.—274页：21cm.—（百花散文书系）.—ISBN7-5306-0481-3:CNY4.10

典藏地：DZS

1420

雨中没有伞/庄琴著.—北京:中国文联出版社,2001.—116页：18cm.—（当代作家文丛）.—ISBN7-5059-3513-5:CNY10.80

典藏地：DZS

1421

禹王亭下的传说:禹城县民间文学选编/禹城县民间文学三集成编委会

编.—禹城,1989.—213页：19cm

    典藏地：DZS

1422

禹韵邮情:张传善文集/张传善著.—北京:中国文化出版社,2013.—322页：20cm.—ISBN978-988-13-2296-8:CNY28.80

    典藏地：DZU

1423

玉米的馨香/邢庆杰.—南昌:百花洲文艺出版社,2013.08.—184页:23cm.—(微阅读1+1工程.第一辑).—ISBN978-7-5500-0638-6:CNY29.80

    典藏地：DZU、YCS

1424

浴火乡村:中国新农村建设"齐河模式"透视/高艳国,赵方新,解永敏著.—济南:山东文艺出版社,2013.—226页:图：24cm.—ISBN978-7-5329-4072-1:CNY30.00

    典藏地：DZU、QHX

1425

欲罢不能/毛寄萍著.—济南:济南出版社,2007.—257页：21cm.—ISBN7-80710-324-8:CNY18.00

    典藏地：DZU

1426

御马园纪事/丰文茂编.—北京:作家出版社,2003.—236页：21cm.—ISBN7-5063-1739-7:CNY20.00

    典藏地：DZU、DZS

1427

冤家路窄/王金武著.—北京:作家出版社,2003.01.—339页：32cm.—ISBN7-5063-2524-1:CNY20.00

    典藏地：DZU

1428

元曲之美:最是销魂曲中调/简墨著.—北京:当代中国出版社,2014.01.—173页:24cm.—(中国文化之美).—ISBN978-7-5154-0321-2:CNY26.00

典藏地:DZU

1429

圆梦/陈璞平著.—北京:中国文联出版公司,1998.—281页:20cm.—ISBN7-5059-3077-X:CNY18.60

典藏地:DZU、DZS

1430

鼋庙轶事/尹铁铮.—天津:百花文艺出版社,1993.—314页:20cm.—ISBN7-5306-1383-9:CNY6.80

典藏地:DZU、DZS

1431

远帆/焦力军著.—北京:作家出版社,2003.—480页:21cm.—ISBN7-5063-1968-3:CNY30.80

典藏地:PYX

1432

远去的岁月/王焕琦著.—北京:中国文联出版公司,2000.—215页:21cm.—ISBN7-5059-3251-9:CNY17.50

典藏地:DZU、DZS

1433

远去的童年岁月/李妹姚著.—哈尔滨:北方文艺出版社,2008.—255页:图:21cm.—(鲁北风情文学丛书).—ISBN978-7-5317-2339-4:CNY25.00

典藏地:DZU、DZS

1434

月亮地/石勇.—北京:团结出版社,2012.11.—230页:22cm.—ISBN978-7-5126-0701-9:CNY39.00

典藏地:QHX

1435

月秋子诗选/月秋子著.—北京:大众文艺出版社,2010.12.—158页:21cm.—ISBN978-7-80240-768-8:CNY22.00

典藏地:PYX

1436

月韵/苏文河著.—北京:光明日报出版社,1987.—143页：18cm.—ISBN7-80014-074-1:CNY1.50

典藏地：DZU、DZS

1437

岳飞传/邓广铭著.—北京:人民出版社,1983.—451页:插图：21cm.—CNY1.55

典藏地：DZU

1438

云海文集/云海著.—北京:北京燕山出版社,2015.—428页：23cm.—ISBN978-7-5402-3732-5:CNY58.00

典藏地：QYX

1439

云卷云舒/梁清.—济南:山东画报出版社,2012.—286页：20cm.—（长河文丛006）.—ISBN978-7-5474-0622-9:CNY32.00

典藏地：DZU、DZS

1440

运河的浆声/刘绍棠著.—石家庄:河北人民出版社,1980.08.—262:无图表：32cm.—0.75元

典藏地：DZU

1441

运河酒话/主编邢庆杰.—北京:线装书局,2014.—320页：20cm.—ISBN978-7-5120-1589-0:CNY40.00

典藏地：DZU

1442

运河文化采风/刘金忠著.—北京:作家出版社,2004.04.—294页:20cm.—ISBN7-5063-2707-4:CNY19.00

典藏地：DZU、DZS

1443

运河渔铃声/刘金忠著.—天津:百花文艺出版社,1995.—338页:20cm.—ISBN7-5306-1944-6:CNY9.00

典藏地：DZU、DZS

1444

在渤海边上/李久泽著.—香港:天马出版有限公司,2004.—291页:19cm.—ISBN962-450-388-5:CNY26.00

典藏地：DZS

1445

在春风中假寐/杨荣成著.—北京:线装书局,2013.—85页:21cm.—（长河文丛：004/高艳国主编）.—ISBN978-7-5120-0916-5:CNY300.00（全12册）

典藏地：DZS

1446

在歌声的背后/刘琳著.—济南:济南出版社,1998.—424页:20cm.—ISBN7-5059-3251-9:CNY21.80

典藏地：DZU、DZS

1447

在母亲河边寻觅/华锋.—济南:山东画报出版社,2015.—211cm.—ISBN978-7-5474-1700-3:CNY36.00

典藏地：QHX

1448

在诗里遇见爱情:诗人的爱情及其爱情诗解读/刘淑青著.—北京:中国社会科学出版社,2014.—261页:24cm.—ISBN978-7-5161-5178-5:CNY49.00

典藏地：DZU

1449

在遥远处/徐茂顺.—济南:山东画报出版社,2012.—230页:20cm.—(长河文丛007).—ISBN978-7-5474-0622-9:CNY28.00

典藏地:DZU、DZS、QHX

1450

枣城春秋/郑向东著.—北京:作家出版社,2002.08.—162页:19cm.—(世象丛书).—ISBN7-5063-2234-X:CNY19.80

典藏地:DZU、DZS

1451

枣乡风云/张本华,仲守信主编.—青岛:青岛出版社,1991.—307页:21cm.—ISBN7-5436-0585-6:CNY4.00

典藏地:DZS

1452

灶地背影/王树理著.—北京:中国文联出版社,2002.—182页:20cm.—ISBN978-7-5059-3251-7:CNY15.00

典藏地:DZS

1453

战栗/臧海英著.—北京:中国青年出版社,2016.07.—148页:21cm.—(第32届青春诗会诗丛).—ISBN978-7-5153-4394-5:CNY25.00

典藏地:DZU

1454

站脚地/王焕琦著.—济南:山东画报出版社,2012.—243页:21cm.—(长河文丛).—ISBN978-7-5474-0622-9:CNY28.00

典藏地:DZU、DZS

1455

站在死神门口/田毅著.—北京:作家出版社,2006.12.—347页:20cm.—ISBN7-5063-3490-9:CNY25.00

典藏地:DZU、DZS、YCS

1456

张宝申小说散文选/张宝申著.—北京:华龄出版社,2001.—305页:21cm.—（金秋文丛）.—ISBN7-80082-919-7:CNY15.00

典藏地：DZS

1457

张庆岭抒情诗选/张庆岭.—香港:香港亚洲出版社,1992.12.—123页:20cm.—ISBN962-512-017-3:CNY5.00

典藏地：DZU

1458

长河谣/季桂起著.—济南:山东文艺出版社,2013.—536页:24cm.—ISBN978-7-5329-4360-9:CNY35.00

典藏地：DZU、DZS

1459

长鸣录/周兴春著.—北京:作家出版社,2008.05.—566页:20cm.—ISBN978-7-5063-4254-4:CNY32.00

典藏地：DZU

1460

长夜洞箫:尹世林中篇小说集/尹世林著.—济南:山东文艺出版社,1990.6.—269页：20厘米.—ISBN7-5329-0457-1:CNY4.30

典藏地：DZU、DZS

1461

长长的流水/刘真著.—武汉:湖北教育出版社,2011.—184页:照片,图：23cm.—ISBN978-7-5351-6346-2:CNY14.00

典藏地：DZU

1462

杖国集/郝德禄.—北京:中华书局,2012.06.—196页：22cm.—ISBN978-8-102-07654-0:CNY68.00

典藏地：QHX

1463

兆荣文集.第1部,小小说篇/张兆荣著.—北京:中国文联出版公司,2008.08.—360页：21cm.—ISBN978-7-5059-5537-0:CNY28.00

典藏地：DZU、DZS

1464

兆荣文集.第2部,经历篇/张兆荣著.—北京:中国文联出版社,2008.—252页：20cm.—ISBN978-7-5059-5537-0:CNY20.00

典藏地：DZS

1465

纸片上的女孩/费克著.—北京:中国文联出版公司,1999.—184页：20cm.—ISBN7-5059-3388-4:CNY15.00

典藏地：DZU、DZS

1466

纸上的故乡/爪哇岛著.—北京:长征出版社,2009.—394页：20cm.—（鲁北作家文丛）.—ISBN978-7-80204-485-2:CNY34.00

典藏地：DZS

1467

中国当代文学/胡俊海主编.—北京:中国戏剧出版社,1999.06.—437页：20cm.—ISBN7-104-00983-3:CNY18.50

典藏地：DZU

1468

中国当代文学50年/王万森等主编.—青岛:青岛海洋大学出版社,2001.12.—435页：20cm.—ISBN7-81067-282-7:CNY20.00

典藏地：DZU

1469

中国当代文学批评概观/吴三元,季桂起著.—北京:知识出版社,1994.10.—398页：21cm.—ISBN7-5015-1174-8:CNY12.00

典藏地：DZU

1470

中国当代文学思潮史/朱寨主编.—北京:人民文学出版社,1987.05.—578页：19cm.—CNY3.75

典藏地：DZU

1471

中国古代文学作品选.上/徐人忠,曹鼎主编.—青岛:青岛海洋大学出版社,1993.9.—379页：20cm.—ISBN7-81026-550-4:CNY7.90

典藏地：DZU

1472

中国古代文学作品选.下/徐人忠,曹鼎主编.—青岛:青岛海洋大学出版社,1993.9.—394页：20cm.—ISBN7-81026-550-4:CNY8.80

典藏地：DZU

1473

中国古代小说的嬗变/庞金殿著.—北京:中国广播电视出版社,2003.—373页：20cm.—ISBN7-5043-4021-9:CNY22.80

典藏地：DZU

1474

中国古代小说史研究的反思与重构/党月异,侯桂运著.—北京:中国社会科学出版社,2015.—233页：24cm.—ISBN978-7-5161-7031-1:CNY49.00

典藏地：DZU

1475

中国近代文献典籍散佚史略/魏训田著.—北京:中国戏剧出版社,2004.—261页：21cm.—ISBN7-104-01956-1:CNY25.00

典藏地：DZU

1476

中国抗战诗词精选/杨金亭著.—北京:北京燕山出版社,1997.—203：24cm.—ISBN978-7-5402-0931-5:CNY59.80

典藏地：DKYDZU

1477

中国老兵安魂曲/高艳国,赵方新著.—济南:山东画报出版社,2016.—12,282页:照片:24cm.—ISBN978-7-5474-1797-3:CNY45.00

典藏地:DZU、DZS、QHX

1478

中国农民书:"土豆大王梁希森的梦想三部曲"/高艳国,赵方新著.—济南:山东画报出版社,2016.—360页:24cm.—ISBN978-7-5474-1742-3:CNY46.00

典藏地:DZS、QHX

1479

中国诗卷/柯岩主编:邹荻帆,杨金亭选编.—青岛:青岛出版社,1990(1992重印).—646页:21cm.—(古今中外文学名篇拔萃.青年部分).—ISBN7-5436-0577-5:CNY9.20

典藏地:DZU

1480

中国团在俄罗斯/许晨著.—太原:北岳文艺出版社,1993.—277页:19cm.—ISBN7-5378-0663-2:CNY5.50

典藏地:DZS

1481

中国文学现代转型的历史源流:明代中叶到清末民初中国文学的变迁/季桂起著.—北京:人民出版社,2011.—613页:21cm.—ISBN978-7-01-010000-5:CNY40.00

典藏地:DZU

1482

中国现代文学/王泽龙,刘克宽主编.—北京:高等教育出版社,2002.—541页:26cm.—(师范高等专科学校汉语言文学教育专业系列教材).—ISBN7-04-009732-X:CNY42.80

典藏地:DZU

1483

中国现代文学期刊目录汇编/唐沅...[等]编.—北京:知识产权出版

社,2010.03.—7册（4830页）:图：23cm.—（中国文学史资料全编：现代卷）.—ISBN978-7-80247-677-6:CNY616.00

　　典藏地：DZU

1484

中国现代小说流派史/王才路著.—天津:天津人民出版社,1995.—442页:无图表：19cm.—ISBN7-201-02107-9:CNY16.90

　　典藏地：DZU

1485

中国小说创作模式的现代转型/季桂起.—北京:中国社会科学出版社,2007.12.—231页：20cm.—ISBN978-7-5004-6655-0:CNY20.00

　　典藏地：DZU

1486

中国小说体式的现代转型与流变/季桂起著.—济南:山东大学出版社,2003.—316页：21cm.—ISBN7-5607-2695-X:CNY16.80

　　典藏地：DZU

1487

中国新文艺大系：1976-1982/朱寨主编.—北京:中国文联出版公司,1986.08.—981页:无图表：26cm.—CNY12.50

　　典藏地：DZU

1488

中国作家经典文库.航鹰卷/航鹰著.—北京:光明日报出版社,2002.—308页：23cm.—ISBN7-80145-554-1（精装）:CNY96.00

　　典藏地：DZU

1489

中华经典近现代诗词读本/德州市关系下一代工作委员会.—193页：20cm.—CNY8.50

　　典藏地：DZU、DZS

1490

中秋月儿圆/刘金生著.—北京:作家出版社,2007.—180页：25cm.—ISBN978-7-5063-3390-0:CNY20.00

典藏地：DZS

1491

中唐诗歌派审美研究/钟国本等著.—北京:群言出版社,2004.10.—245页:照片：20cm.—（新纪元文丛）.—ISBN7-80080-361-9:CNY16.00

典藏地：DZU

1492

中学生近期诗歌选评/朱竹,刘学铭编.—北京:北京师范大学出版社,1988.12.—143页：19cm.—ISBN7-303-00444-0:CNY1.35元

典藏地：DZS

1493

朱多锦新世纪诗选/朱多锦著.—北京:中国戏剧出版社,2013.—212页：21cm.—（舜耕文丛）.—ISBN978-7-104-04034-7:CNY28.00

典藏地：DZU、QHX

1494

朱红灯传奇/焦力军.—济南:山东文艺出版社,1986.12.—598:无图表:32.—CNY3.50

典藏地：DZU、DZS、PYX

1495

烛火高照/高艳国著.—青岛:青岛出版社,2015.—166页：20cm.—ISBN978-7-5552-2976-6:CNY30.00

典藏地：DZU、DZS

1496

主流媒体聚焦德州/中共德州市委宣传部编.—2012.—292页：21cm

典藏地：DZS

1497

伫立潮头/邢庆杰主编.—北京:中国文联出版社,2000.—225页：21cm.—

ISBN7-5059-3514-3:CNY20.00

典藏地：DZS

1498

庄稼人的婚事/崔宇山著.—九龙:金陵书社出版公司,1993.—298页：19cm.—（鲁北作家丛书）.—ISBNG62-442-335-4:CNY7.80

典藏地：DZS

1499

追梦的眼睛/竹筠著.—北京:作家出版社,2005.09.—136页：20cm.—ISBN7-5063-1628-5:CNY13.60

典藏地：DZU

1500

追忆/孟宪礼著.—2011.6.—120页:24cm

典藏地：PYX

1501

滋润心智的哲理日记/王佑成著.—北京:中国文联出版社,2007.—241页：20cm.—ISBN978-7-5059-5133-4:CNY25.00

典藏地：DZS

1502

紫花花绿葫芦:儿童小说选/匡万平著.—香港:金陵书社出版公司,1994.04.—219页：20cm.—ISBN962-440-355-4:CNY4.50

典藏地：DZU、DZS

1503

自信是一把斧头:启迪亿万青少年的人生故事/刘东伟著.—广州:暨南大学出版社,2014.—193页：21cm.—（心灵圣经丛书）.—ISBN978-7-5668-1067-0:CNY19.80

典藏地：DZU

1504

纵横江淮/衣连友著.—香港:泓亭出版有限公司,1992.12.—510页:无图表：

19cm.—CNY7.90

典藏地：DZU

1505

走出教育的误区/张庆岭.—北京：长征出版社,2004.—234页：32cm.—ISBN7-80015-936-1:CNY21.80

典藏地：QHX

1506

走过黎明/张庆岭著.—北京:中国社会科学出版社,2006.08.—241页：26cm.—ISBN7-5004-5806-1:CNY25.00

典藏地：DZU、DZS、QHX

1507

走进离太阳最近的地方/朱殿封著.—济南:山东文艺出版社,2009.09.—322页：20cm.—ISBN978-7-5329-2928-3:CNY28.00

典藏地：DZU、DZS

1508

走在爱里:歌词续集/张国良著.—香港:华文作家出版社,2011.—192页：20cm.—ISBN978-988-18563-8-9:CNY18.80

典藏地：DZS

1509

走在文字边缘/李永军著.—北京:中国文联出版社,2003.—320页：20cm.—ISBN7-5059-4252-2:CNY20.00

典藏地：DZS

1510

醉翁之意时韵集/周青馗著.—北京:现代出版社,2015.—361页:20cm.—ISBN978-7-5143-4155-5:CNY48.00

典藏地：DZU、PYX、QYX

1511

醉翁之意文韵集/周青馗著.—北京:现代出版社,2015.—325页:20cm.—

ISBN978-7-5143-4155-4:CNY48.00

典藏地：DZU、PYX、QYX、DZS

1512

昨夜的灯光/高艳国著.—北京:长征出版社,2008.—275页：20cm.—ISBN978-7-80204-485-2:CNY27.00

典藏地：DZU、DZS、YCS

1513

昨夜风/孙春亭著.—济南:山东文艺出版社,1991.—124页：19cm.—（东方诗卷丛书）.—ISBN7-5329-0753-8:CNY2.00

典藏地：DZS

J 艺术（1514—1646）

1514

百吉图:百鸡艺术集锦/中国德州扒鸡集团.—2005.—112页：30cm.—ISBN962-486-105-6:CNY38.00

　　典藏地：DZS

1515

百年平原影像/政协平原县委员会编.—济南:齐鲁电子音像出版社,2019.9.—227页:29cm.—ISBN978-7-89382-123-3:CNY298.00

　　典藏地：PYX

1516

百竹园书法作品集/姜春光著.—北京,2010:中国文史出版社.—122:图：28cm.—ISBN7-5034-1664-5:CNY126.00

　　典藏地：DZS

1517

被表述的民俗艺术:对商河鼓子秧歌的历史人类学考察/刘统霞著.—北京:知识产权出版社,2011.09.—205页：21cm.—ISBN978-7-5130-0069-7:CNY20.00

　　典藏地：DZU

1518

笔墨春秋书画集/方彦方主编.—北京:中国文联出版社,2014.11.—109页：38cm.—ISBN978-7-5059-9331-0:CNY198.00

　　典藏地：QHX

1519

笔墨飘香.相约2008:首届"鲁图杯"老年书画展获奖作品集/山东省图书

馆活动委员会编.—2008.—110页：26cm

典藏地：DZS

1520

大禹颂书画集:2008中国禹城首届大禹文化节/禹城市政协文史学习委员会,禹城市文化局,禹城市书画家协会编.—德州:山东新华印制厂德州厂承印,2008.—102页:画：27cm

典藏地：QYX

1521

当代实力派画家作品集.于秋笠/于秋笠著.—济南:山东美术出版社,2011.—36页:采图：25cm.—（学院力量）.—ISBN978-7-5330-3549-5:CNY320.00（全10册）

典藏地：DZU

1522

德州地区创作歌曲选/德州地区艺术馆编.—76页：26cm

典藏地：DZS

1523

德州地区民歌及创作歌曲选/德州地区艺术馆编.—德州.—150页：26cm

典藏地：DZS

1524

德州地区民间歌曲集/山东省德州地区艺术馆编.—德州.—285页：26cm

典藏地：DZS

1525

德州地区民间器乐曲选/山东省德州地区艺术馆编.—德州.—49页：26cm

典藏地：DZS

1526

德州董子园风景区经典题字精选/山东德州经济开发区管委会编印.—2009

典藏地：DZU

1527

德州黑陶文化/刘伟国、朱长忠著.—北京:线装书局,2010.06301页：20cm.—（德州地域文化研究丛书?第一辑）.—ISBN978-7-5120-0177-0:CNY30.00

典藏地：DZU、DZS、QYX

1528

德州民歌集/张国良主编.—青岛,200:青岛出版社.—500页：21cm.—ISBN978-7-5552-8499-4:CNY88.00

典藏地：DZS

1529

德州民间艺术概观/谢淑红著.—北京:线装书局,2015.—339页：66cm.—ISBN978-7-5120-1993-5:CNY30.00

典藏地：DZU、DZS

1530

德州市地书协会书画集:纪念德州市地书协会成立一周年.—2015.09.—73页：27cm

典藏地：DZU

1531

德州市第三届书法篆刻大赛作品集.—2014.—192页：26cm

典藏地：DZU

1532

德州市老干部书画作品集/中共德州市委组织部等编.—2007.11.—103页：20cm

典藏地：DZU

1533

德州市首届书法篆刻大赛作品集:英潮杯赞祖国?扬「四德」/德州市文学艺术界联合会德州市书法家协会主办.—德州,2009.—144页：29cm

典藏地：QYX

1534

德州书法篆刻作品集/德州市书法家协会编.—海口南海：南海出版社,1995.—94页：26cm.—ISBN7-80570-286-1:CNY28.00

典藏地：DZS

1535

德州书画名家精品集/刘炳义主编.—北京：人民美术出版社,2004.—116页：29cm.—ISBN7-102-01251-9:CNY98.00

典藏地：DZU

1536

德州书画展作品选集/德州市政协编.—2000.09.—120页：27cm.—CNY118.00

典藏地：DZU、DZS

1537

德州野生鸟谱/张立新摄.—北京：中国林业出版社,2014.05126页：26×25cm.—ISBN978-7-5038-7429-1:CNY298.00

典藏地：DZU

1538

德州迎香港回归祖国书画作品选/德州市政协书画之友社编.—1997.—64页：26cm

典藏地：DZU

1539

地書情懷/王華奇地書活動選編.—2016.—74页：27cm

典藏地：DZU

1540

丁兴才书真草千字文：书法作品集/杨磊主编.—太原：山西人民出版社,2015.8.—46页:24cm.—ISBN978-7-203-08268-9:CNY18.00

典藏地：PYX

1541

段玉魏宜贤书画集/段晓光编辑.—51页

典藏地：QHX

1542

法律格言书法欣赏集/主编尚洪立.—北京:人民美术出版社,2007187页：37×26cm.—ISBN978-7-102-04057-8:CNY298.00

典藏地：DZU

1543

房玉宾/王瑞江主编.—济南:山东美术出版社,2013.—26页：27cm.—ISBN978-7-5330-4019-2:CNY20.00

典藏地：QHX

1544

放歌大平原/中共德州市委宣传部编著.—济南:山东大学出版社,2008.—243页：23cm.—（辉煌的历程.德州改革开放30年）.—ISBN978-7-5607-3684-6:CNY19.65

典藏地：DZS

1545

飞鸿印雪:德州学院美术系2003级2005级学生写生优秀作品集.—德州:德州学院美术系,2006.—133页：20*30cm.—内部资料

典藏地：DZU

1546

馮定敏的書法藝術/编著者孙康.—德州:孫康美術館,2015.—143页：27cm.—CNY200.00

典藏地：DZU

1547

钢琴演奏表演艺术研究/任陆,丁璐,李田甜著.—北京:中国原子能出版社,2015.—319页：26cm.—ISBN978-7-5022-6745-2:CNY48.00

典藏地：DZU

1548

高师声乐教育的理论与实践/杨瑞著.—北京:人民出版社,2012.—268页：

24cm.—（青年学术丛书.文化）.—ISBN978-7-01-010965-7:CNY33.00

典藏地：DZU

1549

古贝春潮:古贝元杯楹联大赛获奖作品书法集/北京:中国文联出版公司.—128页：27cm.—ISBN978-7-5059-7205-6:CNY40.00

典藏地：DZU

1550

古贝元韵:古贝元杯楹联大赛获奖作品书法集/主编李宽云.—北京:中国戏剧出版社,2011.—128页：27cm.—（雪泥文丛）.—ISBN978-7-104-03638-8:CNY28.00

典藏地：DZU

1551

古琴简明教程/庞玉珠编述.—德州:德州地区文化局,1986.—3册：26cm

典藏地：DZS

1552

故乡行:张海峰张涛父子捐赠书画作品图录/张海峰,张涛著.—北京:中国文化出版社,2004.—48页:27cm.—ISBN7-:CNY36.00

典藏地：PYX

1553

故园风:邢仁强创作歌曲集/邢仁强著.—长春:东北师范大学出版社,1998.—143页：19cm.—（鲁北作家丛书）.—ISBN7-5602-2157-2:CNY7.80

典藏地：DZS、YCS

1554

郭海洲书法精选

典藏地：QHX

1555

国画/郭晓光编著.—合肥:黄山书社,2016.—170页:图：23cm.—（印象中国.文化的脉络）.—ISBN978-7-5461-4165-7:CNY39.00

典藏地：DZU

1556

国蕴凝香:国蕴杯楹联大赛获奖作品书法集/李宽云编.—北京:中国文联出版公司,2012.—127页：27cm.—ISBN978-7-5059-7649-8:CNY40.00

典藏地：DZU、DZS

1557

韩锦堂作品集.—济南,2013.—197页：27cm.—CNY0.00

典藏地：QHX

1558

翰墨丹青润黎城/政协临邑县委员会编.—天津,2019:天津人民美术出版社.—302页:图：28cm.—ISBN978-7-5305-8105-6:CNY368.00（精装）

典藏地：DZS

1559

鸿志工艺美术作品集/[杨炳志].—37页：27cm

典藏地：DZU

1560

辉煌的历程:德州改革开放30年（放歌大平原）.—/中共德州市委宣传部编著.—济南:山东大学出版社,2008.12.—243页：20cm.—ISBN978-7-5607-3684-6:CNY19.65

典藏地：DZU

1561

回归2012于澎画集/于澎著.—天津:天津人民美术出版社,2012.—52页:插图：29cm.—ISBN978-7-5305-4410-5:CNY68.00

典藏地：DZS

1562

回龙传/王秀梅,王晓璐编辑.—100页:23cm

典藏地：PYX

1563

激情瞬间:陈建平艺术摄影作品集：陈建平著.—中国文化出版社.—摄影集：2005.—ISBN962-869-711-0:CNY90.00

典藏地：DZS

1564

来禽馆石刻拓本/张法亭编著.—济南:山东美术出版社.—165页：28cm.—ISBN978-7-5330-3438-2:CNY90.00

典藏地：DZU

1565

来禽馆真迹/刘文海编著.—天津:天津人民美术出版社,2016.—168页:彩照：29cm.—（明代邢侗书法精品丛帖）.—ISBN978-7-5305-7442-3:CNY88.00

典藏地：DZU

1566

离离原上草:于澎的岩彩世界/于澎著.—天津:天津人民美术出版社,2011.—76页：29cm.—ISBN978-7-5305-4410-5:CNY68.00

典藏地：DZS

1567

梨花集/丁志峰著.—北京:中国戏剧出版社,2000.—285页：20cm.—（艺术星空第一辑）.—ISBN7-104-02561-8:CNY16.00

典藏地：DZU、YCS

1568

李振坤田瑞于占德王征远付峰远画集/杨杰主编.—太原:山西人民出版社,2015109页：27×40cm.—ISBN978-7-203-68287-5:CNY180.00

典藏地：DZU

1569

历届书法专业硕士学位论文选.2/荣宝斋出版社.—北京:荣宝斋出版社.—642页：20cm.—ISBN978-7-5003-1090-7:CNY86.00

典藏地：DZU

1570

隶书岳阳楼记：书法作品集/杨磊主编.—太原:山西人民出版社,2015.8.—41页:24cm.—ISBN978-7-203-08268-9:CNY18.00

典藏地：PYX

1571

梁秀玲书法作品选/梁秀玲编.—香港:银河出版社,2010.—142页:29cm.—ISBN978-962-475-336-3:CNY118.00元

典藏地：PYX

1572

亮剑:宁津在行动/武永生主编:宁津县"三放三提"活动领导小组办公室编.—济南:齐鲁书社,2011.—394页：21cm.—ISBN978-7-5333-2493-3:CNY33.00

典藏地：DZS

1573

靓丽德州摄影大赛作品精粹/郭作富.—54页：29cm.—CNY98.00

典藏地：DZU

1574

林徽书法集/林徽著.—中国环球文化出版社.—244页：24cm.—ISBN978-988-15888-1-4:CNY90.00

典藏地：DZS

1575

刘浩陶艺/中国陶瓷工业协会转业干部陶研究所.—75.—ISBN10030816:180.00

典藏地：QHX

1576

刘琳歌词选/刘琳.—香港:香港新世纪出版社,1992.08.—191页：19cm.—ISBN962-7375-91-6:CNY3.54

典藏地：DZU、DZS

1577

刘文海书法集/刘文海著.—哈尔滨:黑龙江美术出版社,2008.09.—47页：

36cm.—ISBN978-7-5318-2166-3:CNY60.00

典藏地：DZU

1578

刘文海书法作品集/刘文海.—济南:山东美术出版社,2001.10.—38页：28cm.—ISBN7-5330-1578-9:CNY30.00

典藏地：DZU

1579

民族器乐的历史发展与现代教学艺术/马立婧著.—北京:中国社会科学出版社,2016.—217页:图,肖像,乐谱：24cm.—ISBN978-7-5161-7497-5:CNY52.00

典藏地：DZU

1580

南海岩山水花鸟画册.—济南:山东大学出版社,2009.—2册:37cm.—ISBN978-7-5607-3715-7:CNY196.00

典藏地：PYX

1581

宁津杂技文化概论/杨承田,杨杨著.—北京（北京市西城区鼓楼西大街41号（100009）.—:线装书局,2015.—10,386页：20cm.—:图,照片.—（德州地域文化研究丛书.第三辑/季桂起主编）.—ISBN978-7-5120-1993-5:CNY30.00

典藏地：DZS

1582

齐河书画名家作品集/谢强主编

典藏地：DZS

1583

齐鲁工艺史话/李新华著.—济南:山东文艺出版社,2004.—158页：20cm.—（齐鲁历史文化丛书.第9辑）.—ISBN7-5329-2365-7:CNY13.30

典藏地：DZS

1584

前后出师表/张立昌书.—北京:中国文联出版社,2013.—75页:图：32cm.—

ISBN978-7-5059-8057-0:CNY388.00

典藏地：QHX

1585

亲亲的老百姓:歌词集/王培元著.—北京:大众文艺出版社,2011.—171页：21cm.—ISBN7-80171-571-3:CNY38.00

典藏地：DZU

1586

人物画系列.现代人物小品篇/李振坤,马健著.—济南:山东美术出版社,2012.—40页：29cm.—（析疑解惑丛书/韩玮主编）.—ISBN978-7-5330-3870-0:CNY18.00

典藏地：DZU

1587

山东禹城孙康美术馆:开馆纪实.典藏书画选集（2）/孙康美术馆编著.—禹城:山东禹城市市中街糖城广场,2008.—175页:图：30cm.—ISBN7-:CNY200.00

典藏地：QYX

1588

山东禹城孙康美术馆:开馆纪实.典藏书画选集（3）/孙康美术馆编著.—禹城:山东禹城市市中街糖城广场,2009.—143页:图：30cm.—ISBN7-:CNY200.00

典藏地：QYX

1589

山水名家于占德/于占德画.—济南:山东美术出版社,2007.12.—30页：20cm.—ISBN978-7-5330-2372-0:CNY15.00

典藏地：DZU

1590

山水情缘/刘玉璞等著.—科学文化艺术出版社.—34页:画：29cm.—ISBN988-97606-8-1:CNY36.00

典藏地：QYX

1591

世界钢琴流派的艺术探索/武凌著.—北京:科学技术文献出版社,2014.—256页：21cm.—ISBN978-7-5023-9674-9:CNY38.00

　　典藏地：DZU

1592

淑度百印集/刘淑度著.—北京:北京师范大学出版社,1984.—214页:肖像：20cm.—CNY3.00

　　典藏地：DZU

1593

宋延广书法作品集/中共平原县宣传部.—34页.—ISBN978-7-:CNY40.00

　　典藏地：PYX

1594

岁月飞歌/邢仁强创作歌曲专辑.—齐鲁电子音像出版社.—15页：26cm

　　典藏地：QYX

1595

岁月如歌:德州市杂技团建团五十周年（1958-2008）/德州市杂技团编.—德州:德州市新闻出版局,2008.—135页：28cm.—CNY内部赠送

　　典藏地：DZS

1596

孙康畫集/孙康.—德州:孙康美术馆,2012.—151页：20cm.—CNY200.00

　　典藏地：DZU

1597

孙康美术馆:典藏書畫.（一）,書法選集.—2007.—109页：20cm.—CNY800.00

　　典藏地：DZU

1598

孙康美术馆:典藏書畫選集/孙康美术馆.3.—飞燕印刷有限公司印刷,2009.—143页.—CNY200.00

　　典藏地：DZU

1599

孙康美术馆:開館紀實典藏書畫選集/孙康美术馆.—德州:飞燕印刷有限公司,2008.—175页.—CNY200.00

典藏地:DZU

1600

孙康美术馆紀錄開館五週年/孙康编著.—德州:孙康美术馆,2012.—127页:27cm.—CNY200.00

典藏地:DZU

1601

孙康水彩畫集/孙康.—台湾:华新文化事业出版社,2001.—104页:25cm.—CNY500.00

典藏地:DZU

1602

孙康珍藏書畫集/孙康.—臺灣,2000.—82页:20cm.—TWD500.00

典藏地:DZU

1603

唐颜真卿書東方朔画赞碑/山东陵县文史研究学会编.—1999.—201页:30cm(中国书法名珍).—CNY96.00

典藏地:DZS

1604

桃园佳话/阿丁.—济南:山东人民出版社,1956.—16页:32cm.—CNY0.08

典藏地:QHX

1605

陶.黑陶历史与文化:"中国黑陶城"德州/刘伟国,朱长忠编著.—济南:齐鲁书社,2010.—262页,[3]页图版:图(部分彩图).—,摹真:26cm.—ISBN978-7-5333-2406-3:CNY58.00

典藏地:DZU、DZS

1606

体味陌生:一位女画家的探索与感悟/阴晓雪著.—北京:中国工商出版社,2009.10.—86页:20cm.—ISBN978-7-80215-384-4:CNY56.00

　　典藏地:DZU

1607

外国音乐名著教程/苏仲芳等主编.—济南:山东大学出版社,2002.08.—516页;20cm.—ISBN7-5607-2446-9:CNY58.00

　　典藏地:DZU

1608

王朝俊书画作品集.—北京:当代出版社,2013.—197页:27cm.—ISBN978-962-15818-1-5:CNY60.00

　　典藏地:QHX

1609

王道温行草书千字文/济南:山东美术出版社,2013.—79页:照片:37cm.—CNY0.00

　　典藏地:QHX

1610

王道温书法作品集/王道温编.—济南:山东美术出版社,2013.—79页:26cm.—ISBN978-7-5330-4836-5(精装):CNY108.00

　　典藏地:QHX

1611

王始钧书话/王始钧著.—济南:山东美术出版社,2005.10.—46页:20cm.—ISBN7-5330-2133-9:CNY38.00

　　典藏地:DZU

1612

王雪山抄范仲淹《岳阳楼记》/王雪山著.—济南:文化中国出版社,2013.—18页:27cm.—ISBN978-988-18644-6-8:CNY18.00

　　典藏地:QHX

1613

王雪山书文天祥《正气歌》/王雪山著.—济南:文化中国出版社,2013.—26页：27cm.—ISBN978-988-17624-5-0:CNY20.00

典藏地：QHX

1614

王玉民扇面小品集.—济南:山东美术出版社,2015.—59页：25cm.—ISBN978-7-5330-5888-3:CNY30.00

典藏地：DZU

1615

王征远画集/王征远绘.—北京:中国文联出版公司,2006.—18页：26cm.—（国家一级美术师典藏丛书.第一辑）.—ISBN7-5059-5424-5:CNY56.00

典藏地：DZS

1616

我的平原我的家.—262页：23cm

典藏地：DZS

1617

我俩神州行/杨汇泉编.—230页:28cm.—CNY50.00

典藏地：PYX

1618

武城县政协委员会书画作品集/主编李希元.—北京:中国文联出版公司.—119页：26cm.—（武城县文史资料第八辑）.—ISBN978-7-5059-7978-9

典藏地：DZU

1619

戏法秘传:百年穆派古彩戏法/往长月,姚联合著.—济南,200:山东画报出版社.—111页：21cm.—ISBN978-7-5474-2549-7:CNY380（10册）

典藏地：DZS

1620

夏津县民间歌曲集/夏津县文体广电新闻出版局著.—2000.—214页:图：21cm

典藏地：DZS

1621

夏津县书画精品集.—夏津:中国文化出版社,2013.—图：28cm.—ISBN978-962-8810-84-0:CNY68.00

典藏地：DZS

1622

邢侗文化园碑廊/中国华侨文学艺术家协会等编.—1998.09.—156页：30cm

典藏地：DZU

1623

邢耀忠书画集/邢耀忠著.—沈阳:辽宁美术出版社,1994.—85页:32cm.—ISBN7-5314-1055-9:CNY29.00

典藏地：PYX

1624

杨汇泉生平影集/杨汇泉编.—210页:28cm.—CNY50.00

典藏地：PYX

1625

杨汇泉诗词选:百家书法选/李舟仁.—深圳:名家出版社,2015.—163页.—ISBN962-86049-32-7:CNY

典藏地：PYX

1626

一九七九年德州地区歌曲创作学习班创作歌曲选集/德州地区艺术馆编.—德州.—1册：26cm

典藏地：DZS

1627

以诚相待:赵志杰作词歌曲集/赵志杰词：许福河等曲.—济南:山东文艺出版社,1990.—149页：19cm.—ISBN7-5329-0399-0:CNY2.15

典藏地：DZS

1628

艺彩德州:百名书画家作品集/主编杨杰.—太原:山西人民出版社,2015117页:27×40cm.—ISBN978-7-203-08267-5:CNY268.00

典藏地：DZU

1629

艺术市场纵横谈/孔新苗主编：陈长田著.—济南:山东美术出版社,2010.—96页:图:29cm.—（艺术与传播丛书）.—ISBN978-7-5330-2855-8:CNY18.00

典藏地：DZU

1630

幼儿园教师音乐素养的构成及培养研究/谢向颖著.—北京:兵器工业出版社,2014.—163页:24cm.—ISBN978-7-5181-0065-1:CNY32.00

典藏地：DZU

1631

张宾普作词歌曲诗文选/张宾普.—北京:华夏出版社,2007.—200页:32cm.—ISBN978-7-5080-3985-5:CNY26.00

典藏地：QHX

1632

张海峰书画集/山东画院编.—济南:黄河出版社,1997.—87页:27cm.—ISBN7-80558-850-3:CNY150.00

典藏地：PYX

1633

张立昌书法作品集/张立昌.—2000.—28页：16cm.—CNY88.80

典藏地：QHX

1634

张延清书法集/张延清.—山东文化音像出版社出版山东.—80：16cm.—ISBN7-88412-861-6:0.00

典藏地：QHX

1635

长天唱流韵/张郁著.—香港:天马图书出版公司:2005.—536页:插图:

26cm.—ISBN962-450-587-X:CNY50.00

典藏地：DZS

1636

赵延长山水画集/游子主编.—北京：华夏文化艺术出版社,2001.—31页.—ISBN962-8700-57-X:CNY38.00

典藏地：QHX

1637

赵延长水墨画选.—香港：国际出版公司.—16页.—ISBN962-24-5009-1:CNY35.00

典藏地：QHX

1638

中国古画谱集成/尹瘦石主编.—济南：山东美术出版社,2000.—22册：26cm.—ISBN978-7-5330-1454-5:CNY5200.00（全22卷）

典藏地：DZS

1639

中国古琴音乐文集/庞雨珠著.—北京：中国文化出版社,2004.—170页：照片：19cm.—ISBN962-8697-24-2:CNY19.80

典藏地：DZS

1640

中国书坛90家/王雪山著:王雪山.—济南：文化中国出版社,2013.—19页：27cm.—ISBN978-988-18656-6-2:CNY28.00

典藏地：QHX

1641

中国艺术鉴藏《王长水汉子篆书墨迹》特刊/北京（中国文联出版社）.—,2013.—127页：27cm.—ISBN978-7-5059-8217-8:CNY168.00

典藏地：QHX

1642

中国楹联书法邀请展/主编常治国,孟繁锦.—德州,2001.—182页：27cm.—

CNY68.00

典藏地：DZU

1643

中国杂技文化.宁津卷/杨承田,杨扬编著.—济南:山东大学出版社,2012.—410页:照片,图：26cm.—ISBN978-7-5607-4643-2（精装）:CNY148.00

典藏地：DZU

1644

中西音乐活动的心理学研究与津要/陈凌著.—北京:科学技术文献出版社,2014.—184页：24cm.—ISBN978-7-5023-8759-4:CNY39.80

典藏地：DZU

1645

自家造稿:北京书院藏齐白石画稿/北京画院编.—南宁:广西美术出版社,2014.—2册（231,271页）.—：24cm.—ISBN978-7-5494-1182-5（精装）:CNY390.00

典藏地：DZS

1646

走进京剧城--德州/中共德州市委宣传部编.—德州,2008.—41页：26cm

典藏地：DZS

K 历史、地理（1647—2346）

1647

（乾隆）平原县志.—印影版.—2册:20cm

典藏地：DZU

1648

爱国志士宋哲元/政协乐陵市委员会编.—北京:中国文史出版社,2015.—397页：23cm.—ISBN978-7-5034-6781-3:CNY68.00

典藏地：DZU

1649

安德田氏家谱/德州市地方史志办公室搜集整理.—吴桥金鼎古籍印刷厂印刷,2017.—4册：26cm

典藏地：DZU

1650

安仁乡志:--1985/山东省禹城县安仁乡史志编写组编.—禹城:安仁乡,1985.—253页:照片：26cm

典藏地：DZS

1651

鏖战鲁北/杨秀章著.—德州:山东新华印刷厂德州厂,1996.—84页:照片：21cm.—CNY6.50

典藏地：DZS

1652

八路军山东纵队/八路军山东纵队史编审委员会编.—济南:山东人民出版社,1993.—536页：21cm.—ISBN7-209-01265-6:CNY9.10

典藏地：DZS

1653

八年记忆:夏津县抗战时期人口伤亡和财产损失调研/中共夏津县委组织部,中共夏津县委党史研究室编.—北京:中国文化出版社,2012.—437页:26cm.—ISBN978-988-758-357-9

典藏地：DZU、DZS

1654

百科名家中国史/邓广铭著.—北京:中国大百科全书出版社,2014.—814页:图,摹真:25cm.—(名家文库).—ISBN978-7-5000-9349-7(精装):CNY92.00

典藏地：DZU

1655

北厂志/主编马惠彬.—2017.—184页:20cm

典藏地：DZU

1656

北京史话/侯仁之,金涛著.—上海:上海人民出版社,1980.—258页:照片:19cm.—ISBN7-208-00299-1:CNY0.65

典藏地：DZU

1657

北平历史地理./侯仁之著:邓辉,申雨平,毛怡译.—北京:外语教学与研究出版社,2013.11.—215页,[2]页图版:图,(部分彩图).—,地图:24cm.—+狱中腹稿1封.—ISBN978-7-5135-3758-2(精装):CNY72.00(含附件)

典藏地：DZU

1658

贝州文化集锦/武城县文化局编.—德州.—640页:26cm.—(精装):CNY198.00

典藏地：DZS

1659

滨海抗日根据地回忆史料/北京八路军山东抗日根据地研究会编.—北京:中共党史出版社.—2册:29cm.—(山东抗日根据地历史资料丛书).—ISBN978-7-5098-4113-6(精装):CNY198.00(上下册)

  典藏地:DZS、PYX

1660

残阳夕照/许志玉著.—399页:28cm

  典藏地:DZS

1661

晁补之与宋代晁氏家族/刘焕阳著.—济南:山东文艺出版社,2004.—153页:20cm.—(齐鲁历史文化丛书.第6辑).—ISBN7-5329-2362-2:CNY13.10

  典藏地:DZS

1662

筹办夷务始末/齐思和.—北京:中华书局.—6册(3216页):无图表:19cm.—CNY15.00

  典藏地:DZU

1663

从远方走来/刘庆民著.—南昌:江西人民出版社,2016.07.—338页:20cm.—ISBN978-7-210-08586-7:CNY32.00

  典藏地:DZU、PYX

1664

璀璨历史古今谈/毛琳主编.—133页:21cm

  典藏地:QYX

1665

大连市刘氏家族谱书/刘运章编著.—70页:23cm

  典藏地:DZS

1666

大汶口文化:从原始到文明/栾丰实著.—济南:山东文艺出版社,2004.—145页:20cm.—(齐鲁历史文化丛书.第1辑).—ISBN7-5329-2357-6:CNY12.50

典藏地：DZS

1667

当代志书编纂教程/中国地方志指导小组办公室编.—北京:方志出版社,2010.—627页：21cm.—ISBN978-7-80238-933-5:CNY98.00

典藏地：DZU

1668

德城区法院志/李希江.—德州市德城区法院编,2005.06.—37页：20cm

典藏地：DZU

1669

德城区新湖街道办事处志/田宝贵.—514页：20cm

典藏地：DZU、DZS、DCQ

1670

德城文史.第13辑/德州市德城区委员会文史委员会编.—1996.05.—173页：19cm.—CNY5.56

典藏地：DZU

1671

德城文史.第16辑/德州市德城区委员会文史委员会编.—2001.08.—288页：19cm.—CNY5.56

典藏地：DZU

1672

德城文史.第17辑/德州市德城区委员会文史委员会编.—2000.11.—305页：20cm

典藏地：DZU、DZS

1673

德城文史.第18辑/德州市德城区委员会文史委员会编.—2001.08.—288页：19cm.—CNY5.56

典藏地：DZU、DZS

1674

德风水韵:2015年感动德州十大人物传记/李建伟,王才路主编.—北京:中国文联出版社,2016.—220页:照片:20cm.—ISBN978-7-5190-2204-4:CNY38.00

  典藏地：DZU、DZS

1675

德平县续志.—印影版.—2册：20cm

  典藏地：DZU

1676

德平县志.—印影版.—3册

  典藏地：DZU

1677

德县志:民国二十四年.—影印本.—德州:德州市地方史志办公室印,2015.—16册：16开.—（线装）:CNY1000.00（全16册）

  典藏地：DZU

1678

德州/《中国国家人文地理》编委会编著.—北京:中国地图出版社.—182:画册：2019.—（中国国家人文地理）.—ISBN978-7-5204-1112-7:CNY158.00

  典藏地：DZS、YCS

1679

德州碑刻文献选注/魏训田著.—北京:线装书局,2015.—206页：66cm.—ISBN978-7-5120-1993-5:CNY30.00

  典藏地：DZU、DZS

1680

德州大事记:1840-2015/德州市地方史志编纂委员会编.—北京:方志出版社,2016.—10,341页：29cm.—ISBN978-7-5144-2103-3（精装）:CNY260.00

  典藏地：DZU

1681

德州党史人物传略:第一辑/中共德州市委党史研究室.—德州:中共德州市委党史研究室,2004.06.—560页：20cm.—（纪念邓小平同志诞辰100周年）.—

CNY48.00

典藏地：DZU

1682

德州地区概况/德州地区地方史志编纂委员会．—1985．—420：无图表：32cm．—CNY20.00

典藏地：DZU、DZS

1683

德州地区供销合作社联合社志/德州地区供销合作社联合社志编辑委员会

典藏地：DZU、DZS

1684

德州地区人民医院志/院志编纂办公室．—德州：院志编纂办公室，1988．—416页：20cm

典藏地：DZU、DZS

1685

德州地区物资志/德州地区物资志编纂委员会．—天津：南开大学出版社，1990.08．—318：无图表：32cm．—ISBN7-310-00349-7:CNY15

典藏地：DZU、DZS

1686

德州地区县市名考与乡情/徐洪岭，张复海主编．—济南：山东大学出版社，1989.08．—478页：32cm．—ISBN7-5607-0292-9:CNY9.80

典藏地：DZU、DZS、DCQ

1687

德州地区志/山东省德州地区史志编纂委员会编．—济南：齐鲁书社，1992.12．—849页：27cm．—ISBN7-5333-0304-0:CNY69.00

典藏地：DZU

1688

德州地区综合国土规划/杨鼎盛等编写．—德州，[1990]?．—112页：27cm．—CNY30.00

典藏地：DZU

1689

德州地域文化拾遗/王宪贞著.—北京（北京市西城区鼓楼西大街41号（100009）.—:线装书局,2015.—10,383页：20cm.—:图,照片.—（德州地域文化研究丛书.第三辑/季桂起主编）.—ISBN978-7-5120-1993-5:CNY30.00

典藏地：DZS

1690

德州地域文献资料题要/魏训田张宝泉著.—北京:线装书局,2012.11.—437页：20cm.—ISBN978-7-5120-0736-9:CNY30.00

典藏地：DZU、DZS

1691

德州风物志/德州地区地方史志编纂委员会办公室编.—济南:山东人民出版社,1987.08.—202页:彩照：19cm.—CNY1.95

典藏地：DZU、DZS

1692

德州概览/山东省德州市地方史志办公室编.—北京:中国文史出版社.—577页：27cm.—ISBN978-7-5034-5299-4:CNY300.00

典藏地：DZU、DZS、DCQ

1693

德州过大年/王德胜等著.—北京:东方出版社,2010.01.—144页：20cm.—ISBN978-7-5060-3564-4:CNY32.00

典藏地：DZU、DZS

1694

德州舊志九種校注/潘友林整理.—2010.—2册（2028页）.—：20cm.—CNY998.00

典藏地：DZU

1695

德州抗日英模纪略/郭新中著.—北京（北京市西城区鼓楼西大街41号

（100009）:线装书局,2015.—10,397页：20cm.—:图,照片.—（德州地域文化研究丛书.第三辑/季桂起主编）.—ISBN978-7-5120-1993-5:CNY30.00

典藏地：DZS

1696

德州抗战图史:纪念中国人民抗日战争暨世界反法西斯战争胜利70周年/中共德州市委党史研究室编.—中国古籍文物出版社,2015179页：20×30cm.—CNY139.00.—ISBN965793275638

典藏地：DZU

1697

德州考古文集/李开玲,马长军著.—百花洲文艺出版社,2000.—290页：21cm.—ISBN7-80629-505-4:CNY18.00

典藏地：DZS

1698

德州李庄 五里庄李氏族谱.第二卷,近代人的足迹/李庆龄主编.—2011.—256页:插图：21cm

典藏地：DZS

1699

德州卢氏家族研究/王守栋著.—北京:线装书局,2012.11.—383页：20cm.—ISBN978-7-5120-0736-9:CNY30.00

典藏地：DZU、DZS

1700

德州棉烟麻采购供应站志/山东省德州棉烟麻采购供应站编纂组.—147页：20cm

典藏地：DZU

1701

德州名镇古村/田宝贵田丰编著.—北京:线装书局,2012.11.—409页：20cm.—ISBN978-7-5120-0736-9:CNY30.00

典藏地：DZU、DZS

1702

德州明清墓志集注/张明福著.—北京（北京市西城区鼓楼西大街41号（100009）.—:线装书局,2015.—10,367页：20cm.—:照片.—（德州地域文化研究丛书.第三辑/季桂起主编）.—ISBN978-7-5120-1993-5:CNY30.00

典藏地：DZS

1703

德州明清史:初稿/傅崇兰编.—德州.—113页：26cm.—内部资料

典藏地：DZS

1704

德州明清仕宦家族/张明福著.—北京:线装书局,2012.11.—374页：20cm.—ISBN978-7-5120-0736-9:CNY30.00

典藏地：DZU、DZS

1705

德州区域文献资料题要/魏训田张宝泉著.—北京:线装书局,2012.11.—437页：20cm.—ISBN978-7-5120-0736-9:CNY30.00

典藏地：DZU

1706

德州人物志:1949-2008/德州市地方史志编纂委员会编.—368页：30cm.—CNY200.00

典藏地：DZU、DZS

1707

德州社会经济单位概括.1996/主编孟建军.—1997.—392页：27cm

典藏地：DZU

1708

德州史话/德州市地方史志办公室编.—北京:中国文史出版社,2016.—2册（356,351页）.—:图,摹真：24cm.—（德州市地方史志丛书）.—ISBN978-7-5034-8008-9:CNY78.00

典藏地：DZU

1709

德州史林漫步/孙寿昌.—CNY10.00

典藏地：DZU、DZS

1710

德州史志/德州地方史志办公室主办.—德州

典藏地：DZU

1711

德州市德城区军事志（1989~2005）/德州市德城区军事志编纂委员会编.—德州市德城区,2009年12月.—408

典藏地：DCQ

1712

德州市德城区政协志/德州市德城区委员会编.—282页：20cm.—CNY52.00

典藏地：DZU、DZS、DCQ

1713

德州市工业志/本书编委会编.—1993.03济南:山东人民出版社.—306页:无图表：26cm.—CNY40.00ISBN7-209-01263-X

典藏地：DZU、DZS、DCQ

1714

德州市公安志:1840-1985/石彦武主编：德州市公安局史志编纂办公室编.—[德州]:[德州市公安局史志编纂办公室],1989.—10,269页:照片,地图：26cm.—CNY135.00

典藏地：DZU

1715

德州市军事史/山东省德州市人民武装部编.—1990.09.—302页：16开.—CNY25.00

典藏地：DZU

1716

德州市民政志初稿/德州市民政局.—1989.07.—396页：20cm

典藏地：DZU

1717

德州市物资志/德州市物资综合公司《物资志》编纂办公室.—147页：20cm

典藏地：DZU、DZS

1718

德州市盐店口街道办事处志/本书编委会编.—德州：德州市第二中学印刷厂,1992.—325页：26cm

典藏地：DZS

1719

德州市医药卫生志:1840-1985.—德州:山东省德州市医药卫生志编纂委员会,1989.—380页：28cm.—CNY10.00

典藏地：DZU、DCQ

1720

德州市邮电志/德州地区邮电局史志办公室编.—1989.10.—437页：20cm

典藏地：DZU

1721

德州市志（光盘版）[地方志]/山东省德州市德城区地方史志编纂委员会编.—济南:齐鲁书社出版,1997.8.—746页:地图及彩照：26cm.—ISBN7-5333-0619-8（精装）:CNY98

典藏地：DZU

1722

德州市志/翟京德等主编.—济南:齐鲁书社,1997.08.—748页：16开.—ISBN7-5333-0619-8:CNY98.00

典藏地：DZU、DZS、DCQ

1723

德州市志:1986-2011/德州市地方史志编纂委员会主编.—北京:方志书社,2018.11.—3册（1750页）.—：26cm.—ISBN9787514434156（精

装):CNY1600.00

典藏地:DZU

1724

德州市志:原稿/德州市地方史志办公室.—2015.—1491页:27cm

典藏地:DZU

1725

德州市志大事记:1986-2013/德州地方史志办公室.—2014.—326页:28cm

典藏地:DZU

1726

德州四十年/中共德州地委研究室编.—德州:德州地委,1989.—155页:19cm

典藏地:DZS

1727

德州苏禄王墓研究/王守栋著.—北京:中国戏剧出版社,2009.—264页:20cm.—ISBN978-7-104-02952-6:CNY24.00

典藏地:DZU、DZS

1728

德州通史简编/梁国楹主编.—北京:线装书局,2012.11.—443页:20cm.—ISBN978-7-5120-0736-9:CNY30.00

典藏地:DZU、DZS

1729

德州往事/张明福著.—北京:中国文史出版社.—577页:27cm.—(德州市地方史志丛书).—ISBN978-7-5034-5299-4:CNY60.00

典藏地:DZU、DZS

1730

德州文化大观.1,历史人物卷/刘建义李建伟主编.—2010.—498页:27cm.—(精装):CNY158.60

典藏地:DZU

1731

德州文化大观.2,珠海撷贝/刘建义李建伟主编.—2010.—422页：27cm.—（精装）:CNY158.60

典藏地：DZU

1732

德州文化大观.3,民间传说/刘建义李建伟主编.—2010.—447页：27cm.—（精装）:CNY158.60

典藏地：DZU

1733

德州文化大观.4,名门望族/刘建义李建伟主编.—2010.—420页：27cm.—（精装）:CNY158.60

典藏地：DZU

1734

德州文化大观.5,地名故事/刘建义李建伟主编.—2010.—412页：27cm.—（精装）:CNY158.60

典藏地：DZU

1735

德州文化大观.6,风土人情/刘建义李建伟主编.—2010.—484页：27cm.—（精装）:CNY158.60

典藏地：DZU

1736

德州文化大观.7,传奇故事/刘建义李建伟主编.—2010.—417页：27cm.—（精装）:CNY158.60

典藏地：DZU

1737

德州文化大观.8,文化长廊/刘建义李建伟主编.—2010.—467页：27cm.—（精装）:CNY158.60

典藏地：DZU

1738

德州文化大观.9,九河遗珠/刘建义李建伟主编.—2010.—431页：27cm.—（精装）:CNY158.60

典藏地：DZU

1739

德州文化大观.10,名人传记/刘建义李建伟主编.—2010.—420页：27cm.—（精装）:CNY158.60

典藏地：DZU

1740

德州文化通览/主编田玉茂,史好泉.—济南:山东人民出版社,2012.—22,10,546页,[8]页图版:图（部分彩图）.—,地图：25cm.—（山东区域文化通览.德州卷）.—ISBN978-7-209-06234-3（精装）:CNY152.00

典藏地：DZU

1741

德州文史.第1辑/李玉春主编.—德州:山东新华印刷厂德州厂印刷,1998.01.—344页：32cm.—CNY13.60

典藏地：DZU、DZS

1742

德州文史.第2辑,风物专辑/中国政协文史资料研委会编.—德州:山东新华印刷厂德州厂印刷,2000.02.—469页:无图表：19cm.—CNY24.80

典藏地：DZU、DZS

1743

德州文史.第3辑[地方文史]/李玉春主编：中国人民政治协商会议德州市委员会文史学习宣传委员会编.—德州:[政协德州市委员会文史学习宣传委员会],2000.—482页:图片：21cm.—CNY25.20

典藏地：DZU、DZS

1744

德州文史.第4辑,德州民营企业家的崛起[地方文史]/李怀喜主编：中国人民政治协商会议德州市委员会文史学习宣传委员会编.—德州:[政协德州市委员会文史学习宣传委员会],2002.—268页:照片：21cm.—CNY20.80

  典藏地：DZU、DZS

1745

  德州文史.第5集/中国人民政治协商会议.—德州:山东省德州市委员会文史资料研究委员会,1987.11.—222页:无图表：19cm.—CNY0.70

  典藏地：DZU、DZS

1746

  德州文史.第7集/中国政协文史资料研委会.—1982.12.—204页:无图表：19cm.—CNY0.70

  典藏地：DZU、DZS

1747

  德州文史.第8辑/中国人民政治协商会议德州市委员会文史资料研究委员会编.—德州:中国人民政治协商会议德州市委员会,1990.—221页：19cm

  典藏地：DZS

1748

  德州文史.第9辑/政协德州市委员会编著.—322页:无图表：19cm.—ISBN978-7-5034-5991-7

  典藏地：DZU、DZS

1749

  德州文史.第12辑/政协德州市委员会编著.—322页:无图表：19cm.—ISBN978-7-5034-5991-7

  典藏地：DZU

1750

  德州文史.第14辑/政协德州市委员会编著.—322页:无图表：19cm.—ISBN978-7-5034-5991-7

  典藏地：DZU、DZS

1751

德州文史.第15辑/政协德州市委员会编著.—322页:无图表:19cm.—ISBN978-7-5034-5991-7

典藏地：DZU、DZS

1752

德州文史.第17辑纪念抗日战争胜利五十周年专辑/中国人民政治协商会议德州市委员会文史资料研究委员会编.—德州:中国人民政治协商会议德州市委员会,1995.—152页：19cm

典藏地：DZS

1753

德州乡土志.—印影版.—1册：20cm

典藏地：DZU

1754

德州乡土志集.德州文集/德州市地方史志办公室编.—德州:德州市地方史志办公室,2017.—2册（1422页）.—：29cm.—（精装）

典藏地：DZU

1755

德州英模.第一卷/李凤华主编：中共德州市委党史研究室编.—济南:齐鲁电子音像出版社,2009.—562页:照片:29cm.—ISBN978-7-89462-188-7（精装）:CNY360.00

典藏地：DZU

1756

德州运河民俗/王德胜,朱延华编著.—青岛:青岛出版社,2013.—259页:照片,图：23cm.—ISBN978-7-5436-5162-3:CNY88.00

典藏地：DZU、DZS

1757

德州运河文化遗产保护与开发研究/梁国楹主编.—北京（北京市西城区鼓楼西大街41号（100009）.—:线装书局,2015.—10,333页：20cm.—:图,照片.—（德州地域文化研究丛书.第三辑/季桂起主编）.—ISBN978-7-5120-1993-

5:CNY30.00

　　典藏地：DZS

1758

　　德州志.卷1:沿革,躔度,卷二:纪事,卷三:河渠.—德州:德城区档案局.—9卷：32cm.—CNY110.00

　　典藏地：DZU

1759

　　德州志.卷4:疆域,卷五:建置.—德州:德城区档案局.—9卷：32cm.—CNY110.00

　　典藏地：DZU

1760

　　德州志.卷6:州户口赋役,衙户口赋役,卷七:漕政,军政,河政,驿政.—德州:德城区档案局.—9卷：32cm.—CNY110.00

　　典藏地：DZU

1761

　　德州志.卷8:宦迹,职官.—德州:德城区档案局.—9卷：32cm.—CNY110.00

　　典藏地：DZU

1762

　　德州志.卷9:人物,贡举.—德州:德城区档案局.—9卷：32cm.—CNY110.00

　　典藏地：DZU

1763

　　德州志.卷10:贞节,卷十一:业记.—德州:德城区档案局.—9卷：32cm.—CNY110.00

　　典藏地：DZU

1764

　　德州志.卷12上:艺文.—德州:德城区档案局.—9卷：32cm.—CNY110.00

　　典藏地：DZU

1765

德州志.卷12下:艺文.—德州:德城区档案局.—9卷：32cm.—CNY120.00

典藏地：DZU

1766

德州志.序跋凡例,目录,卷首:时巡恭纪,御制恭纪,皇恩恭纪,行宫恭纪.—德州:德城区档案局.—9卷：32cm.—CNY110.00

典藏地：DZU

1767

德州作家名录/崔金鹏编.—北京:中国文史出版社,2019.—344页:图：24cm.—ISBN978-7-5205-1380-7:CNY268.00

典藏地：DZU

1768

邓广铭治史丛稿/邓广铭著.—北京:北京大学出版社,1997.—ISBN7-301-03192-0:CNY8.00

典藏地：DZU

1769

第二次鸦片战争.（1）/齐思和.—上海:上海人民出版社.—682页:无图表：19cm.—CNY2.25

典藏地：DZU

1770

第二次鸦片战争.（2）/齐思和等.—上海:上海人民出版社,1978.07.—643:无图表：32.—CNY2.00

典藏地：DZU

1771

第二次鸦片战争.（3）/齐思和等.—上海:上海人民出版社,1978.—608页:无图表：16cm.—CNY2.00

典藏地：DZU

1772

第二次鸦片战争.（4）/齐思和等.—上海:上海人民出版社,1978.—549:无图

表：32.—CNY1.85

典藏地：DZU

1773

第二次鸦片战争.（5）/齐思和等编.—上海:上海人民出版社,1978.—549:无图表：32.—CNY1.85

典藏地：DZU

1774

第二次鸦片战争.（6）/齐思和.—上海:上海人民出版社.—573页:无图表：19cm.—CNY1.80

典藏地：DZU

1775

东辛店乡志/庆云县东辛乡乡志编纂委员会编.—庆云:庆云县东辛乡,1991.—193页：26cm.—（精装）:CNY20.00

典藏地：DZS

1776

东夷古史传说/张富祥著.—济南:山东文艺出版社,2004.—112页：20cm.—（齐鲁历史文化丛书.第1辑）.—ISBN7-5329-2357-6:CNY9.70

典藏地：DZS

1777

杜受田故居/孙玉良著.—中国图书出版社,2015.—168页：20cm.—ISBN978-988-357-632-1:CNY48.00

典藏地：DZU

1778

恩縣鄉土志/（清）汪鸿孙修：刘儒臣纂.—光緒版本.—德州:武城县文化旅游局策划影印,2010.—45页：27cm.—（线装）:CNY88.00

典藏地：DZU

1779

恩縣續志.—雍正版本.—2010.—14叶：25cm.—（线装）:CNY120.00

典藏地：DZU

1780

恩縣志:萬曆明朝/（明）孫居相修：（明）.雷金聲纂.—影印版.—德州:武城县文化旅游局策划影印,2010.—4册（1函）.—（綫裝）:CNY300.00

典藏地：DZU

1781

范仲淹与山东/郭学信著.—济南:山东文艺出版社,2004.—121页：20cm.—（齐鲁历史文化丛书.第6辑）.—ISBN7-5329-2362-2:CNY10.60

典藏地：DZS

1782

风雨大刀魂:郭澄清评传/黄书恺,高艳国著.—济南:山东画报出版社,2014.—331页:图：21cm.—（长河文丛：Ⅶ/马启代主编）.—ISBN978-7-5474-1362-3:CNY39.00

典藏地：DZU、QHX

1783

风雨家国四十年德州文史.第1辑/政协德州市委员会编著.—北京:中国文史出版社,2015.—344页:无图表：19cm.—ISBN978-7-5034-5991-7:CNY13.60

典藏地：DZU

1784

风雨物价人:德州物价系统先进人物先进事迹汇编/郭洪伟主编.—德州.—208页：19cm.—CNY12.90

典藏地：DZS

1785

高唐县志/山东省高唐县史志编纂委员会编.—济南:齐鲁书社,1996.—711页:27cm.—ISBN7-5333-0524-8:CNY110.00

典藏地：PYX

1786

革命历程传奇一生/邵克著.—2009-05-01.—146

典藏地：QHX

1787

公仆情/中共德州市委市直机关工作委员会编.—德州.—249页：19cm.—CNY赠

典藏地：DZS

1788

古风.异俗.趣事:来历传说三百则/孟庆华,陈子谦编著.—济南:山东人民出版社,1996.—348页：21cm.—ISBN7-209-01925-1:CNY14.80

典藏地：DZS

1789

古今圣贤/成印强编著.—济南:山东人民出版社,2012.—189页:照片,图：24cm.—（惠民历史文化丛书）.—ISBN978-7-209-06752-2:CNY668.00（全12册）

典藏地：DZS

1790

古邑史踪:德城历史变革与人物胜迹选遍/聂兴一,田贵宝主编.—205页：22cm.—CNY38.00

典藏地：DZS

1791

古镇杨盘/朱殿封著.—济南:山东友谊出版社,2010.—158页:照片,地图：24cm.—ISBN978-7-80737-676-7:CNY26.00

典藏地：DZU、DZS

1792

故道遗珠/张文明主编.—北京:中国画报出版社.—150页：24cm.—ISBN7-80024-547-0:CNY48.00

典藏地：DZS

1793

故乡冉家寨/冉繁义.—2015.—52页：20cm

典藏地：DZU

1794

光辉的历程辉煌的德州:纪念中国共产党成立90周年/中共德州市委党史研究室编.—2011.—408页：28cm.—（精装）

典藏地：DZU

1795

光辉历程:1954-2004纪念人民代表大会制度建立50周年/德州市人大常委会办公室编.—北京:解放军文艺出版社,2004.—403页:图：24cm.—（中国人民解放军野战部队征战纪实丛书）.—ISBN978-7-5033-2408-6:CNY40.00

典藏地：DZU

1796

光荣的使命:德州干部随军南下简史/王清水主编：中共山东省德州市委党史研究室编.—北京:党建读物出版社,2002.—387页:图：21cm.—CNY28.00

典藏地：DZS

1797

光绪德州乡土志（全）.—2010.—248页：26cm.—（精装）

典藏地：DZS

1798

光绪民国陵县志/潘友林.—夏津潘友林手工制作,2012.—12册：30cm.—CNY3300.00

典藏地：DZU

1799

光绪宁津县志/潘友林.—夏津潘友林手工制作,2012.—12册：30cm.—CNY3300.00

典藏地：DZU

1800

光照千秋

典藏地：DCQ

1801

韩世忠年谱/邓广铭著.—北京:生活读书贩新知三联书店,2017.—176页:图,照片:21cm.—(邓广铭宋史人物书系).—ISBN978-7-108-05887-4(精装):CNY55.00

典藏地：DZU

1802

汉代风俗文化与汉代文学/昝风华著.—北京:中国社会科学出版社,2009.10.—334页:20cm.—ISBN978-7-5004-8064-8:CNY29.00

典藏地：DZU

1803

汉风唐韵美陵县/刘金忠主编.—北京:中国文联出版社,2012.—220页:21cm.—ISBN978-7-5059-7832-4:CNY24.00

典藏地：DZS

1804

郝秋岩志/齐河县地方史志办公室编.—北京:中华书局,2012.05.—414页:26cm.—(齐河县地方志丛书).—ISBN978-9-102-07654-0:CNY306

典藏地：QHX

1805

红色记忆/武城县史志编辑研究室编.—2011.—444页:28cm

典藏地：DZU

1806

侯氏族谱/凤子.—2012.—179页

典藏地：PYX

1807

花园标志/王洪源编撰.—2018.—122页:32cm.—ISBN978-7-:CNY50.00

典藏地：PYX

1808

华北敌后--鲁西北:纪念抗日战争胜利四十周年专辑(下).—277页:

19cm

典藏地：DZS

1809

滑稽大师淳于髡与东方朔/孟祥才著.—济南:山东文艺出版社,2004.—122页：20cm.—（齐鲁历史文化丛书.第4辑）.—ISBN7-5329-2360-6:CNY10.60

典藏地：DZS

1810

话说禹城/主编张仁庆.—洛阳:洛阳天彩印刷有限公司印刷,2014.—452页：20cm

典藏地：DZU

1811

槐乡林子/王建华著.—北京:中国文史出版社,2013.—364页：21cm.—ISBN978-7-5034-3935-3:CNY68.00

典藏地：DZS

1812

黄河岸边造海人/石勇著.—北京:现代出版社,2015.—206页：20cm.—（齐河功勋企业丛书）.—ISBN978-7-5143-3348-0:CNY128.00

典藏地：DZU

1813

回眸庆云/史志办.—2008.12.—206页：25cm

典藏地：QYX

1814

姬庄村志/《姬庄村志》编纂委员会编.—北京:中国文史出版社,2013.—308页:照,表,地图：27cm.—ISBN978-7-5034-7413-2（精装）:CNY240.00

典藏地：QHX

1815

记忆德州.农业篇/政协德州市委员会编.—北京:中国文史出版社,2017.—299页:图,照片：26cm.—（《德州文史》第八辑）.—ISBN978-7-5034-9036-

1:CNY48.00

　　典藏地：DZU

1816

济阳文史资料第9辑:文化专辑/政协山东省济阳县委员会编.—2001.02.—246页：20cm.—CNY18.00

　　典藏地：DZU

1817

济阳县志（乾隆）.—印影版.—2册

　　典藏地：DZU

1818

济阳县志.—印影版.—11册

　　典藏地：DZU

1819

济阳县志/本书编委会编.—济南:济南出版社,1994.—683页:照片：26cm.—（中华人民共和国地方志丛书）.—ISBN7-80572-887-9（精装）:CNY75.00

　　典藏地：DZS

1820

冀南革命斗争史大事记:征求意见稿/冀南革命根据地史编审委员会办公室编.—冀南:冀南革命根据地史编审委员会,1986.—302页：26cm

　　典藏地：DZS

1821

嘉靖德州志（全）.—2010.—224页：26cm.—（精装）

　　典藏地：DZS

1822

嘉靖武城縣誌/（明）尤麒修：陈露纂.—影印版.—德州:武城县文化旅游局策划影印,2010.—2册（35,74页）.—：27cm.—（天一閣藏明代方誌選刊）（线装）:CNY190.00

　　典藏地：DZU

1823

嘉庆光绪民国德平县志：禹城县志/潘友林.—夏津潘友林手工制作,2012.—12册：30cm.—CNY3300.00

典藏地：DZU

1824

贾思勰与《齐民要术》/张熙惟著.—济南:山东文艺出版社,2004.—165页：20cm.—（齐鲁历史文化丛书.第5辑）.—ISBN7-5329-2361-4:CNY14.10

典藏地：DZS

1825

建安文坛上的齐鲁文人/张可礼,刘加夫著.—济南:山东文艺出版社,2004.—151页：20cm.—（齐鲁历史文化丛书.第4辑）.—ISBN7-5329-2360-6:CNY13.10

典藏地：DZS

1826

姜太公/韩玉德著.—济南:山东文艺出版社,2004.—136页：20cm.—（齐鲁历史文化丛书.第2辑）.—ISBN7-5329-2358-4:CNY11.90

典藏地：DZS

1827

焦庙镇志/《焦庙镇志》编纂委员会编.—北京:中国国际文化出版社,2013.—308页:照,表,地图：27cm.—ISBN978-988-19649-7-7（精装）:CNY298.00

典藏地：QHX

1828

节海导游/吴昌华编著.—济南:山东友谊书社,1997.—589页:照片：26cm.—ISBN7-80551-981-1:CNY32.00

典藏地：DZS

1829

莒镇乡志/莒镇乡志编写组编.—禹城:莒镇乡,1986.—251页:照片：26cm.—（精装）

典藏地：DZS

1830

康熙德州志.—2010.—2册：26cm.—（精装）

典藏地：DZS

1831

康熙德州志.—点注本.—5册：20cm

典藏地：DZU

1832

康熙乾隆长河志籍考/山杂著：州乘余闻/光绪戊子著.—2010.—136,51页：26cm.—（精装）

典藏地：DZS

1833

抗日英烈/中共陵县县委办公室党史室编.—陵县：陵县县委,1995.—56页：19cm

典藏地：DZS

1834

抗倭名将戚继光/仝晰纲,马继业著.—济南：山东文艺出版社,2004.—159页：20cm.—（齐鲁历史文化丛书.第7辑）.—ISBN7-5329-2363-0:CNY13.40

典藏地：DZS

1835

考古学反映的山东古史演进/张学海著.—济南：山东文艺出版社,2004.—130页：20cm.—（齐鲁历史文化丛书.第1辑）.—ISBN7-5329-2357-6:CNY11.30

典藏地：DZS

1836

孔繁森/王立友,许晨著.—石家庄：河北人民出版社,1997.—260页:照片：21cm.—（人生楷模丛书）.—ISBN7-202-02178-1:CNY15.00

典藏地：DZS

1837

孔孟之乡?运河之都?文化济宁/杨凤东主编.—济南:山东友谊出版社,2014.—341页:彩图:26cm.—ISBN978-7-5516-0378-2:CNY41.00

典藏地：DZU

1838

孔尚与《桃花扇》/徐振贵著.—济南:山东文艺出版社,2004.—115页:20cm.—(齐鲁历史文化丛书.第7辑).—ISBN7-5329-2363-0:CNY10.00

典藏地：DZS

1839

跨越的历程.德州撤地建市十周年发展巡礼/刘炳义主编.—318页：cm

典藏地：DZS

1840

乐陵春秋/主编王海林.—北京:中国文联出版社,2010.—310页,[14]页图版:图(部分彩图).—,地图,肖像,摹真：24cm.—ISBN978-7-5059-6756-4:CNY98.00

典藏地：DZU、DZS

1841

乐陵概况/山东省乐陵市市志编纂委员会办公室编.—乐陵:乐陵市市志编纂委员会,2000.—59页:照片：21cm.—(乐陵市史志资料丛书).—CNY28.00

典藏地：DZS

1842

乐陵群英谱/主编陈建军.—2013.—235页：20cm.—CNY45.00

典藏地：DZU、DZS

1843

乐陵人物:1949.10-1-2013.06/山东省乐陵市政协文史资料委员会编.—[2013?].—571页：26cm.—(精装)

典藏地：DZU

1844

乐陵市志:1986-2007/山东省乐陵市地方史志编纂委员会编.—精装本.—方

志出版社,2011.05.—646页：28cm.—ISBN978-7-5144-0091-5:CNY596.00

典藏地：DZU

1845

乐陵文史资料.第1辑[地方文史]/乐陵县政协文史资料委员会编.—[乐陵]:[编者],1985.—171页:照片：20cm

典藏地：DZU、DZS

1846

乐陵文史资料.第2辑[地方文史]/乐陵县政协文史资料委员会编.—[乐陵]:[编者],1986.—119页:地图及照片：20cm

典藏地：DZU、DZS

1847

乐陵文史资料.第3辑[地方文史]/中国人民政治协商会议山东省乐陵市委员会文史资料委员会编.—乐陵:[政协山东省乐陵市委员会文史资料委员会],1991.—178页:图片：19cm

典藏地：DZU、DZS

1848

乐陵文史资料.第5辑,乐陵诗汇专辑/中国人民政治协商会议山东省乐陵市委员会文史资料委员会编.—乐陵:乐陵县委,1999.—128,79页：19cm

典藏地：DZS

1849

乐陵县志（光盘版）[地方志]/山东省乐陵县史志编纂委员会编.—746页:地图及彩照：26cm.—ISBN7-5333-0619-8（精装）:CNY98

典藏地：DZU

1850

乐陵县志/山东省乐陵县史志编纂委员会编.—济南:齐鲁书社,1991.11.—742页：27cm.—ISBN7-5333-0207-9:CNY49.00

典藏地：DZU、DZS

1851

李开先与《宝剑记》/孟翔荣著.—济南:山东文艺出版社,2004.—169页:20cm.—(齐鲁历史文化丛书.第7辑).—ISBN7-5329-2363-0:CNY14.40

典藏地:DZS

1852

李清照/邓红梅著.—济南:山东文艺出版社,2004.—203页:20cm.—(齐鲁历史文化丛书.第6辑).—ISBN7-5329-2362-2:CNY16.00

典藏地:DZS

1853

李益综论/贺同赏著.—北京:中国社会科学出版社,2015.—251页:24cm.—ISBN978-7-5161-6951-3:CNY76.00

典藏地:DZU

1854

历史地理学的理论与实践/侯仁之著.—上海:上海人民出版社.—463页:图,地图.—CNY2.20

典藏地:DZU

1855

历史地理研究:侯仁之自选集/侯仁之著.—北京:首都师范大学出版社,2010.06.—553页:图,地图,肖像:24cm.—(北京社科名家文库.第4辑).—ISBN978-7-81119-996-3:CNY86.00

典藏地:DZU

1856

历史名人与齐河/于琴,赵方新主编.—济南:山东画报出版社,2015.—354页:图:23cm.—(黄河文丛/李文豪主编).—ISBN978-7-5474-1700-3:CNY36.00

典藏地:DZU、QHX

1857

历史文化名城:禹城/庞吉温主编.—德州:德州印刷厂印刷,1999.—127页:20cm.—ISBN7-:CNY15.60

典藏地：QYX

1858

辽宋夏金史讲义/邓广铭著.—北京:中华书局,2013.11.—166页：24cm.—ISBN978-7-101-09715-3:CNY28.00

典藏地：DZU

1859

聊城地方史研究.第一辑/宋士功主编.—北京:中国文史出版社,2015.—396页：24cm.—ISBN978-7-5034-6035-7:CNY68.00

典藏地：DZU

1860

临邑古今名人/临邑县政协文史资料委员会编.—北京:中国社会出版社,2015.—394页:照片：24cm.—ISBN978-7-5087-4962-4（精装）:CNY168.00

典藏地：DZU

1861

临邑抗日烽火/政协临邑县文史资料委员会,临邑县委党史研究室,临邑县民政局编.—北京:中国社会出版社,2015.—10,781页:图：24cm.—ISBN978-7-5087-5131-3（精装）:CNY148.00

典藏地：DZU

1862

临邑民俗文化/临邑县政协文史资料委员会编.—北京:中国社会出版社,2013.—14,577页:图：24cm.—ISBN978-7-5087-4623-4（精装）:CNY108.00

典藏地：DZU

1863

临邑文史资料.第1辑/政协临邑县文史资料委员会,临邑县广播电视局编.—2008.—183页：20cm

典藏地：DZU、DZS

1864

临邑文史资料.第2辑/政协临邑县文史资料委员会,临邑县广播电视局编.—

2008.—183页：20cm

  典藏地：DZU、DZS

1865

  临邑文史资料.第3辑/政协临邑县文史资料委员会,临邑县广播电视局编.—2008.—183页：20cm

  典藏地：DZU、DZS

1866

  临邑文史资料.第4辑/政协临邑县文史资料委员会,临邑县广播电视局编.—2008.—183页：20cm

  典藏地：DZU、DZS

1867

  临邑文史资料.第5辑/中国人民政治协商会议山东省临邑县委员会文史资料研究委员会编.—临邑:临邑县委,1990.—227页：19cm

  典藏地：DZS

1868

  临邑文史资料.第5辑:鲁北重镇德平/政协临邑县文史资料委员会,临邑县广播电视局编.—2008.—183页：20cm

  典藏地：DZU

1869

  临邑文史资料.第6辑/政协临邑县文史资料委员会,临邑县广播电视局编.—2008.—183页：20cm

  典藏地：DZU、DZS

1870

  临邑文史资料.第7辑,刑侗专辑/中国人民政治协商会议,临邑县委员会文史资料研究委员会编.—1992.—250页：20cm

  典藏地：DZU、DZS

1871

  临邑文史资料.第8集/山东省临邑县委员会文史资料委员会编.—

1997.05.—244页：19cm.—CNY8.00

典藏地：DZU

1872

临邑文史资料.第9集/山东省临邑县委员会文史资料委员会编.—1997.05.—192页：20cm

典藏地：DZU

1873

临邑文史资料.第10辑/政协临邑县文史资料委员会,临邑县广播电视局编.—2008.—183页：20cm

典藏地：DZU、DZ

1874

临邑文史资料.第12辑,李若讷专辑/中国人民政治协商会议山东省临邑县委员会文史资料研究委员会编.—临邑:临邑县委,1998.—128页:照片：19cm

典藏地：DZS

1875

临邑文史资料.第12辑:鲁北重镇德平/政协临邑县文史资料委员会,临邑县广播电视局编.—2008.—183页：20cm

典藏地：DZU

1876

临邑文史资料.第13辑,临邑县城乡建设工作专辑/山东省临邑县委员会文史资料委员会编.—1998.—317页：19cm

典藏地：DZU、DZS

1877

临邑文史资料.第16辑/政协临邑县文史资料委员会,临邑县广播电视局编.—2008.—183页：20cm

典藏地：DZU、DZS

1878

临邑文史资料.第17辑/政协临邑县文史资料委员会,临邑县广播电视局

编.—2008.—183页：20cm

典藏地：DZU、DZS

1879

临邑文史资料.第18辑:鲁北重镇德平/政协临邑县文史资料委员会,临邑县广播电视局编.—2008.—183页：20cm

典藏地：DZU

1880

临邑文史资料.第21辑/政协临邑县文史资料委员会,临邑县广播电视局编.—2008.—183页：20cm

典藏地：DZU

1881

临邑文史资料.第23辑/政协临邑县文史资料委员会,临邑县广播电视局编.—2008.—183页：20cm

典藏地：DZU

1882

临邑文史资料.临沂广播电视专辑/政协临邑县文史资料委员会,临邑县广播电视局编.—2004.—391页：20cm.—CNY29.80

典藏地：DZU

1883

临邑文史资料.临邑工商专辑/政协临邑县文史资料委员会,临邑县广播电视局编.—2003.—353页：20cm.—CNY28.80

典藏地：DZU

1884

临邑文史资料.临邑广播电视专辑/政协临邑县文史资料委员会著.—2000.—391页：21cm

典藏地：DZS

1885

临邑文史资料.临邑教育专辑/政协临邑县文史资料委员会,临邑县广播电

视局编.—2008.—568页：20cm.—CNY36.00

　　典藏地：DZU

1886

临邑文史资料.邢慈静诗文解析/政协临邑县文史资料委员会,临邑师范.—2012.—217页：20cm.—CNY26.00

　　典藏地：DZU

1887

临邑文史资料：林子文史/临邑县政协文史资料委员会,中共临邑县林子镇委员会编.—326页：22cm

　　典藏地：DZS

1888

临邑县西关村志/临邑县《西关村志》编委会编.—北京:中国文史出版社,2015.—226页:照片：29cm.—（德州市名村志丛书.3）.—ISBN978-7-5034-7413-2（精装）:CNY168.00

　　典藏地：DZU

1889

临邑县油区工作办公室志/临邑县油区工作办公室志编纂小组.—2003.01.—165页：20cm

　　典藏地：DZU

1890

临邑县志（光盘版）[地方志]/山东省临邑县史志编纂委员会编.—济南:齐鲁书社出版,1997.8.—746页:地图及彩照：26cm.—ISBN7-5333-0619-8（精装）:CNY98

　　典藏地：DZU

1891

临邑县志/山东省临邑县史志编.—济南:齐鲁书社,1993.—712页:无图表：26cm.—CNY57.00

　　典藏地：DZU、DZS

1892

临邑县志:1986~2002/陈德芳主编：山东省临邑县史志编纂委员会编.—北京:中华书局,2004.09.—827页:地图,照片：29cm.—ISBN7-101-04422-0（精装）:CNY368.00

典藏地：DZU

1893

临邑邢侗/首届邢侗书法艺术节筹备委员会.—临邑,1992.—183页：21cm.—CNY5.00

典藏地：DZU、DZS

1894

陵县风情/邵景义,夏荣恩主编.—陵县,1992.—163页：19cm

典藏地：DZS

1895

陵县文史资料.第1辑/陵县文史资料组委会.—陵县印刷厂印刷.—208页：20cm

典藏地：DZU、DZS

1896

陵县文史资料.第2辑/陵县文史资料组委会.—陵县印刷厂印刷.—208页：20cm

典藏地：DZU、DZS

1897

陵县文史资料.第3辑/陵县文史资料组委会.—陵县印刷厂印刷.—208页：20cm

典藏地：DZU、DZS

1898

陵县乡土志.—印影版.—1册：20cm

典藏地：DZU

1899

陵县续志（民国）.—印影版.—2册：20cm

典藏地：DZU

1900

陵县志（光盘版）[地方志]/山东省陵县志编纂委员会编.—济南:齐鲁书社出版,1997.8.—746页:地图及彩照：26cm.—ISBN7-5333-0619-8（精装）:CNY98

典藏地：DZU

1901

陵县志/陵县志编纂委员会编.—900页：20cm

典藏地：DZU

1902

陵县志:1986年版/本书编委会编.—海阳:海阳县印刷厂,900页：26

典藏地：DZS

1903

聆听大师/富国杰著.—北京,200:人民教育出版社.—224页：21cm.—ISBN978-7-107-21282-6:CNY27.60

典藏地：DZS

1904

刘备在平原的传说/张洪春整理.—北京:作家出版社,2004.09.—303页：20cm.—ISBN7-5063-2098-3:CNY26.80

典藏地：DZU、DZS

1905

刘集村志/《刘集村志》编委会编著.—299页：29cm

典藏地：DZS

1906

刘桥镇志/《刘桥镇志》编纂委员会编.—北京:中国国际文化出版社,2013.—308页:照,表,地图：27cm.—ISBN978-988-19767-5-8（精装）:CNY518.00

典藏地：QHX

1907

刘氏世谱:亨.二/奎章堂藏板.—46页:29cm

典藏地：PYX

1908

刘氏世谱:利.三/奎章堂藏板.—57页:29cm

典藏地：PYX

1909

刘氏世谱:山东恩县刘氏族谱第二卷.六/刘勇总编纂.—96页:29cm

典藏地：PYX

1910

刘氏世谱:山东恩县刘氏族谱第一卷.五/刘勇总编纂.—68页:29cm

典藏地：PYX

1911

刘氏世谱:元.一/奎章堂藏板.—57页:29cm

典藏地：PYX

1912

刘氏世谱:贞.四/奎章堂藏板.—45页:29cm

典藏地：PYX

1913

刘勰与《文心雕龙》/戚良德著.—济南:山东文艺出版社,2004.—142页:20cm.—（齐鲁历史文化丛书.第5辑）.—ISBN7-5329-2361-4:CNY12.20

典藏地：DZS

1914

鲁北党史人物传略.第一辑/中共德州地委党史资料征集研究委员会编.—89页：19cm

典藏地：DZS

1915

鲁北战斗故事集/黄德鑫,王立云主编.—北京:中国经济出版社,1992.—348页:21cm.—ISBN7-5017-1824-5:CNY5.90

典藏地:DZS

1916

鲁国史话/梁方健著.—济南:山东文艺出版社,2004.—140页:20cm.—(齐鲁历史文化丛书.第9辑).—ISBN7-5329-2365-7:CNY12.20

典藏地:DZS

1917

鲁西北革命史/谢玉琳主编.—济南:山东大学出版社,1991.—426页:照片:21cm.—ISBN7-5607-0559-6:CNY8.00

典藏地:DZS

1918

伦镇记忆/主编张庆军.—北京:线装书局,2015.11.—223页:20cm.—ISBN978-7-5120-2032-0:CNY35.00

典藏地:DZU

1919

罗贯中与《三国演义》/杜贵晨著.—济南:山东文艺出版社,2004.—183页:20cm.—(齐鲁历史文化丛书.第7辑).—ISBN7-5329-2363-0:CNY15.30

典藏地:DZS

1920

罗庄村志/罗庄村志编纂领导小组,罗庄村民委员会编.—1996.—295页:30cm.—CNY60

典藏地:DZS

1921

吕家庄志/德州市旅游文化研究会政协武城委员会文史委编

典藏地:DZS

1922

绿色崛起的拓荒者/张玉华著.—北京:现代出版社,2015.—197页:20cm.—

（齐河功勋企业丛书）.—ISBN978-7-5143-3348-0:CNY128.00

典藏地：DZU

1923

漫画老德州.吃喝玩乐/李建伟著.—北京:线装书局出版社,2017.—189页：20cm.—（德州文史第九辑（三））.—ISBN978-7-5120-2682-7:CNY72.00

典藏地：DZU

1924

漫画老德州.儿时游戏/李建伟著.—北京:线装书局出版社,2017.—215页：20cm.—（德州文史第九辑（一））.—ISBN978-7-5120-2682-7:CNY72.00

典藏地：DZU

1925

漫画老德州.旧时行业/李建伟著.—北京:线装书局出版社,2017.—193页：20cm.—（德州文史第九辑（四））.—ISBN978-7-5120-2682-7:CNY72.00

典藏地：DZU

1926

漫画老德州.年节习俗/李建伟著.—北京:线装书局出版社,2017.—193页：20cm.—（德州文史第九辑（二））.—ISBN978-7-5120-2682-7:CNY72.00

典藏地：DZU

1927

美洲华侨史话/任继愈主编.—天津:天津教育出版社,1991.11.—123:无图表：32.—（中国文化史知识丛书）.—ISBN7-5309-1269-0:CNY2.25

典藏地：DZU

1928

魅力临邑/临邑县政协文史资料委员会编.—北京:中国文史出版社,2017.—579页：25cm.—ISBN978-7-5034-9899-2（精装）:CNY186.00

典藏地：DZU

1929

民国德县志/李树德督修：梁廷璋协修.—8册：20cm.—（德州市旧志整理

丛书).—(线装)

　　典藏地：DZU、DZS

1930

民国齐河县志/潘友林.—夏津潘友林手工制作,2012.—12册：30cm.—CNY3300.00

　　典藏地：DZU

1931

民国同治道光临邑县志/潘友林.—夏津潘友林手工制作,2012.—12册：30cm.—CNY3300.00

　　典藏地：DZU

1932

民俗趣闻/张建国等编著.—济南：山东人民出版社,2012.—204页：彩图：24cm.—(惠民历史文化丛书).—ISBN978-7-209-06752-2:CNY668.00(全12册)

　　典藏地：DZS

1933

民营经济群英谱/蔚立臻主编.—德州：德州向阳印刷厂,1995.—190页：19cm

　　典藏地：DZS

1934

名家眼中的圆明园/侯仁之等著.—北京：文化艺术出版社,2007.—264页：图：23cm.—(图文经典).—ISBN978-7-5039-3150-5:CNY36.00

　　典藏地：DZU

1935

名相李鸿章/李阳泉著.—长春：时代文艺出版社,2003.12.—383页：21cm.—ISBN7-5387-1836-2:CNY26.80

　　典藏地：DZU

1936

明代武城县志：武城县史志编辑研究室编著.—462:图：2011.—（山东省武城县史志资料丛书）.—CNY150.00

典藏地：DZU、DZS

1937

明嘉靖德州志/德州市地方史志办公室编.—校点本.—北京:中国文史出版社,2014.—242页.—（德州市旧志整理丛书/李其常主编）.—ISBN978-7-5034-5299-4

典藏地：DZU

1938

明清德州李氏家族研究/田贵宝,田丰著.—北京（北京市西城区鼓楼西大街41号（100009）.—:线装书局,2015.—10,388页：20cm.—：图,照片（德州地域文化研究丛书.第三辑/季桂起主编）.—ISBN978-7-5120-1993-5:CNY30.00

典藏地：DZS

1939

明清之际济南府望族与诗歌研究/黄金元著.—北京:人民出版社,2011.—281页:图：23cm.—（山东省社会科学规划项目文丛.一般项目）.—ISBN978-7-01-009994-1:CNY45.00

典藏地：DZU

1940

明万历天启德州志/德州市地方史志办公室编.—校点本.—北京:中国文史出版社,2014.—4册：27cm.—（德州市地方史志丛书/李其常主编）.—ISBN978-7-5034-5299-4（线装）:CNY1000.00

典藏地：DZU

1941

明右都御史宋仕/宋守春,宋新泉主编.—380页:25cm

典藏地：DZU、PYX

1942

南朝学者任昉研究/张金平著.—北京:中国社会科学出版社,2015.—265

页：21cm.—ISBN978-7-5161-6934-6:CNY38.00

　　典藏地：DZU

1943

南洋华侨史话/任继愈主编.—天津:天津教育出版社,1991.11.—118:无图表.32.—（中国文化史知识丛书）.—ISBN7-5309-1268-2:CNY2.25

　　典藏地：DZU

1944

宁津文史资料.第1辑/山东省宁津县委员会文史资料组.—1983.03.—154页：19cm.—CNY5.00

　　典藏地：DZU、DZS

1945

宁津文史资料.第2辑/山东省宁津县委员会文史资料组.—1983.03.—154页：19cm.—CNY5.00

　　典藏地：DZU、DZS

1946

宁津文史资料.第3辑/山东省宁津县委员会文史资料组.—1983.03.—154页：19cm.—CNY5.00

　　典藏地：DZU、DZS

1947

宁津文史资料.第4辑/山东省宁津县委员会文史资料组.—1983.03.—154页：19cm.—CNY5.00

　　典藏地：DZU、DZS

1948

宁津文史资料.第5辑/山东省宁津县委员会文史资料组.—1983.03.—154页：19cm.—CNY5.00

　　典藏地：DZU

1949

宁津文史资料.第6辑/山东省宁津县委员会文史资料组.—1983.03.—154

页：19cm.—CNY5.00

典藏地：DZU、DZS

1950

宁津文史资料.第7辑/山东省宁津县委员会文史资料组.—1983.03.—154页：19cm.—CNY5.00

典藏地：DZU、DZS

1951

宁津文史资料.第8辑/山东省宁津县委员会文史资料组.—1983.03.—154页：19cm.—CNY5.00

典藏地：DZU、DZS

1952

宁津文史资料.第9辑/山东省宁津县委员会文史资料组.—1983.03.—154页：19cm.—CNY5.00

典藏地：DZU、DZS

1953

宁津文史资料.第10辑/山东省宁津县委员会文史资料组.—1983.03.—154页：19cm.—CNY5.00

典藏地：DZU、DZS

1954

宁津文史资料.第11辑/中国人民政治协商会议山东省宁津县委员会文史资料组编.—宁津:宁津县委,1991.—194页：19cm

典藏地：DZS

1955

宁津文史资料.第12辑/山东省宁津县委员会文史资料组.—1983.03.—154页：19cm.—CNY5.00

典藏地：DZU、DZS

1956

宁津文史资料.第13辑:宁津杂技史话/中国人民政治协商会议山东省宁津

县委员会文史资料组编.—宁津:宁津县委,1995.—277页：19cm

  典藏地：DZS

1957

宁津县志（光盘版）/山东省宁津县县志编纂委员会编.—ISBN7-5333-0619-8:CNY98.00

  典藏地：DZU

1958

宁津县志/山东省宁津县史志编纂委员会编.—济南:齐鲁书社,1992.6.—835页:彩照及地图：26cm.—（中华人民共和国地方志丛书）.—ISBN7-5333-0293-1（精装）:CNY58.50

  典藏地：DZU、DZS、DCQ

1959

平原历史文化研究文集/刘庆民主编.—南昌:百花洲文艺出版社,2018.—3册（15,1878页）.—:图,摹真:23cm.—ISBN978-7-5500-2646-9:CNY258.00（3册）

  典藏地：DZU、PYX

1960

平原历史杂记与回忆/程明三编著.—济南:济南出版社.—544页.—ISBN978-7-5488-2680-4:CNY106.00

  典藏地：PYX

1961

平原民俗/任洪愈著.—2000.—536页：21cm.—（平原文史资料）

  典藏地：DZS

1962

平原文史资料.第1辑/中国人民政治协商会议,平原县委员会教科文卫委员会编.—2011.07.—349页:20cm

  典藏地：DZU、DZS、PYX

1963

平原文史资料.第2辑/中国人民政治协商会议山东省平原县委员会编.—平原:平原县委,1987.—220页:19cm

典藏地：DZS、PYX

1964

平原文史资料.第3辑/中国人民政治协商会议山东省平原县委员会[编].—[平原]:[中国人民政治协商会议山东省平原县委员会],[1988].—237页:照片:19cm

典藏地：DZU、DZS、PYX

1965

平原文史资料.第4辑/中国人民政治协商会议,平原县委员会教科文卫委员会编.—2011.07.—349页:20cm

典藏地：DZU、DZS、PYX

1966

平原文史资料.第5辑,抗日战争回忆录[地方文史]/霍兴泉等编辑:中国人民政治协商会议山东省平原县委员会编.—[平原]:[编者],1990.—237页:表格:19cm.—赠送

典藏地：DZU、DZS、PYX

1967

平原文史资料.第6辑/中国人民政治协商会议,平原县委员会教科文卫委员会编.—2011.07.—349页:20cm

典藏地：DZU、DZS、PYX

1968

平原文史资料.第7辑/中国人民政治协商会议,平原县委员会教科文卫委员会编.—2011.07.—349页:20cm

典藏地：DZU、DZS、PYX

1969

平原文史资料.第8辑/中国人民政治协商会议,平原县委员会教科文卫委员会编.—2011.07.—349页:20cm

典藏地：DZU、DZS、PYX

1970

平原文史资料.第9辑,王克东专辑/中国人民政治协商会议山东省平原县委员会编.—平原:平原县委,1994.—275页:照片:19cm

典藏地：DZS、PYX

1971

平原文史资料.第10辑,王打卦乡专辑/山东省平原县委员会文史资料科编.—1995.—245页:20cm.—CNY20.00

典藏地：DZU、DZS、PYX

1972

平原文史资料.第11辑/中国人民政治协商会议,平原县委员会教科文卫委员会编.—2011.07.—349页:20cm

典藏地：DZU、DZS、PYX

1973

平原文史资料.第12辑,王凤楼镇专辑/中国人民政治协商会议山东省平原县委员会编.—平原:平原县委,1997.—244页:照片:19cm

典藏地：DZS、PYX

1974

平原文史资料.第13辑/中国人民政治协商会议,平原县委员会教科文卫委员会编.—1999.—267页:20cm

典藏地：DZU、DZS、PYX

1975

平原文史资料.第14辑,人民武装专辑/山东省平原县委员会文史资料科编.—1995.—375页:20cm.—CNY20.80

典藏地：DZU、PYX

1976

平原文史资料.第15辑/中国人民政治协商会议,平原县委员会教科文卫委员会编.—2011.07.—349页:20cm

典藏地：DZU、PYX

1977

平原文史资料.第16辑,恩城春秋/政协平原县文史资料委员会编.—2010.—438页:20cm.—CNY32.00

典藏地:DZS、PYX

1978

平原文史资料.第17辑/中国人民政治协商会议,平原县委员会教科文卫委员会编.—2011.07.—349页:20cm

典藏地:DZU、DZS、PYX

1979

平原文史资料.第18辑,平原民间故事与传说/政协平原县文史资料委员会.—2013.10.—404页:24cm.—CNY35.00

典藏地:PYX

1980

平原县概貌/平原县县志办公室编.—平原:平原县县志办公室,1988.—214页:照片:21cm.—CNY2.15

典藏地:DZS

1981

平原县工商业联合会历史资料汇编:1911-2003.第一集/梁秀玲主编.—2003.—87页:20cm

典藏地:PYX

1982

平原县水利志/《平原县水利志》编纂委员会编.—济南:山东人民出版社.—228页:插图:27cm.—ISBN7-209-01503-5:CNY55.00

典藏地:DZS

1983

平原县文化志/平原到文化志编纂委员会编.—2015.—231页:26cm

典藏地:PYX

1984

平原县志（光盘版）/山东省平原县县志编纂委员会编.—ISBN7-5333-0619-8:CNY98.00

典藏地：DZU

1985

平原县志/裴传宏,程明三主编.—济南:齐鲁书社,1993.09.—828页:16开.—ISBN7-5333-0538-8:CNY56.00

典藏地：DZU、DZS、PYX

1986

平原县志:1986-2008/平原县地方史志编纂委员会编.—北京:方志出版社,2010.7.—806页:31cm.—ISBN978-7-80238-792-8:CNY368.00

典藏地：PYX

1987

平原张氏及翰林院史料荟萃/张谦谊主编.—香港:中国文化出版社,2020.7.—392页:23cm.—ISBN978-988-13406-0-3:CNY99.00

典藏地：PYX

1988

莆松龄与《聊斋志异》/袁世硕著.—济南:山东文艺出版社,2004.—110页:20cm.—（齐鲁历史文化丛书.第7辑）.—ISBN7-5329-2363-0:CNY9.70

典藏地：DZS

1989

齐国史话/李玉洁著.—济南:山东文艺出版社,2004.—142页：20cm.—（齐鲁历史文化丛书.第9辑）.—ISBN7-5329-2365-7:CNY12.20

典藏地：DZS

1990

齐国威宣盛世/王京龙著.—济南:山东文艺出版社,2004.—160页：20cm.—（齐鲁历史文化丛书.第3辑）.—ISBN7-5329-2359-2:CNY13.40

典藏地：DZS

1991

齐河拔尖人才/政协齐河县文史资料委员会编.—2003.04.—251页：20cm.—CNY19.80

典藏地：DZU、DZS

1992

齐河风云录/齐河县地方史志编纂委员会编.—1.—2010-12-01.—496.—65.00

典藏地：QHX

1993

齐河经济开发区志/《齐河经济开发区志》编纂委员会编.—北京:中国国际文化出版社,2013.—308页:照,表,地图：27cm.—ISBN978-988-19689-5-1（精装）:CNY396.00

典藏地：QHX

1994

齐河历史文化/《齐河历史文化》编委会编著.—济南:山东人民出版社,2013.—478页:图：24cm.—ISBN978-7-209-07941-9:CNY98.00

典藏地：DZU、QHX

1995

齐河年鉴:2011/齐河县地方史志编纂委员会编.—北京:中华书局,2011.—482页:照,表,地图：27cm.—ISBN978-9-102-07654-0（精装）:CNY186.00

典藏地：QHX

1996

齐河年鉴:2012/齐河县地方史志编纂委员会编.—北京:中华书局,2012.—571页:照,表,地图：27cm.—ISBN978-7-101-07658-5（精装）:CNY186.00

典藏地：DZS、QHX

1997

齐河年鉴:2013/齐河县地方史志编纂委员会编.—北京:中华书局,2013.—522页:照,表,地图：27cm

典藏地：QHX

1998

齐河文化遗产/齐河县文化局编.—2008.—93页：24cm.—赠送

典藏地：DZS、QHX

1999

齐河文史资料.第1辑/中国人民政治协商会议齐河县文史资料委员会编.—齐河:齐河县委,1989.—170页:照片：19cm

典藏地：DZS

2000

齐河文史资料.第2辑/中国人民政治协商会议齐河县文史资料委员会编.—齐河:齐河县委,1991.—239页:照片：19cm

典藏地：DZS

2001

齐河文史资料.第3辑劳动模范时传祥/中国人民政治协商会议齐河县文史资料委员会编.—齐河:齐河县委,1994.—115页:照片：19cm

典藏地：DZU、DZS

2002

齐河文史资料.第5辑科学巨匠王浩/中国人民政治协商会议齐河县文史资料委员会编.—齐河:齐河县委,2000.—185页:照片：21cm

典藏地：DZU、DZS

2003

齐河文史资料.第6辑/政协齐河县文史资料委员会.—山东齐河:政协齐河县文史资料委员会,2000.—185：32cm.—CNY13.80

典藏地：QHX

2004

齐河文史资料.王祝晨传/政协齐河县文史研究委员会编.—1996.—203页：20cm.—CNY14.50

典藏地：DZU、DZS

2005

齐河县城市管理志/《齐河县城市管理志》编纂委员会编.—北京:中华书局,2013.—308页:照,表,地图：27cm.—ISBN978-988-21569-9-9（精装）:CNY0.00

典藏地：QHX

2006

齐河县发展和改革志/《齐河县发展和改革志》编纂委员会编.—北京:中华书局,2013.—308页:照,表,地图：27cm.—ISBN978-988-71516-7-6（精装）:CNY268.00

典藏地：QHX

2007

齐河县房产管理志/《齐河县房产管理志》编纂委员会编.—北京:中华书局,2013.—955页:照,表,地图：27cm.—ISBN978-7-89991-624-7（精装）:CNY0.00

典藏地：QHX

2008

齐河县广播电视志:1949-2010/《齐河县广播电视志》编纂委员会编.—北京:中华书局,2013.—342页:照,表,地图：27cm.—ISBN978-7-101-17659-9（精装）:CNY65.00

典藏地：QHX

2009

齐河县国土资源志/《齐河县国土资源志》编纂委员会编.—北京:中华书局,2013.—308页:照,表,地图：27cm.—ISBN978-988-14849-5-6（精装）:CNY268.00

典藏地：QHX

2010

齐河县环境保护志:1984-2012/《齐河县环境保护志》编纂委员会编.—北京:中华书局,2013.—352页:照,表,地图：27cm.—ISBN978-7-101-07654-7（精

装）:CNY0.00

 典藏地：QHX

2011

齐河县抗日战争志/《齐河县抗日战争志》编纂委员会编.—北京:中国国际文化出版社,2013.—422页:照,表,地图：27cm.—ISBN978-988-14340-7-4（精装）:CNY198.00

 典藏地：QHX

2012

齐河县科学技术志/《齐河县科学技术志》编纂委员会编.—北京:中华书局,2013.—308页:照,表,地图：27cm.—ISBN978-988-35246-5-0（精装）:CNY156.00

 典藏地：QHX

2013

齐河县粮食志/《齐河县粮食志》编纂委员会编.—北京:中华书局,2013.—368页:照,表,地图：27cm.—ISBN978-7-101-07654-7（精装）:CNY0.00

 典藏地：QHX

2014

齐河县民政志/《齐河县民政志》编纂委员会编.—北京:中华书局,2013.—955页:照,表,地图：27cm.—ISBN978-7-89991-624-7（精装）:CNY288.00

 典藏地：QHX

2015

齐河县农村简志.上/《齐河县农村简志》编纂委员会编.—北京:中华书局,2013.—368页:照,表,地图：27cm.—ISBN978-7-101-07654-7（精装）:CNY184.50.00

 典藏地：QHX

2016

齐河县农村简志.下/《齐河县农村简志》编纂委员会编.—北京:中华书局,2013.—368页:照,表,地图：27cm.—ISBN978-7-101-07654-7（精

装）:CNY184.50.00

典藏地：QHX

2017

齐河县农业志:1949-2010/《齐河县农业志》编纂委员会编.—北京:中华书局,2013.—488页:照,表,地图：27cm.—（精装）:CNY186.00

典藏地：QHX

2018

齐河县情:1986-1990/本书编辑组编.—济南:山东友谊书社,1992.—612页：26cm.—ISBN7-80551-417-8（精装）:CNY45.00

典藏地：DZS、QHX

2019

齐河县情:1991-1995/山东省齐河县《齐河县情》编辑组编.—济南:齐鲁书社,1997.—661页:27cm.—ISBN7-5333-0578-7:CNY76.00

典藏地：PYX

2020

齐河县人口和计划生育志:1963-2012/《齐河县人口和计划生育志》编纂委员会编.—北京:中华书局,2013.—193页:照,表,地图：27cm.—ISBN978-7-101-07867-1（精装）:CNY198.00

典藏地：QHX

2021

齐河县水务志:1986-2010/《齐河县水务志》编纂委员会编.—北京:中华书局,2013.—362页:照,表,地图：27cm.—ISBN978-7-101-07654-7（精装）:CNY197.00

典藏地：QHX

2022

齐河县文化志/《齐河县文化志》编纂委员会编.—北京:中华书局,2013.—955页:照,表,地图：27cm.—ISBN978-7-89991-624-7（精装）:CNY288.00

典藏地：QHX

2023

齐河县乡土志1908年清末

典藏地：QHX

2024

齐河县乡土志教本1917民国六年

典藏地：QHX

2025

齐河县志（光盘版）/山东省齐河县志县志编纂委员会编.—ISBN7-5333-0619-8:CNY98.00

典藏地：DZU

2026

齐河县志（礼）1737年清乾隆二年

典藏地：QHX

2027

齐河县志（礼）1866年清同治五年

典藏地：QHX

2028

齐河县志（利）1673年清康熙十二年

典藏地：QHX

2029

齐河县志（仁）1737年清乾隆二年

典藏地：QHX

2030

齐河县志（亭）1673年清康熙十二年

典藏地：QHX

2031

齐河县志（信）1737年清乾隆二年

典藏地：QHX

2032

齐河县志（义）1737年清乾隆二年

典藏地：QHX

2033

齐河县志（义）1866年清同治五年

典藏地：QHX

2034

齐河县志（元）1673年清康熙十二年

典藏地：QHX

2035

齐河县志（贞）1673年清康熙十二年

典藏地：QHX

2036

齐河县志（智）1737年清乾隆二年

典藏地：QHX

2037

齐河县志（智）1866年清同治五年

典藏地：QHX

2038

齐河县志/郝德禄主编.—北京:中华书局,1990.8.—891页:彩照：26cm.—（中华人民共和国地方志丛书）.—ISBN7-101-00673-6（精装）:CNY58

典藏地：DZU、DZS

2039

齐河县志/山东省齐河县地方史志编纂委员会编.—北京:中华书局,2010.—2册（1745）页:彩照,图表：29cm.—（中华人民共和国地方志丛书）.—ISBN978-7-101-07653-0（精装）:CNY698（上下册）

典藏地：DZS

2040

齐河县志/山东省齐河县地方史志编纂委员会编.中华书局北京.—2册（854）.—ISBN978-7-101-07653-0:349.00

典藏地：QHX

2041

齐河县志1774年清乾三十九年

典藏地：QHX

2042

齐河县志1866年清同治五年

典藏地：QHX

2043

齐河县质量技术监督志/《质量技术监督志》编纂委员会编.—北京：中华书局,2013.—308页:照,表,地图：27cm.—ISBN978-988-77048-3-6（精装）:CNY198.00

典藏地：QHX

2044

齐桓公称霸/战化军著.—济南:山东文艺出版社,2004.—116页：20cm.—（齐鲁历史文化丛书.第2辑）.—ISBN7-5329-2358-4:CNY10.00

典藏地：DZS

2045

齐鲁烽火/北京八路军山东抗日根据地研究会.—北京

典藏地：DZU

2046

齐鲁历史文化大事编年/郭墨兰,李梅训编著.—济南:山东文艺出版社,2004.—188页：20cm.—（齐鲁历史文化丛书.第10辑）.—ISBN7-5329-2366-5:CNY15.60

典藏地：DZS

2047

齐鲁历史文化名人/张茂华等编著.—济南:山东文艺出版社,2004.—167

页：20cm.—（齐鲁历史文化丛书.第10辑）.—ISBN7-5329-2366-5:CNY14.70

典藏地：DZS

2048

齐鲁民居/李万鹏,姜波著.—济南:山东文艺出版社,2004.—139页：20cm.—（齐鲁历史文化丛书.第9辑）.—ISBN7-5329-2365-7:CNY11.90

典藏地：DZS

2049

齐鲁民俗/山曼,孙丽华著.—济南:山东文艺出版社,2004.—130页：20cm.—（齐鲁历史文化丛书.第9辑）.—ISBN7-5329-2365-7:CNY11.30

典藏地：DZS

2050

齐鲁名塔/刘守亮,高爱颖编著.—济南:山东文艺出版社,2004.—120页：20cm.—（齐鲁历史文化丛书.第10辑）.—ISBN7-5329-2366-5:CNY10.30

典藏地：DZS

2051

齐鲁摩崖石刻/赖非著.—济南:山东文艺出版社,2004.—140页：20cm.—（齐鲁历史文化丛书.第10辑）.—ISBN7-5329-2366-5:CNY11.90

典藏地：DZS

2052

齐鲁士人与秦汉社会/马亮宽著.—济南:山东文艺出版社,2004.—140页：20cm.—（齐鲁历史文化丛书.第4辑）.—ISBN7-5329-2360-6:CNY11.90

典藏地：DZS

2053

齐鲁文化概说/王志民著.—济南:山东文艺出版社,2004.—228页：20cm.—（齐鲁历史文化丛书.第1辑）.—ISBN7-5329-2357-6:CNY16.00

典藏地：DZS

2054

齐鲁文明初曙:从沂源猿人到北辛文化/邵文臣,王芬著.—济南:山东文艺出版社,2004.—121页：20cm.—（齐鲁历史文化丛书.第1辑）.—ISBN7-5329-2357-6:CNY10.60

典藏地：DZS

2055

齐鲁乡情概观/许万敬,丁文方主编.—济南:山东人民出版社,1988.—499页；19cm.—ISBN7-209-00229-4:CNY3.75

典藏地：DZS

2056

齐长城/张华松著.—济南:山东文艺出版社,2004.—180页：20cm.—（齐鲁历史文化丛书.第1辑）.—ISBN7-5329-2357-6:CNY15.00

典藏地：DZS

2057

千古义丐武训/李泉,邢培华著.—济南:山东文艺出版社,2004.—120页：20cm.—（齐鲁历史文化丛书.第8辑）.—ISBN7-5329-2364-9:CNY10.30

典藏地：DZS

2058

千年祈愿化碧霞/芙韬著.—北京:中国文联出版社,2008.—278页:图,肖像；19cm.—ISBN978-7-5059-5537-0:CNY30.00

典藏地：DZU

2059

前赵庄志/德州市德城区前赵庄志编纂委员会编.—309页：30cm

典藏地：DZS

2060

乾隆道光光绪民国武城县志/潘友林.—夏津潘友林手工制作,2012.—12册；30cm.—CNY3300.00

典藏地：DZU

2061

乾隆德州新志考误（全）.—2010.—248页：26cm.—（精装）

典藏地：DZS

2062

乾隆德州志.—2010.—5册：26cm.—（精装）

典藏地：DZS

2063

乾隆德州志/潘友林.—夏津潘友林手工制作,2012.—12册：30cm.—CNY3300.00

典藏地：DZU

2064

乾隆光绪民国平原县志/潘友林.—夏津潘友林手工制作,2012.—12册：30cm.—CNY3300.00

典藏地：DZU

2065

乾隆乐陵县志/潘友林.—夏津潘友林手工制作,2012.—12册：30cm.—CNY3300.00

典藏地：DZU

2066

乾隆民国夏津县志/潘友林.—夏津潘友林手工制作,2012.—12册：30cm.—CNY3300.00

典藏地：DZU

2067

亲历抗战:德州抗战老兵口述档案资料选编/德州市档案局（馆）编.—德州:德州市天顺商务印刷有限公司印刷,2015.—351页：27cm

典藏地：DZU

2068

秦汉古郡平原:《平原古今》特辑/平原历史文化研究会.—2014.—358页:19cm.—CNY20.00

典藏地：DZU、PYX

2069

秦皇东巡与汉武封禅/王克奇著.—济南:山东文艺出版社,2004.—83页：20cm.—（齐鲁历史文化丛书.第4辑）.—ISBN7-5329-2360-6:CNY7.50

典藏地：DZS

2070

清代德州田氏家族文化研究/黄金元著.—北京:中华书局,2013.—10,398页：图：24cm.—（山东文化世家研究书系/王志民主编）.—ISBN978-7-101-09434-3（精装）:CNY130.00

典藏地：DZU、DCQ

2071

清河崔氏与北朝儒学/王华山著.—济南:山东文艺出版社,2004.—195页：20cm.—（齐鲁历史文化丛书.第5辑）.—ISBN7-5329-2361-4:CNY16.30

典藏地：DZS

2072

清康熙民国《齐河县志》校注汇编/齐河县地方史志编纂委员会编.—2010-12-01.—856.—108.00

典藏地：QHX

2073

庆云文史资料.第2辑/庆云文史资料委员会.—156页：20cm

典藏地：DZU、DZS

2074

庆云县志（光盘版）/山东省庆云县县志编委会编.—ISBN7-5333-0619-8:CNY98.00

典藏地：DZU

2075

庆云县志/山东省庆云县县志编委会.—1983.12.—694页：27cm.—CNY18.00

典藏地：DZU、DZS

2076

庆云之美/徐洪义主编.—北京:中国文史出版社,2015.—115页:21cm.—ISBN978-7-5034-6274-0:CNY49.80

典藏地：QYX

2077

群星璀璨耀平原/中共山东省平原县委组织部编.—2002.—149页:19cm

典藏地：PYX

2078

人民的光荣/德州师范专科学校.—1977.—157页:无图表:32cm.—CNY0.50

典藏地：DZU

2079

仁里集镇志/《仁里集镇志》编纂委员会编.—北京:中国国际文化出版社,2013.—308页:照,表,地图：27cm.—ISBN978-988-19635-4-3（精装）:CNY298.00

典藏地：QHX

2080

任继愈传/李申著.—石家庄:河北人民出版社,2016.—454页,16页图版:彩图：21cm.—ISBN978-7-202-11352-3:CNY42.00

典藏地：DZU

2081

任继愈论历史人物/任继愈著.—北京:国家图书馆出版社,2016.—312页：21cm.—ISBN978-7-5013-6001-7（精装）:CNY36.00

典藏地：DZU

2082

日本入侵德州罪行录/德州市档案局（馆）.—编.—2014.—261页：29cm

典藏地：DZU

2083

日寇在德州暴行录/中共德州地委党史资料征集研究委员会编.—德州:德

州地委,1986.—152页：21cm

  典藏地：DZS

2084

荣成市志/山东省荣成市地方史志编纂委员会编.—济南:齐鲁书社,1999.—1200页:27cm.—ISBN7-5333-0831-:CNY198.00

  典藏地：PYX

2085

撒路斯特史学思想研究/梁洁著.—北京:中国社会科学出版社,2009.10.—267页：21cm.—ISBN978-7-5004-8132-4:CNY25.00

  典藏地：DZU

2086

沙庄村志.山东省平原县腰站镇/张宪臣主编.—2017.2.—405页:29cm.—ISBN978-7-:CNY100.00

  典藏地：PYX

2087

山东大学义和团调查资料汇编/路遥著.—济南:山东大学出版社,2000.—2册：21cm.—ISBN7-5607-2183-4:CNY98.00

  典藏地：DZS

2088

山东地方史志年鉴.2016/山东省地方史志办公室编.—北京:中国文史出版社,2016.—20,18,508页:图,照片:29cm.—ISBN978-7-5034-8400-1:CNY300.00

  典藏地：DCQ

2089

山东地名故事/李炳印,张继平主编.—济南:山东友谊出版社,2011.—527页:图：24cm.—（山东地名文化丛书）.—ISBN978-7-80737-751-1:CNY70.00

  典藏地：DZS

2090

山东对外交往史话/朱亚非,安克骏著.—济南:山东文艺出版社,2004.—170

页:20cm.—(齐鲁历史文化丛书.第9辑).—ISBN7-5329-2365-7:CNY14.40

典藏地:DZS

2091

山东恩城刘氏族谱.—2016.—1函(6册).—:27cm.—(线装)

典藏地:DZU

2092

山东各地概况/《山东各地概况》编纂委员会编.—北京:中华书局,1999.—913页:彩照(147页).—,地图:26cm.—ISBN7-101-02331-2(精装):CNY216.00

典藏地:DCQ、PYX

2093

山东古代科学家/林吉玲,王耀祖著.—济南:山东文艺出版社,2004.—146页:20cm.—(齐鲁历史文化丛书.第8辑).—ISBN7-5329-2364-9:CNY12.50

典藏地:DZS

2094

山东古代女杰/秦艳华著.—济南:山东文艺出版社,2004.—157页:20cm.—(齐鲁历史文化丛书.第8辑).—ISBN7-5329-2364-9:CNY13.30

典藏地:DZS

2095

山东古代书画家/任仲泉,郭桂红等著.—济南:山东文艺出版社,2004.—196页:20cm.—(齐鲁历史文化丛书.第8辑).—ISBN7-5329-2364-9:CNY16.30

典藏地:DZS

2096

山东汉画像石/杨爱国著.—济南:山东文艺出版社,2004.—135页:20cm.—(齐鲁历史文化丛书.第4辑).—ISBN7-5329-2360-6:CNY11.60

典藏地:DZS

2097

山东解放区大事记

典藏地:DCQ

2098

山东抗日根据地历史资料丛书.滨海抗日根据地/北京八路山东抗日根据地研究会编.—北京:中共党史出版社,2018.—2册:图：cm.—ISBN978-7-5098-4113-6:CNY198.00

典藏地：DZU

2099

山东抗日根据地图志/山东省地方史志办公室编.—济南:山东人民出版社,2015.—522页：20cm.—（山东纪念抗战胜利70周年丛书）.—ISBN978-7-209-09094-0:CNY113.20

典藏地：DZU

2100

山东抗战纪念设施和遗址名录/山东省地方史志办公室编.—济南:山东人民出版社,2015.—504页：20cm.—（山东纪念抗战胜利70周年丛书）.—ISBN978-7-209-09094-0:CNY113.20

典藏地：DZU

2101

山东抗战将士传略/山东省地方史志办公室编.—济南:山东人民出版社,2015.—538页：21cm.—（山东纪念抗战胜利70周年丛书）.—ISBN978-7-209-09094-0:CNY113.20

典藏地：DZU

2102

山东抗战将士记忆/山东省地方史志办公室编.—济南:山东人民出版社,2015.—518页：20cm.—（山东纪念抗战胜利70周年丛书）.—ISBN978-7-209-09094-0:CNY113.20

典藏地：DZU

2103

山东抗战战事史料汇编/山东省地方史志办公室编.—济南:山东人民出版社.—616页：20cm.—（山东纪念抗战胜利70周年丛书）.—ISBN978-7-209-

09094-0:CNY113.20

典藏地：DZU

2104

山东龙山文化/王守功著.—济南:山东文艺出版社,2004.—163页：20cm.—（齐鲁历史文化丛书.第1辑）.—ISBN7-5329-2357-6:CNY13.80

典藏地：DZS

2105

山东平原任氏族谱:公元二〇一五年岁次乙未孟春续修.第1卷/任万平谨记.—57页:29cm.—（线装）

典藏地：PYX

2106

山东平原任氏族谱:公元二〇一五年岁次乙未孟春续修.第2卷/任万平谨记.—85页:29cm.—（线装）

典藏地：PYX

2107

山东平原任氏族谱:公元二〇一五年岁次乙未孟春续修.第3卷/任万平谨记.—90页:29cm.—（线装）

典藏地：PYX

2108

山东平原任氏族谱:公元二〇一五年岁次乙未孟春续修.第4卷/任万平谨记.—88页:29cm.—（线装）

典藏地：PYX

2109

山东平原任氏族谱:民国二十年春三月续修.2册（236页）:29cm

典藏地：PYX

2110

山东平原任氏族谱[普通古籍]/任万平总纂修：《任氏族谱》续修编纂委员会编.—山东平原:《任氏族谱》续修编纂委员会,2015.—6册:图像,照片,世系

表（綫裝）

    典藏地：DZU

2111

山东平原宋氏宗谱.兴忠堂卷1/中华宋氏宗谱宋忠谱系编委会编.—182页:25cm

    典藏地：PYX

2112

山东平原宋氏宗谱.兴忠堂卷2/中华宋氏宗谱宋忠谱系编委会编.—182页:25cm

    典藏地：PYX

2113

山东平原宋氏宗谱.兴忠堂卷3/中华宋氏宗谱宋忠谱系编委会编.—506页:25cm

    典藏地：PYX

2114

山东省百县（市、区）抗日战争时期死难者名录/山东省委党史研究室编.—北京:中共党史出版社,2014.—14册：24cm.—（抗日战争时期中国人口伤亡和财产损失调研丛书）.—ISBN978-7-5098-2784-0:CNY760.00

    典藏地：DZU

2115

山东省地方志联合目录/赵炳武著.—北京:中国文联出版社,2005.—240页：23cm.—ISBN7-5059-4990-X:CNY49.60

    典藏地：DZS

2116

山东省非物质文化遗产普查资料汇编:禹城市卷/邢仁强主编.—禹城:禹城市文化局,2009.—190页：30cm

    典藏地：QYX

2117

山东省非物质文化遗产普查资源汇编齐河县卷/李爱华.—252：16

典藏地：QHX

2118

山东省非物质文化遗产资源普查资料汇编:齐河县卷/齐河县文化馆编.—2009.—2册（538页）.—：29cm.—CNY内部资料

典藏地：DZS

2119

山东省非物质文化遗产资源普查资料汇编:禹城市卷/邢仁强主编.—禹城:禹城市文化局,2009.—280页：30cm

典藏地：QYX

2120

山东省非物质文化遗产资源普查资料汇编齐河县卷/李爱华.—2册（538页）：16

典藏地：QHX

2121

山东省非物质文化遗产资源线索实物登记表/齐河县文化馆编.—2009.—304页:图：29cm

典藏地：DZS

2122

山东省非物质文化遗产资源线索实物登记表:禹城市卷/邢仁强主编.—禹城:禹城市文化局,2009.—84页:图：30cm

典藏地：QYX

2123

山东省非物质文化遗产资源线索实物登记表齐河县卷/李爱华.—304：16

典藏地：QHX

2124

山东省行政企事业分布图德州?/山东省对外宣传品发行中心,山东省地图出版社编.—济南:山东省地图出版社,1993.—78页：36cm.—ISBN7-80532-109-

4:CNY50.00

典藏地：DZS

2125

山东省劳动模范名册/田淑华,刘建生主编.—济南:山东省档案局:山东省人事厅,1999.—459页:照片：21cm

典藏地：DZS

2126

山东省离退休干部名录.德州卷/中共山东省委组织部等著.—济南,2007:山东人民出版社.—551页：36cm.—ISBN978-7-209-12378-5:CNY6900

典藏地：DZS

2127

山东省历史文化村镇.德州/刘秋增,张敬忠主编：徐登伟册主编：山东省历史地图集编纂委员会编.—济南:山东省地图出版社,2009.—213页:照片,地图：21cm.—ISBN978-7-80754-166-0:CNY400.00（共17册）

典藏地：DZS

2128

山东省平原县志/清黄怀祖纂修.—2册（660页）:27cm.—（中国方志丛书）

典藏地：PYX

2129

山东省情概论/杨珍主编.—济南:山东人民出版社,2008.—301页：24cm.—ISBN978-7-209-04552-0:CNY29.80

典藏地：DZS

2130

山东省新编地方志总目提要/刘秋增,张敬忠主编：山东省地方史志办公室编.—济南:山东省地图出版社,2006.—768页：21cm.—ISBN7-80532-933-8:CNY[25.50]

典藏地：DCQ

2131

山东省志=水利志/山东省地方史志编纂委员会.—济南:山东人民出版社,1993.—680页:22cm.—ISBN7-209-01523-X:CNY50.00

典藏地:DZS

2132

山东史志资料.一九八二年第1辑/山东省地方史志编纂委员会编.—山东:山东人民出版社,1982.—202页:20cm.—CNY0.62

典藏地:PYX

2133

山东通史:近代卷/安作璋,李宏生,王林主编.—北京:人民出版社,2009.—2册:24cm.—(山东地方史文库/韩寓群主编).—ISBN978-7-01-008473-2:CNY128.00(上下)

典藏地:DZS

2134

山东通史:明清卷/安作璋,朱亚非,陈冬生主编.—北京:人民出版社,2009.—601页:24cm.—(山东地方史文库/韩寓群主编).—ISBN978-7-01-008474-9:CNY78.00

典藏地:DZS

2135

山东通史:秦汉卷/安作璋,张汉东主编.—北京:人民出版社,2009.—527页:24cm.—(山东地方史文库/韩寓群主编).—ISBN978-7-01-008478-7:CNY69.00

典藏地:DZS

2136

山东通史:宋金元卷/安作璋,张熙惟,赵文坦主编.—北京:人民出版社,2009.—645页:24cm.—(山东地方史文库/韩寓群主编).—ISBN978-7-01-008475-6:CNY83.00

典藏地:DZS

2137

山东通史:隋唐五代卷卷/安作璋主编:高凤林原著,鲁统彦,周尚兵增订.—北京:人民出版社,2009.—502页:24cm.—(山东地方史文库/韩寓群主编).—ISBN978-7-01-008476-3:CNY67.00

典藏地:DZS

2138

山东通史:魏晋南北朝卷/安作璋主编,赵凯球,马新著.—北京:人民出版社,2009.—426页:24cm.—(山东地方史文库/韩寓群主编).—ISBN978-7-01-008477-0:CNY58.00

典藏地:DZS

2139

山东通史:先秦卷/安作璋,王克奇,王钧林主编.—北京:人民出版社,2009.—587页:24cm.—(山东地方史文库/韩寓群主编).—ISBN978-7-01-008479-4:CNY76.00

典藏地:DZS

2140

山东通史:现代卷/安作璋,贾蔚昌,唐志勇主编.—北京:人民出版社,2009.—2册:24cm.—(山东地方史文库/韩寓群主编).—ISBN978-7-01-008472-5:CNY112.00(上下册)

典藏地:DZS

2141

山东通志/(清)岳濬等修:(清)杜詔等纂.首卷.—线装书.—济南:济南出版社,2016.—页:图;29cm.—ISBN978-7-5488-2431-2:CNY19800.00(全四十一册)

典藏地:QYX

2142

山东文史集粹/山东省政协文史资料委员会编.—济南:山东人民出版社,1993.—10册:20cm.—ISBN7-209-01501-9:CNY75.00

典藏地：DZS

2143

山东英模谱/中共山东省委组织部,中共山东省委党史研究室编.—北京:中国出版社,2005.—267页:图,肖像：21cm.—ISBN988-97165-7-4:CNY7.80

典藏地：DZU

2144

山东运河文化研究/李泉,王云著.—济南:齐鲁书社,2006.—10,355页：21cm.—(山东社会科学院齐鲁文化研究丛书).—ISBN7-5333-1735-1:CNY25.00

典藏地：DZS

2145

山东著名藏书家/杜泽逊,程远芬著.—济南:山东文艺出版社,2004.—178页：20cm.—(齐鲁历史文化丛书.第8辑).—ISBN7-5329-2364-9:CNY15.00

典藏地：DZS

2146

山东作家与北宋诗文革新运动/李善奎著.—济南:山东文艺出版社,2004.—125页：20cm.—(齐鲁历史文化丛书.第6辑).—ISBN7-5329-2362-2:CNY11.00

典藏地：DZS

2147

山水济南/简墨著.—济南:济南出版社,2012.—360页：25cm.—ISBN978-7-5488-0387-4:CNY33.00

典藏地：DZU

2148

商代的山东/徐基著.—济南:山东文艺出版社,2004.—164页：20cm.—(齐鲁历史文化丛书.第1辑).—ISBN7-5329-2357-6:CNY13.80

典藏地：DZS

2149

商河文史.第1辑资料选编/商河县文史资料研究委员会编.—商河:商河县

委,1987.—136页：21cm

　　典藏地：DZS

2150

商河文史.第2辑资料选编/商河县文史资料研究委员会编.—商河:商河县委,1989.—139页：21cm

　　典藏地：DZS

2151

商河文史.第6辑/政协商河县文史资料委员会编.—2002.12.—214页：20cm.—CNY20.00

　　典藏地：DZU

2152

商河县志.—印影版.—4册：20cm

　　典藏地：DZU

2153

商旅:华人实业家王克昌的一生/航鹰著.—天津:天津社会科学院出版社,1995.—254页:照片：21cm.—ISBN7-80563-440-0:CNY12.60

　　典藏地：DZS

2154

邵克回忆录之/邵克著.—2004.—2册（272页）

　　典藏地：QHX

2155

神功千古/陈永华主编.—北京:中国文联出版公司,2003.—396页：29cm.—ISBN7-5059-4365-0（精装）:CNY160.00

　　典藏地：DZS、YCS

2156

神京门户厚德之州:德州/刘宗斌.—济南:山东友谊出版社,2014.—183页：26cm.—ISBN978-7-5516-0378-2:CNY41.00

　　典藏地：DZU

2157

神韵秋柳:王士禛传/李长征著.—北京:作家出版社,2019.—362页,[1]页图版:图:24cm.—(中国历史文化名人传.第八辑:71).—ISBN978-7-5212-0431-5(精装):CNY65.00

典藏地:DZU

2158

世纪老人的话:任继愈卷.任继愈卷/林祥主编:陈明采访.—沈阳:辽宁教育出版社,1999.—146页:照片:20cm.—ISBN7-5382-5510-9:CNY10.00

典藏地:DZU

2159

手印/主编赵培聪.—北京:中国文史出版社,2016.—386页:20cm.—ISBN978-7-5034-7750-8:CNY79.80

典藏地:DZU

2160

霜叶集/宋延广著.—长春:吉林文史出版社,2015.07.—358页:20cm.—ISBN978-7-5472-2834-0:CNY35.00

典藏地:DZU、PYX

2161

宋代名人鄄城张詠史志棍记辑研初稿/涂相乾,李之勤著.—页:cm.—:2006

典藏地:DZS

2162

宋史十讲/邓广铭著.—北京:中华书局,2015.—239页:图:25cm.—(大家讲史:典藏本).—ISBN978-7-101-10772-2(精装):CNY48.00

典藏地:DZU

2163

宋史专题课/邓广铭,漆侠著.—北京:北京大学出版社,2008.01.—213页:图:23cm.—ISBN978-7-301-13158-9:CNY28.00

典藏地:DZU

2164

宋哲元/吕伟俊主编.—济南:山东大学出版社,1989.—344页:照片:21cm.—ISBN7-5607-0183-3:(精).—CNY5.30元

典藏地：DZS

2165

宋哲元年谱/张立新著.—北京:线装书局,2012.11.—324页：20cm.—ISBN978-7-5120-0736-9:CNY30.00

典藏地：DZU、DZS

2166

苏禄王和苏禄王墓/夏春江编著.—青岛:中国海洋大学出版社,2002.—216页:照片：21cm.—ISBN7-81067-101-4:CNY14.80

典藏地：DZS

2167

苏禄王后裔家族文化研究/王守栋著.—北京:中华书局,2013.—10,302页:图：24cm.—(山东文化世家研究书系/王志民主编).—ISBN978-7-101-09447-3（精装）:CNY100.00

典藏地：DZU

2168

隋唐五代史讲义/邓广铭著.—北京:中华书局,2013.11.—177页：24cm.—ISBN978-7-101-09716-0:CNY29.00

典藏地：DZU

2169

孙膑与《孙膑兵法》/孙建民著.—济南:山东文艺出版社,2004.—152页：20cm.—(齐鲁历史文化丛书.第3辑).—ISBN7-5329-2359-2:CNY12.80

典藏地：DZS

2170

孙家庄村志/孙家庄村村志编纂委员会编.—济南:山东省地图出版社,2002.—401页:27cm.—ISBN7-80532-558-8:CNY43.70

典藏地：PYX

2171

孙武和《孙子兵法》/李兴斌,黄朴民著.—济南:山东文艺出版社,2004.—153页：20cm.—（齐鲁历史文化丛书.第2辑）.—ISBN7-5329-2358-4:CNY13.10

典藏地：DZS

2172

唐初名相房玄龄/李永祥著.—济南:山东文艺出版社,2004.—146页：20cm.—（齐鲁历史文化丛书.第5辑）.—ISBN7-5329-2361-4:CNY12.50

典藏地：DZS

2173

唐代诗人与山东/陈元峰著.—济南:山东文艺出版社,2004.—111页：20cm.—（齐鲁历史文化丛书.第5辑）.—ISBN7-5329-2361-4:CNY9.70

典藏地：DZS

2174

天南地北德州人/王玉玺蒋丽燕主编.—天津:百花文艺出版社.—437页：19cm.—ISBN7-5306-2222-6:CNY28.00

典藏地：DZU、DZS

2175

天上狼烟:一位抗战老兵、王牌飞行员的生死传奇/尹世林,张中海著.—济南:山东文艺出版社,2015.—284页:照片：24cm.—ISBN978-7-5329-4975-5:CNY36.00

典藏地：DZU

2176

田单与田横/姜颖著.—济南:山东文艺出版社,2004.—127页：20cm.—（齐鲁历史文化丛书.第4辑）.—ISBN7-5329-2360-6:CNY11.00

典藏地：DZS

2177

田雯研究/黄金元著.—北京:线装书局,2012.11.—281页：20cm.—ISBN978-

7-5120-0736-9:CNY30.00

典藏地：DZU、DZS

2178

图说山东抗战/山东省档案局编.—济南:山东人民出版社,2015.—253页：29cm.—ISBN978-7-209-09173-2:CNY218.00

典藏地：QHX

2179

托撒氏族谱.—[出版地不详:出版者不详],2019.03.—626页:图：32cm

典藏地：DZU

2180

晚晴集.侯仁之九十年代自选集/侯仁之著.—北京:新世界出版社,2001.—179页:照片,地图：21cm.—（名家心语丛书.第一辑）.—ISBN7-80005-607-4:CNY15.00

典藏地：DZU

2181

万历天启德州志.—2010.—2册：26cm.—（精装）

典藏地：DZS

2182

王安石/邓广铭著:中国十一世纪时的改革家.—2版.—北京:人民出版社,1979.5.—235页：19cm.—CNY0.60

典藏地：DZU

2183

王官屯村志/《王官屯村志》编纂委员会编.—北京:中国文史出版社,2013.—308页:照,表,地图：27cm.—ISBN978-7-5034-7413-2（精装）:CNY240.00

典藏地：QHX

2184

王懿荣与甲骨文/俞祖华著.—济南:山东文艺出版社,2004.—113页：

20cm.—（齐鲁历史文化丛书.第8辑）.—ISBN7-5329-2364-9:CNY10.00

　　典藏地：DZS

2185

王渔洋与神韵诗/王小舒著.—济南:山东文艺出版社,2004.—119页：20cm.—（齐鲁历史文化丛书.第7辑）.—ISBN7-5329-2363-0:CNY10.30

　　典藏地：DZS

2186

伟大的实践:德州市纪念改革开放30周年十件大事/中共德州市委宣传部编.—德州:山东新华印刷厂德州厂,2009.—215页：20cm.—内部资料

　　典藏地：DZU、DZS

2187

委员风采/政协德州市委员会.—2013.—305页：20cm.—内部资料

　　典藏地：DZU

2188

文明之光/德州市文明办.—2004.12.—365页：20cm.—CNY20.00

　　典藏地：DZU、DZS

2189

文史资料选辑.第52辑（总第一五二辑）/中国人民政治协商会议全国委员会文史和学习委员会编.—北京:中国文史出版社,2007.—218页：21cm.—ISBN978-7-5034-1684-2:CNY13.00

　　典藏地：DZS

2190

我的回忆/段玉著.—2002-08-01.—176

　　典藏地：QHX

2191

我们修志人/山东省地方史志办公室,2000.—179页

　　典藏地：QHX

2192

吴桥县志/吴桥县地方史志编纂委员会编.—北京:中国社会出版社,1992.—626页:照片：26cm.—（精装）:CNY80.00.—ISBN7-80083-314-0

典藏地：DCQ

2193

五四运动山东潮/刘德军著.—北京市,200:中共党史出版社.—130页：21cm.—ISBN7-80199-195-8:CNY1600（102册）

典藏地：DZS

2194

武城文史资料.第1辑.—武城县印刷厂印刷,1986.12

典藏地：DZU、DZS

2195

武城文史资料.第2辑.—武城县印刷厂印刷,1986.12

典藏地：DZU、DZS

2196

武城文史资料.第3辑/中国人民政治协商会议山东省武城县委员会.—武城,武城县委,1989.—104页:照片：21cm

典藏地：DZS

2197

武城文史资料.第4辑/中国人民政治协商会议山东省武城县委员会.—武城,武城县委,1991.—133页:照片：21cm

典藏地：DZS

2198

武城文史资料.第5辑武城玻璃钢专辑/中国人民政治协商会议山东省武城县委员会.—武城,武城县委,1999.—221页:照片：21cm

典藏地：DZS

2199

武城文史资料.第14辑,武城文史/主编李希元.—北京:线装书局,2017.—414页：25cm.—ISBN978-7-5120-3122-7:CNY128.00

典藏地：DZU

2200

武城县大事年鉴/中共武城县委党史资料征集研究委员会编.—武城:德州地区新联印刷厂,1991.—2册:照片：19cm

典藏地：DZS

2201

武城县文史资料.第5辑,武城玻璃钢专辑/中国人民政治协商会议,武城县委员会文史资料委员会.—1999.—221页：20cm

典藏地：DZU

2202

武城县乡土志略.2010.07.—1册：20cm.—CNY128.00

典藏地：DZU

2203

武城县志（光盘版）/山东省武城县史志编纂委员会编.—ISBN7-5333-0619-8:CNY98.00

典藏地：DZU

2204

武城县志/王秉新主编.—济南:齐鲁书社,1994.04.—616页：16开.—ISBN7-5333-0317-2:CNY56.00

典藏地：DZU、DZS

2205

武城县志:顺治.—2010.07.—1册：20cm.—CNY120.00

典藏地：DZU

2206

武城县志简编/山东省武城县地方史志编纂委员会编.—武城:武城县志编委,1985.—220页:照片：19cm.—（精装）

典藏地：DZS

2207

武城縣鄉土志略/(清)萨承钰修：苏再熏纂.—光绪版本.—德州:武城县文化旅游局策划影印,2010.—75页：27cm.—（线装）:CNY128.00

典藏地：DZU

2208

武城縣誌:卷首:卷一至卷十四/(清)骆大俊纂修.—影印版.—德州:武城县文化旅游局,2010.—4册（1函）.—（线装）:CNY380.00

典藏地：DZU

2209

武城縣誌:顺治:四卷/(清)房万达修.—影印本.—德州:武城县文化旅游局策划,2010.—二十二叶：28cm.—（线装）:CNY120.00

典藏地：DZU

2210

夏津旧县志校注/徐光,张泽春主编.—济南:山东省地图出版社,2000.—708页：26cm.—ISBN7-80532-422-0（精装）:CNY128.00

典藏地：DZS

2211

夏津老年风情录/编者宋云庆,李玉栋,郭兆宪.—夏津县老年人体育协会编印,2019.09.09.—232页：19cm

典藏地：DZU、DZS

2212

夏津历史文化概览/夏津县地方史志办公室编.—北京:中国文史出版社,2014.—343页:地图,彩照：29cm.—（中华人民共和国地方志丛书）.—ISBN978-7-5034-4527-9（精装）:CNY198.00

典藏地：DZU

2213

夏津民俗拾趣/主编贺心玉.—2012.—226页：25cm

典藏地：DZU

2214

夏津文史资料.第1辑/中国人民政治协商会议山东省夏津县委员会办公室编.—夏津:夏津县委,1983.—115页：19cm

典藏地：DZS

2215

夏津文史资料.第2辑/中国人民政治协商会议山东省夏津县委员会办公室编.—夏津:夏津县委,1986.—98页：19cm

典藏地：DZS

2216

夏津文史资料.第3辑:革命史料专辑/中国人民政治协商会议山东省夏津县委员会办公室编.—夏津:夏津县委,1988.—216页：21cm

典藏地：DZS

2217

夏津文史资料.第4辑/中国人民政治协商会议山东省夏津县委员会办公室编.—夏津:夏津县委,1993.—170页：21cm

典藏地：DZS

2218

夏津文史资料.第5辑/中国人民政治协商会议山东省夏津县委员会办公室编.—夏津:夏津县委,1998.—174页：21cm

典藏地：DZS

2219

夏津文史资料.第6辑,夏津公路专辑/政协夏津县文史资料委员会：政协夏津县文史资料委员会.—（1983）夏津:[政协夏津县委员会文史资料委员会],2001.—201页:图（部分彩图）,摹真：19cm.—（史海钩沉）.—CNY18.80

典藏地：DZU

2220

夏津文史资料.第6辑:白马湖镇专辑/中国人民政治协商会议山东省夏津县委员会办公室编.—夏津:夏津县委,1999.—200页：21cm

典藏地：DZS

2221

夏津文史资料.第7辑,夏津公路专辑/政协夏津县文史资料委员会：政协夏津县文史资料委员会（1983）.—夏津:[政协夏津县委员会文史资料委员会],2001.—130页:图（部分彩图）,摹真：19cm.—（史海钩沉）.—CNY12.80

典藏地：DZU

2222

夏津文史资料.第11辑,夏津公安风云录—493页：25cm.—CNY36.00

典藏地：DZS

2223

夏津文史资料.第11辑/政协夏津县文史资料委员会：政协夏津县文史资料委员会（1983）夏津:政协夏津县委员会文史资料委员会],2008.—493页:图（部分彩图）,摹真：21cm.—（史海钩沉）.—CNY36.00

典藏地：DZU

2224

夏津文史资料.第13辑,夏津公路专辑/政协夏津县文史资料委员会：政协夏津县文史资料委员会.—（1983）夏津:[政协夏津县委员会文史资料委员会],2001.—292页:图（部分彩图）,摹真：19cm.—（史海钩沉）.—CNY36.00

典藏地：DZU

2225

夏津文史资料.第15辑/政协夏津县文史资料委员会：政协夏津县文史资料委员会（1983）夏津:[政协夏津县委员会文史资料委员会],1983.—235页:图（部分彩图）.—,摹真：21cm.—（史海钩沉—第十二辑）:CNY36.00

典藏地：DZU

2226

夏津县志（光盘版）/山东省夏津县志编纂委员会编.—ISBN7-5333-0619-8:CNY98.00

典藏地：DZU

2227

夏津县志/刘承智主编.—济南:山东人民出版社,1991.02.—744页:16开.—ISBN7-209-00744-X:CNY43.00

典藏地:DZU、DZS

2228

闲严随语/严再平著.—200.—170页:图:21cm

典藏地:DZS

2229

咸丰宣统民国庆云县志:恩县县志/潘友林.—夏津潘友林手工制作,2012.—12册:30cm.—CNY3300.00

典藏地:DZU

2230

县令.幕僚.学者.遗老:多维视角下的劳乃宣研究/张立胜著.—北京:人民出版社,2011.08.—375页:20cm.—ISBN978-7-01-009977-4:CNY48.00

典藏地:DZU

2231

乡村记忆/刘长新主编.—北京:中国文史出版社,2015.—348页:彩图:24cm.—ISBN978-7-5034-6409-6:CNY50.00

典藏地:DZU、QYX

2232

辛稼轩年谱/邓广铭.—上海:上海古籍出版社,1979.—159:无图表:32cm.—CNY0.55

典藏地:DZU

2233

辛弃疾/薛祥生著.—济南:山东文艺出版社,2004.—147页:20cm.—(齐鲁历史文化丛书.第6辑).—ISBN7-5329-2362-2:CNY12.80

典藏地:DZS

2234

辛弃疾传/邓广铭.—上海:上海人民出版社,1956.11.—无图表.—CNY0.30

典藏地：DZU

2235

新修德州李氏族谱/滋蘭.—德州,2012.—4册（1函）.—：27cm

典藏地：DZU

2236

邢侗碑廊作品集/山东省临邑县人民政府.—156页：20cm

典藏地：DZU

2237

邢侗传/王传和著.—北京:中国文史出版社,2004.—162页：19cm.—（临邑县历史文化丛书）.—ISBN7-5034-1498-7:CNY16.80

典藏地：DZS

2238

邢侗邢慈静研究/党月异孙建功著.—北京:线装书局,2012.11.—429页：20cm.—ISBN978-7-5120-0736-9:CNY30.00

典藏地：DZU、DZS

2239

幸福德州:纪念德州建市二十周年/主编倪静寰.—德州,2015.—105页：26cm

典藏地：DZU

2240

續武城縣志:道光/（清）万秀芳纂修.—影印版.—德州:武城县文化旅游局策划,2010.—4册（1函）.—：28cm.—（线装）:CNY400.00

典藏地：DZU

2241

血与火的记忆:德州抗战纪事/德州市档案馆编.—德州:德州市天顺商务印刷有限公司印刷,2014.—357页：27cm

典藏地：DZU

2242

颜之推与《颜氏家训》/秦永洲著.—济南:山东文艺出版社,2004.—120页:20cm.—（齐鲁历史文化丛书.第5辑）.—ISBN7-5329-2361-4:CNY10.30

典藏地：DZS

2243

姚氏族谱/姚忠龙编著.—吉林,2009.—366页：30cm

典藏地：DZS

2244

一本书了解中国历史/张立新编著.—北京:蓝天出版社,2012.—351页:图：24cm.—ISBN978-7-5094-0587-1:CNY32.00

典藏地：DZU

2245

一方水土一处乡愁:齐河县地名传闻与史实/王长月著.—济南,200:山东画报出版社.—359页：21cm.—ISBN978-7-5474-2549-7:CNY380.00

典藏地：DZS

2246

沂蒙文化名城:蒙阴/刁传梅编著.生态文化.—北京:中国古籍文物出版社,2014.—305页：20cm.—（蒙阴文史资料第十辑）.—CNY256.00

典藏地：DZU

2247

颐和园趣闻/徐凤桐等撰文：余志勇等摄影：王金冠,王默,姜丽莉法文翻译.—北京:外文出版社,2007.—226页:照片：19cm.—ISBN978-7-119-04351-7:CNY45.00

典藏地：DZU

2248

义和团平原起义100周年学术讨论会论文集/杨文平,李德征主编.—济南:齐鲁书社,2000.—398页:21cm.—ISBN7-5333-0711-9:CNY30.00

典藏地：DZS、PYX

2249

义和团研究一百年/苏位智,刘天路主编.—济南:齐鲁书社,2000.—834页：21cm.—ISBN7-5333-0903-0:CNY60.00

典藏地：DZS

2250

義魂忠魄王金铭/刘建义,李建伟著.—香港:光大出版社,2009.—266页：25cm.—（中国历代文化丛书）.—ISBN978-988-17612-1-7:CNY34.00

典藏地：DZS

2251

银城夏津/夏津县人民政府办公室：夏津县经济体制改革委员会编.—1996.12.—59页：18cm.—CNY16.80

典藏地：DZU

2252

英模荟萃/中共德州市委组织部,中共德州市委党史委编.—青岛:青岛海洋大学出版社,1992.—310页：21cm.—ISBN7-81026-279-3:CNY6.70

典藏地：DZS

2253

永远的丰碑:抗日战争胜利七十周年纪念文集/中共德州市委党史研究室.—2015.12.—1041页：25cm

典藏地：DZU

2254

永远的怀念:任继愈先生百年诞辰纪念文集/国家图书馆编.—北京:国家图书馆出版社,2016.04.—414页:图,照片：24cm.—ISBN978-7-5013-5791-8（精装）:CNY80.00

典藏地：DZU

2255

永志不忘:德州军民抗日斗争纪实/王传龙主编.—天津:百花文艺出版社,1995.—481页：19cm.—ISBN7-5306-2106-8:CNY16.80

典藏地：DZU、DZS、DCQ

2256

禹城革命先躯/中共山东省禹城县委党史资料征集办公室编.—禹城:山东省禹城县印刷二厂,1990.—287页：19cm

典藏地：DZS

2257

禹城抗战记忆:纪念抗日战争胜利70周年专辑/中共禹城市委党史研究室编著.—北京:中国文化出版社,2015.12.—1312页：27cm.—ISBN978-988-13-3449-7:CNY528.00

典藏地：DZU

2258

禹城历史故事/庞吉温.—1999.08.—138页：20cm.—CNY15.60

典藏地：DZU、DZS、YCS

2259

禹城市志:1986-2010/禹城市地方编纂委员会编.—北京:方志出版社,2017.—1295页：30cm.—ISBN978-7-5144-2034-0:CNY1080.00

典藏地：QYX

2260

禹城文史资料.第2辑/中国人民政治协商会议禹城县委员会办公室编.—禹城:禹城县委,1983.—128页：21cm

典藏地：DZS

2261

禹城文史资料.第3辑/中国人民政治协商会议禹城县委员会办公室编.—禹城:禹城县委,1984.—142页：21cm

典藏地：DZS

2262

禹城文史资料.第4辑/中国人民政治协商会议禹城县委员会办公室编.—禹城:禹城县委,1986.—144页：21cm

典藏地：DZS、YCS

2263

禹城文史资料.第5辑/中国人民政治协商会议禹城市委员会文史资料委员会编.—1997.12.—200页：20cm.—CNY5.00

典藏地：DZU、DZS

2264

禹城文史资料.第6辑/中国人民政治协商会议禹城县委员会办公室编.—禹城:禹城县委,1989.—128页：21cm

典藏地：DZS

2265

禹城文史资料.第7辑/中国人民政治协商会议禹城市委员会文史资料委员会编.—1997.12.—200页：20cm.—CNY5.00

典藏地：DZU、DZS、YCS

2266

禹城文史资料.第8辑/中国人民政治协商会议禹城市委员会文史资料委员会编.—1997.12.—200页：20cm.—CNY5.00

典藏地：DZU、DZS、YCS

2267

禹城文史资料.第9辑/中国人民政治协商会议禹城市委员会文史资料委员会编.—1997.12.—200页：20cm.—CNY5.00

典藏地：DZU、DZS、YCS

2268

禹城文史资料.第10辑/中国人民政治协商会议禹城市委员会文史资料委员会编.—1997.12.—200页：20cm.—CNY5.00

典藏地：DZU、DZS、YCS

2269

禹城文史资料.第11辑/中国人民政治协商会议禹城市委员会文史资料委员会编.—1997.12.—251页：20cm

典藏地：DZU、DZS、YCS

2270

禹城文史资料.第13辑/政协禹城县委员会文史学习宣传委员会编.—禹城：德州印刷厂印制,2009.—324页：20cm

典藏地：QYX

2271

禹城县乡土志.—印影版.—1册：20cm

典藏地：DZU

2272

禹城县志（光盘版）/山东省禹城县史志编纂委员会编.—ISBN7-5333-0486-1:CNY98.00

典藏地：DZU

2273

禹城县志.卷1至卷6/德州知知堂整理.—德州：中国文化出版社,2016.—69页：29cm.—ISBN9789888352661:CNY1780.00

典藏地：QYX

2274

禹城县志.卷7至卷8/德州知知堂整理.—德州：中国文化出版社,2016.—55页：29cm.—ISBN9789888352661:CNY1780.00

典藏地：QYX

2275

禹城县志.卷9/德州知知堂整理.—德州：中国文化出版社,2016.—38页：29cm.—ISBN9789888352661:CNY1780.00

典藏地：QYX

2276

禹城县志.卷10至卷12/德州知知堂整理.—德州：中国文化出版社,2016.—69页：29cm.—ISBN9789888352661:CNY1780.00

典藏地：QYX

2277

禹城县志/张成道主编.—济南:齐鲁书社,1995.10.—658页：16开.—ISBN7-5333-0486-1:CNY70.00

典藏地：DZU、DZS、DCQ、YCS

2278

禹城与大禹文化文集/中国先秦史学会,禹城市人民政府编.—北京:中国文联出版社,2007.—Y501页：21cm.—ISBN978-7-5059-4252-2:CNY56.00

典藏地：QYX

2279

袁营乡志/袁营乡编写组编.—禹城:袁营乡,1986.—218页:照片：26cm.—（精装）

典藏地：DZS

2280

月影沙韵/朱殿封著.—北京:中国旅游出版社,2002.—341页：21cm.—ISBN7-5032-1737-5:CNY28.00

典藏地：DZU、DZS、QYX

2281

岳石文化/方辉著.—济南:山东文艺出版社,2004.—117页：20cm.—（齐鲁历史文化丛书.第1辑）.—ISBN7-5329-2357-6:CNY10.30

典藏地：DZS

2282

岳庄志/刘金忠主编.—北京:中国文史出版社,2010.—345页：21cm.—ISBN978-7-5034-2598-1（精装）:CNY39.00

典藏地：DZS

2283

运河史话/王宪贞著.—北京:线装书局,2018.01.—269页:图,照片,地图：24cm.—ISBN978-7-5120-2727-5:CNY36.00

典藏地：DZU、DZS

2284

在希望的田野上:——德州地区乡情概述/主编：李铭亭.—北京:中国大地出版社,1993.—350页:彩照：19cm.—CNY5.40

典藏地：DZU

2285

簪缨世家琅邪王氏家族/李伯齐著.—济南:山东文艺出版社,2004.—162页：20cm.—（齐鲁历史文化丛书.第5辑）.—ISBN7-5329-2361-4:CNY13.80

典藏地：DZS

2286

枣乡骄子/贾桂升主编.—青岛:青岛出版社,1992.—459页:肖像：19cm.—ISBN7-5436-0885-5:CNY8.60

典藏地：DZU、DZS

2287

增訂武城縣志續編:民国版本/民国王延纶修：王铭纂.—影印本.—2010.—4册：25cm.—（线装）:CNY436.00

典藏地：DZU

2288

沾化县志/山东省沾化县地方史志编纂委员会编.—济南:齐鲁书社,1995.—599页:27cm.—（中华人民共和国地方志丛书）.—ISBN7-5333-0482-9:CNY60.00

典藏地：PYX

2289

战斗在清河平原/杨国夫著.—济南:山东人民出版社,1985.—168页:照片：21cm.—CNY1.25

典藏地：DZS

2290

张官店村志/高峻岭编.—北京:中华书局,2011.2.—282页:27cm.—ISBN978-7-101-07653-0:CNY260.00

典藏地：PYX

2291

漳卫南运河大观/李连生等编著.—天津:天津科学技术出版社,1998.04.—332页：20cm.—ISBN7-5308-2457-0:CNY13.20

典藏地：DZU

2292

漳卫南运河志/宋德武主编：漳卫南运河志编委会编.—天津:天津科学技术出版社,2003.—419页:地图,照片：29cm.—ISBN7-5308-3569-6（精装）

典藏地：DZU

2293

长河志籍考/德州市地方志办公室.—印影版.—吴桥金鼎古籍印刷厂,2017.—2册：26cm

典藏地：DZU、DZS

2294

赵官镇志/《赵官镇志》编纂委员会编.—北京:中华书局,2013.—752页:照,表,地图：27cm.—ISBN978-7-101-07654-7（精装）:CNY880.00

典藏地：QHX

2295

这里是德州/王德胜编著.—北京:蓝天出版社,2008.—253页:彩图：23cm.—（鲁北风情文学丛书）.—ISBN978-7-80158-729-9:CNY68.00

典藏地：DZS

2296

这里是夏津/夏津电视台栏目中心著.—济南,200:山东人民出版社.—405页：21cm.—ISBN978-7-209-05618-2:CNY58.00

典藏地：DZS

2297

真理的思考:任继愈传/严青,郭改雲著.—南京:江苏人民出版社,2011.11.—176页:图,肖像：21cm.—（"大家丛书"）.—ISBN978-7-214-07464-

5:CNY15.00

典藏地：DZU

2298

正道仁心：永锋集团发展纪实/孙德奎著.—北京：现代出版社,2015.—206页；20cm.—（齐河功勋企业丛书）.—ISBN978-7-5143-3348-0:CNY128.00

典藏地：DZU

2299

郑板桥与潍县/孙敬明著.—济南：山东文艺出版社,2004.—131页；20cm.—（齐鲁历史文化丛书.第8辑）.—ISBN7-5329-2364-9:CNY11.30

典藏地：DZS

2300

中共临邑地方史.1921-1949/中共临邑县委党史研究室编.—2000.—189页：21cm

典藏地：DZS

2301

中共宁津地方史：1949-1978.第二卷/中共宁津县委组织部,中共宁津县委党史研究室,宁津县档案馆编.—2012.—344页：20cm.—（精装）:CNY150.00

典藏地：DZU

2302

中共平原县地方史：第二卷,1949-1978/徐国华主编..—2014.—351页:23cm.—（精装）

典藏地：DZU、PYX

2303

中共齐河县委党校志/《中共齐河县委党校志》编纂委员会编.—北京：中华书局,2013.—386页:照,表,地图：27cm.—ISBN978-988-21569-9-9（精装）:CNY186.00

典藏地：QHX

2304

中古时代的兰陵萧氏/杨荫楼著.—济南:山东文艺出版社,2004.—146页:20cm.—(齐鲁历史文化丛书.第5辑).—ISBN7-5329-2361-4:CNY12.50

典藏地：DZS

2305

中国/《中国》编写组编.—济南:山东画报出版社,2019.—517页:38cm.—ISBN978-7-5474-3224-2:CNY2000.00

典藏地：QYX

2306

中国传统文化精要/梁国楹,王守栋著.—北京:人民出版社,2011.—334页:图：24cm.—ISBN978-7-01-010137-8:CNY43.00

典藏地：DZU

2307

中国大运河/全国政协文史和学习委员会主编.—北京:中国文史出版社,2010.—439页:彩照,地图：30cm.—ISBN978-7-5034-2550-9（精装）:CNY460.00

典藏地：DZU

2308

中国德州（光盘版）/德州市人民政府新闻办公室,山东画报社编.—济南:齐鲁音像出版社：19×22cm

典藏地：DZU

2309

中国德州/德州市人民政府新闻办公室编,山东画报社.—济南:山东画报出版社,1998.—59页：19cm.—ISBN7-80603-258-4:CNY30.00

典藏地：DZS

2310

中国的文化与文人/任继愈著.—北京:现代出版社,2017.04.—287页：24cm.—（大家谈）.—ISBN978-7-5143-4412-7:CNY45.00

典藏地：DZU

2311

中国地方志集成:乾隆德州志.—印影版.—1册:20cm

典藏地:DZU

2312

中国地方志集成:山东府县志辑/凤凰出版社编选.—影印本.—南京:凤凰出版社,2004.—95册:图,地图:26cm.—ISBN7-80643-840-8(精装):CNY29500.00

典藏地:DZU

2313

中国地方志集成:省志辑山东/本社编选.—影印本.—南京:凤凰出版社,2010.—9册:图:26cm.—ISBN978-7-80729-699-7(精装):CNY4500.00

典藏地:DZU

2314

中国地方志集成山东府县志集二十光绪宁津县.—印影版.—1册:20cm

典藏地:DZU

2315

中国地方志学会城市区志专业委员会2014年学术年会资料汇编/中国地方志学会城市区志专业委员会.—2014.—223页:26cm

典藏地:DZU

2316

中国古代的赋税与劳役/任继愈主编.—天津:天津教育出版社,1991.11.—113:无图表:32.—(中国文化史知识丛书).—ISBN7-5309-1215-1:CNY2.25

典藏地:DZU

2317

中国古代矿业/任继愈主编.—天津:天津教育出版社,1991.11.—122:无图表:32.—(中国文化史知识丛书).—ISBN7-5309-1266-6:CNY2.25

典藏地:DZU

2318

中国古代青少年成才史话/任继愈主编.—天津:天津教育出版社,1991.11.—

121:无图表：32.—（中国文化史知识丛书）.—ISBN7-5309-1213-5:CNY2.25

典藏地：DZU

2319

中国古代驿站与邮传/任继愈主编.—天津:天津教育出版社,1991.11.—119:无图表：32.—（中国文化史知识丛书）.—ISBN7-5309-1233-X:CNY2.25

典藏地：DZU

2320

中国古代造船与航海/任继愈主编.—天津:天津教育出版社,1991.11.—122:无图表：32.—ISBN7-5309-1234-8:CNY2.25

典藏地：DZU

2321

中国古代著名水利工程/任继愈主编.—天津:天津教育出版社,1991.11.—125:无图表：32.—ISBN7-5309-1230-5:CNY2.25

典藏地：DZU

2322

中国历史人物大辞典/许焕玉等主编.—济南:黄河出版社,1992.05.—919页:无图表：19cm.—ISBN978-7-80558-307-5（精装）:CNY25.00

典藏地：DZU

2323

中国历史知识三字经/刘东骏著.—北京:中国少年儿童出版社,2000.—255页:21cm.—ISBN7-5007-5001-3:CNY13.00

典藏地：PYX

2324

中国名物特产集粹/任继愈主编.—天津:天津教育出版社,1991.11.—135:无图表：32.—（中国文化史知识丛书）.—ISBN7-5309-1217-8:CNY2.45

典藏地：DZU

2325

中国少数民族英雄史诗/任继愈主编.—天津:天津教育出版社,1991.11.—

127:无图表:32.—(中国文化史知识丛书).—ISBN7-5309-1214-3:CNY2.25

典藏地:DZU

2326

中国史探研/齐思和著.—石家庄:河北教育出版社,2000.—16,15,693页:20cm.—(二十世纪中国史学名著).—ISBN7-5434-3866-6:CNY29.90

典藏地:DZU

2327

中国味都杨安镇/朱殿封,李玉胜著.—济南:黄河出版社,2014.—233页:图:24cm.—ISBN978-7-5460-0553-9:CNY28.00

典藏地:DZU

2328

中华名山之首泰山/魏建著.—济南:山东文艺出版社,2004.—132页:20cm.—(齐鲁历史文化丛书.第1辑).—ISBN7-5329-2357-6:CNY11.30

典藏地:DZS

2329

中华人物志.政治人物集/《文史知识》编辑部编.—北京:中华书局,1986.—297页:19cm.—(文史知识丛书).—CNY1.65统一书刊号7018.36

典藏地:DCQ

2330

中华苏禄东王温安家族通谱.—德州:出版者不详,2017.05.—4册:20cm.—CNY1176.50

典藏地:DZU

2331

中华五千年的历史经验:任继愈讲演集/任继愈著.—北京:人民日报出版社,2010.—354页:图,肖像,书影:24cm.—(中华文化复兴方阵.人民日报名家讲演系列).—ISBN978-7-5115-0126-4:CNY45.00

典藏地:PYX

2332

中世纪初期的西欧/齐思和等选译.—北京:商务印书馆.—无图表.—（世界史资料丛刊初集）.—CNY0.50

典藏地：DZU

2333

重修恩县志.—线装本.—平原.—14卷：26cm.—CNY200.00

典藏地：DZS

2334

重修恩縣志:民国/民国张遵孟修：民国曹明祥攥.—影印版.—德州:武城县文化旅游局策划影印,2010.—14册（2函）.—（綫装）:CNY1240.00

典藏地：DZU

2335

重修恩縣志:宣统/（清）汪鸿孫修：（清）刘儒臣攥.—影印版.—德州:武城县文化旅游局策划影印,2010.—4册（1函）.—（綫装）:CNY180.00

典藏地：DZU

2336

周公/杨朝明著.—济南:山东文艺出版社,2004.—158页：20cm.—（齐鲁历史文化丛书.第2辑）.—ISBN7-5329-2358-4:CNY13.40

典藏地：DZS

2337

周氏族谱/平原县东韩营村.—92页:32cm

典藏地：PYX

2338

诸葛亮/马凤岗,王瑞功著.—济南:山东文艺出版社,2004.—123页：20cm.—（齐鲁历史文化丛书.第5辑）.—ISBN7-5329-2361-4:CNY10.60

典藏地：DZS

2339

祝阿镇志/《祝阿镇志》编纂委员会编.—北京:中华书局,2013.—1068页:照,表,地图：27cm.—ISBN978-7-101-07654-7（精装）

典藏地：QHX

2340

纵横捭阖话曹操/衣连友.—济南:济南出版社,1997.—311页:20cm.—ISBN7-80629-143-1:CNY15.80

典藏地：DZU

2341

走进翟时庄/刘琳,杨华主编.—北京:中国文史出版社,2010.—279页:24cm.—ISBN7-5034-1709-9:CNY58.60

典藏地：DZU、DCQ

2342

昨天的公仆:王殿臣传略/刘金忠著.—北京:中国青年出版社,1999.—264页:20cm.—ISBN7-5006-3545-1:CNY17.00

典藏地：DZU、DZS

2343

左宝贵志/齐河县地方史志编纂委员会编.—北京:中华书局,2013.—375页:照,表,地图:27cm.—ISBN978-7-101-07654-7（精装）:CNY186.00

典藏地：QHX

2344

左丘明与《左传》/张汉东,邢子民著.—济南:山东文艺出版社,2004.—149页:20cm.—（齐鲁历史文化丛书.第2辑）.—ISBN7-5329-2358-4:CNY12.80

典藏地：DZS

2345

左思和左棻/郑训佐,张晨著.—济南:山东文艺出版社,2004.—128页:20cm.—（齐鲁历史文化丛书.第5辑）.—ISBN7-5329-2361-4:CNY10.90

典藏地：DZS

N 自然科学总论（2347—2353）

2346

德州地区科学技术志/张玉田主编.—天津:天津科学技术出版社,1991.12 天津:天津科学技术出版社.—521页:无图表:26cm.—ISBN7-5308-1197-5:CNY41.00

典藏地：DZU、DZS

2347

德州地区自然科学优秀学术论文授奖名册:1979--1986/德州地区科学技术协会编.—德州:德州地区科学技术协会.—88页：26cm

典藏地：DZS

2348

德州地区自然科学优秀学术论文授奖名册:1987--1988/德州地区科学技术协会编.—德州:德州地区科学技术协会.—107页：26cm

典藏地：DZS

2349

国家科学基金ABC/成银生...[等]主编.—厦门:厦门大学出版社,1988.—157页：19cm.—ISBN7-5615-0046-7:CNY1.30

典藏地：DZU

2350

山东省自然科学学术成果获奖纪念册:1982--1987.—济南:山东省科学技术协会,1989.—209页：26cm

典藏地：DZS

2351

现代科学技术概论/孙汉文.—北京:中国经济出版社,1999.9.—490页：21cm.—ISBN7-5017-4762-8:CNY28.00

典藏地：DZU

2352

中国科学技术典籍通汇/任继愈主编.—郑州:大象出版社,2015.—50册：27cm.—ISBN978-7-5347-8222-0:CNY32500.00

典藏地：DZU

O 数理科学和化学（2353—2379）

2353

21世纪中国数学教育展望.第二辑/刘兼主编；李英等副主编.—北京：北京师范大学出版社,1995.12.—457页：20cm.—ISBN7-303-02449-2:CNY15.00

典藏地：DZU

2354

电磁场理论要点与题解/贺金玉等编著.—济南：山东大学出版社,2003.—327页：19cm.—ISBN7-5607-2637-2:CNY23.80

典藏地：DZU

2355

复变函数论/马立新编.—2版.—北京：中国农业出版社,2014.—224页：23cm.—ISBN978-7-109-19726-8:CNY35.00

典藏地：DZU

2356

复变函数学习指导/马立新等编著.—济南：山东大学出版社,2004.4.—231页：21cm.—ISBN7-5607-2770-0:CNY15.00

典藏地：DZU

2357

高等代数的方法研究/李桂荣著.—香港：香港亚太经济出版社,2001.—546页：19cm.—ISBN962-85437-3-3:CNY29.00

典藏地：DZU

2358

高等代数教育学/李桂荣,王俊青著.—石家庄：河北科学技术出版

社,1999.05.—319页:20cm.—ISBN7-5375-1675-8:CNY22.00

  典藏地:DZU

2359

高等代数习题课讲义/李玉文,王大同主编.—东营:石油大学出版社,1992.—322页:19cm.—ISBN7-5636-0216-X:CNY4.60

  典藏地:DZS

2360

高分子化学实验/孙汉文,王丽梅,董建主编.—北京:化学工业出版社,2012.04.—119页:图:24cm.—ISBN978-7-122-13722-7:CNY18.00

  典藏地:DZU

2361

化学/田虎主编.—南京:南京大学出版社,1989.—301页:19cm.—ISBN7-305-00619-X:CNY3.10

  典藏地:DZS

2362

解析几何规范化测试/刘德金主编.—北京:电子科技大学出版社,1996.11.—458页:无图表:19cm.—ISBN7-81043-206-0:CNY15.00

  典藏地:DZU

2363

普通物理学/梁绍荣等.—北京:高等教育出版社,1987.12.—341页:20cm.—ISBN7-04-000799-1:CNY2.55

  典藏地:DZU

2364

实变函数论复习与解题研究/马立新等编著.—青岛:中国海洋大学出版社,2003.—378页:20cm.—ISBN7-81067-524-9:CNY22.80

  典藏地:DZU

2365

数学的思想、方法和应用:文科类高等数学/张顺燕编著.—北京:北京大学

出版社,1997.—22,409页：20cm.—ISBN7-301-03515-2:CNY17.50

　　典藏地：DZU

2366

数学方法论/郑毓信著.—南宁:广西教育出版社,1996.—229页：21cm.—（学科现代教育理论书系.数学）.—ISBN978-7-5435-2533-7:CNY14.00

　　典藏地：DZU

2367

数学观与方法论/周春荔编著.—北京:首都师范大学出版社,1996.—261页:图：20cm.—ISBN7-81039-707-9:CNY10.00

　　典藏地：DZU

2368

数学建模:来自英国四个行业中的案例研究/（英）D.伯格斯等著:叶其孝,吴庆宝译.—北京:世界图书出版公司北京公司,1997.—127页:图表：21cm.—（应用数学译丛/章祥荪主编:第4号）.—ISBN7-5062-3290-1:CNY22.00

　　典藏地：DZU

2369

数学教学论/胡炯涛著.—南宁:广西教育出版社,1996.—356页:肖像：20cm.—（学科现代教育理论书系.数学）.—ISBN7-5435-2525-9:CNY19.00

　　典藏地：DZU

2370

数学教育评价/魏超群著.—南宁:广西教育出版社,1996.—410页：20cm.—（学科现代教育理论书系.数学）.—ISBN7-5435-2535-6:CNY22.50

　　典藏地：DZU

2371

数学教育学导论/《数学教育学导论》编写组[编].—北京:高等教育出版社,1992.—290页：19cm.—（高等学校试用教材）.—ISBN7-04-004025-5:CNY4.00

　　典藏地：DZU

2372

数学模型/濮定国,田蔚文主编.—南京:东南大学出版社,1994.—176页:图:20cm.—ISBN7-81023-986-4:CNY5.90

典藏地:DZU

2373

数学思维方法引论/王健吾著.—合肥:安徽教育出版社,1996.—153页:20cm.—ISBN7-5336-1920-X:CNY4.50

典藏地:DZU

2374

数学思维论/任樟辉著.—南宁:广西教育出版社,1996.—282页:肖像:20cm.—(学科现代教育理论书系.数学).—ISBN7-5435-2530-5:CNY16.00

典藏地:DZU

2375

现代控制理论/刘豹,唐万生主编.—第3版.—北京:机械工业出版社,2011.8.—323页:图:26cm.—ISBN978-7-111-03103-1:CNY38.00

典藏地:DZU

2376

新编珠算教程/张休怀等主编.—北京:中国卓越出版公司,1990.—382页:19cm.—ISBN7-80071-308-3:CNY3.86

典藏地:DZS

2377

优选法的推广及其应用/德州地革委生产指挥部办公室科技组汇编.—137页:20cm

典藏地:DZU

2378

原子光谱分析/孙汉文编著.—北京:高等教育出版社,2002.—376页:23cm.—ISBN7-04-010622-1:CNY27.80

典藏地:DZU

2379

中国数学发展的若干主攻方向/程民德主编.—南京:江苏教育出版社,1994.—458页:图：20cm.—ISBN7-5343-2172-7（精装）:CNY11.10

　　典藏地：DZU

P 天文学、地球科学（2380—2382）

2380

低熟油生成机理及成油体系:以济阳坳陷牛庄洼陷南部斜坡为例/张林晔,张春荣著.—北京:地质出版社,1999.—130页:图,图版：26cm.—ISBN7-116-02724-6:CNY25.00

典藏地：DZU

2381

河套平原自然条件及其改造/孙金铸编.—呼和浩特:内蒙古人民出版社,1978.—202页：19cm.—CNY0.56

典藏地：DZU

2382

挺立：民族的脊梁:全国抗震救灾材料摘编/中共德州市委宣传部编.—德州,2008.—237页:照片：23cm

典藏地：DZS

Q 生物科学(2383)

2383

中国当代生态美学的理论创新及其问题研究/周维山著.—北京:中国社会科学出版社,2019.9.—197页:24cm.—ISBN978-7-5203-4892-8:CNY66.00

典藏地:DZU

R 医学、卫生（2384—2400）

2384

不孕怎么办:写给正在努力成为父母的朋友们/（日）盐谷雅英,邵辉著;邵峰译.—北京:中国科学技术出版社,2015.—189页:照片,图：24cm.—ISBN978-7-5046-6745-8:CNY43.80

典藏地：DZU

2385

肠道健康新生活/徐弘君程少博编著.—北京:清华大学出版社,2005.—130页:图：21cm.—ISBN7-302-12102-8:CNY24.00

典藏地：QYX

2386

当代自我诊疗大观/孙富显.山东科学技术出版社济南.—732：32cm.—ISBN7-5331-2390-5:43.00

典藏地：QHX

2387

德州地区卫生志:1840-1985/李昶亮主编.—天津:天津科学技术出版社,1991.—653页：19cm.—ISBN7-5308-0941-5（精装）:CNY17.60

典藏地：DZS

2388

德州医药志/德州医药公司编.—德州:德州医药公司,1988.—300页:照片：26cm.—（精装）:CNY

典藏地：DZS

2389

第三届中国智能计算大会论文集/刘洪玲著.—北京:科学出版社,2009.—416页:20cm.—ISBN7-03-025469-4:CNY48.00

典藏地：DZU

2390

护士用药监护/王开负主编.—青岛:青岛出版社,1990.—377页:19cm.—ISBN7-5436-0542-2:CNY4.20

典藏地：DZS

2391

简明临床药理学/张秀勤等主编.—天津:天津科学技术出版社,1989.—274页:19cm.—ISBN7-5308-0517-7:CNY2.80

典藏地：DZS

2392

就医指南/德州市人民医院编.—2005.10.—119页:20cm

典藏地：DZU

2393

乐陵县医药志/乐陵县药材公司编纂小组编.—乐陵:乐陵县药材公司,1986.—117页:26cm

典藏地：DZS

2394

临邑县医药志/临邑县药材公司编.—临邑:临邑县药材公司,1987.—130页:26cm

典藏地：DZS

2395

临邑县中医院建院30周年论文选/本书编辑组编.—147页:26cm

典藏地：DZS

2396

平原县卫生志:1840—1985/平原县卫生局编.—平原:平原县卫生局,1988.—121页:照片:26cm

典藏地：DZS

2397

太氏药谱/高洪玉著.—北京:人民日报出版社,2005.—252页：20cm.—ISBN978-7-80153-888-8:CNY22.80

典藏地：DZU、DZS

2398

外科常见疾病诊断与治疗/张涛等主编.—北京:科学技术文献出版社,2012.—206页:图：29cm.—ISBN978-7-5023-7579-9:CNY56.00

典藏地：DZU

2399

心灵处方/张春明著.—北京:中国文史出版社,2016.—226页:24cm.—ISBN978-7-5034-8100-0:CNY46.80

典藏地：PYX

2400

心脏内科急症/赵连明主编.—北京:学术期刊出版社,1989.—296页：19cm.—ISBN7-80045-319-7:CNY3.60

典藏地：DZS

S 农业科学（2401—2417）

2401

"枣中之王"乐陵金丝小枣/第四届中国乐陵金丝小枣节筹委会编.—34页:图

典藏地：DZU

2402

草业科学概论/任继周主编.—北京:科学出版社,2014.—907页,[1]叶图版:图：26cm.—（草业科学研究生创新教育系列丛书）.—ISBN978-7-03-041869-2:CNY228.00

典藏地：DZU

2403

草业琐谈/任继周著.—2版,修订版.—北京:中国农业出版社,2013.—261页:照片,图：21cm.—ISBN978-7-109-18080-2:CNY49.00

典藏地：DZU

2404

德州西瓜/郑世杰,贺洪辉编著.—北京:中国农业出版社,1989.12.—73页：20cm.—ISBN7-109-01384-7:CNY1.15

典藏地：DZU

2405

黄淮海平原盐碱地改良/中国农业科学院农田灌溉研究所编.—北京:农业出版社,1977.—336页：20cm.—CNY1.10

典藏地：DZU

2406

乐陵小枣甲天下/刘嘉琰.—海口:南海出版公司,1993.07.—248页：20cm.—ISBN7-5442-0068-X:CNY9.80

典藏地：DZU、DZS

2407

农业清洁生产的经济学分析/吕志轩编著.—北京:科学出版社,2009.08.—143页：24cm.—ISBN978-7-03-025166-4:CNY33.00

典藏地：DZU

2408

山东家禽/郎丰功主编.—济南:山东科学技术出版社,2000.—10,599页:照片及图：26cm.—ISBN7-5331-2543-6（精装）:CNY90.00

典藏地：DZU

2409

商河县农牧渔业志/商河县农牧渔业局主编.—商河:商河县农牧渔业局,1989.—123页：26cm

典藏地：DZS

2410

小麦耐旱耐盐碱育种及其栽培/王焕文著.—183页:照片：21cm

典藏地：DZS

2411

禹城市创建省级园林城市:城市园林篇/禹城市创建省级园林城市领导小组办公室.—禹城:禹城市创建省级园林城市领导小组办公室,2011年.—145页：29cm

典藏地：QYX

2412

禹城市创建省级园林城市:技术报告《山东省园林城市标准》逐项说明/禹城市创建省级园林城市领导小组办公室.—禹城:禹城市创建省级园林城市领导小组办公室,2011年.—31页:图：29cm

典藏地：QYX

2413

禹城市创建省级园林城市:申报材料/禹城市创建省级园林城市领导小组办公室.—禹城:禹城市创建省级园林城市领导小组办公室,2011年.—19页；29cm

典藏地：QYX

2414

禹城市创建省级园林城市:文件汇编篇（1）/禹城市创建省级园林城市领导小组办公室.—禹城:禹城市创建省级园林城市领导小组办公室,2011年.—142页：29cm

典藏地：QYX

2415

禹城市创建省级园林城市:文件汇编篇（2）/禹城市创建省级园林城市领导小组办公室.—禹城:禹城市创建省级园林城市领导小组办公室,2011年.—154页：29cm

典藏地：QYX

2416

怎样种好棉花/德州地区行署棉办.—1982.—55页：13cm.—800元（旧币）

典藏地：DZU

2417

中国农业系统发展史/任继周主编.—南京:江苏凤凰科学技术出版社,2015.—586页:图,照片,地图：26cm.—ISBN978-7-5537-2861-2:CNY280.00

典藏地：DZU

T 工业技术（2418—2465）

2418

宝生说酒/尹宝生著.—济南:九州出版社,2014.—387页：20cm.—ISBN978-7-5108-2865-2:CNY59.00

典藏地：DZU

2419

操作系统及应用/卫泽友等编.—北京:电子工业出版社,1992.—255页：20cm.—（计算机应用基础系列丛书）.—ISBN7-5053-1929-9:CNY5.50

典藏地：DZU

2420

大学IT实验教程/刘法胜主编.—东营:石油大学出版社,2003.08.—280页：26cm.—ISBN7-5636-1793-0:CNY21.80

典藏地：DZU

2421

德州"扒鸡文化"/杨华编著.—北京:线装书局,2012.11.—295页：20cm.—ISBN978-7-5120-0736-9:CNY30.00

典藏地：DZU、DZS

2422

德州地区黄河志:1855-1985/山东黄河河务局德州修防处编.—[德州]:[编者刊],1990.—241页:地图,照片：27cm.—（精装）

典藏地：DZU

2423

德州地区水利志/冯海昌,杨清波主编.—南京:河海大学出版社,1994.07.—

432页：16开.—ISBN7-5630-0689-3（精装）:CNY45.00

典藏地：DZU、DZS

2424

德州黄河志:1986-2005/德州黄河河务局编.—郑州:黄河水利出版社,2013.01.—361页,[17]页图版:图,地图：27cm.—ISBN978-7-5509-0403-3（精装）:CNY108.00

典藏地：DZU

2425

德州市水利志:1986-2000/王圣轩主编：德州市水利志编纂委员会编.—[德州]:[德州市水利志编纂委员会],[2004].—360页:地图,彩照：26cm.—（精装）

典藏地：DZU

2426

德州市水利志:2001-2017年/德州市水利志编纂委员会编.—北京:中国水利水电出版社,2018.—579页:彩照：29cm.—ISBN978-7-5170-6905-8（精装）:CNY268.00

典藏地：DZU、DZS

2427

低碳环保视域下的能耗控制策略研究/李丽著.—北京:科学出版社,2018.06.—152页:图：24cm.—ISBN978-7-03-057701-6:CNY88.00

典藏地：DZU

2428

纺织工程专业规范研究/徐静,王秀芝主编.—上海:东华大学出版社,2012.—278页：26cm.—ISBN978-7-5669-0082-1:CNY40.00

典藏地：DZU

2429

服饰图案/主编徐静,王允.—上海:东华大学出版社,2011.05.—108页:图：29cm.—ISBN978-7-81111-852-0:CNY36.00

典藏地：DZU

2430

服饰与流行:把握时尚潮流风向标/穆慧玲著.—北京:化学工业出版社,2014.01.—154页:彩图:26cm.—ISBN978-7-122-18490-0:CNY45.00

典藏地:DZU

2431

服装缝制工艺/徐静,王允,李桂新主编.—上海:东华大学出版社,2010.—177页:图:26cm.—ISBN978-7-81111-669-4:CNY29.00

典藏地:DZU

2432

服装流行与审美变迁/穆慧玲著.—北京:中国社会科学出版社,2018.10.—211页,[22]页图版:图(部分彩图).—,肖像:24cm.—ISBN978-7-5203-3065-7:CNY54.00

典藏地:DZU

2433

服装面料及其服用性能/于湖生主编.—北京:中国纺织出版社,2003(2004重印).—295页:21cm.—ISBN7-5064-2699-4:CNY25.00

典藏地:DZU

2434

服装人才的培养/王秀芝著.—北京:中国社会科学出版社,2019.12.—214页,[16]页图版:图(部分彩图).—:24cm.—ISBN978-7-5203-5588-9:CNY78.00

典藏地:DZU

2435

服装制版CAD/王秀芝编著.—上海:东华大学出版社,2012.—201页:图:26cm.—+光盘1片.—ISBN978-7-81111-971-8:CNY29.00(含光盘)

典藏地:DZU

2436

旱涝规律分析/德州水利局.—111页:无图表:19cm

典藏地:DZU

2437

计算机应用基础/巩建闽等主编.—北京:高等教育出版社,2000.06.—318页:26cm.—ISBN7-04-008648-4:CNY20.00

典藏地：DZU

2438

酒仙山/古贝春集团有限公司主办.—2012.—27cm

典藏地：DZU

2439

平板太阳能技术及应用/胡晓花,袁家普,孙如军主编.—北京:清华大学出版社,2014.01.—164页:图：23cm.—（太阳能热利用技术丛书）.—ISBN978-7-302-34357-8:CNY25.00

典藏地：DZU

2440

平面构成与服装艺术/赵萌著.—北京:化学工业出版社,2013.—129页:图：26cm.—ISBN978-7-122-18091-9:CNY38.00

典藏地：DZU

2441

齐鲁服饰文化研究/徐静,穆慧玲著.—北京:中国社会科学出版社,2013.—262页:图：24cm.—（山东省社会科学规划研究项目文丛）.—ISBN978-7-5161-2651-6:CNY52.00

典藏地：DZU

2442

齐鲁饮食文化/梁国楹,王瑞著.—济南:山东文艺出版社,2004.—123页:21cm.—（齐鲁历史文化丛书）.—ISBN7-5329-2365-7:CNY10.60

典藏地：DZU、DZS

2443

气体压缩的工艺与操作/德州化工厂.—燃料化学出版社.—150页:无图表：19cm.—CNY0.40

典藏地：DZU

2444

山东黄河大事记:1946-2005/山东黄河河务局编.—郑州:黄河水利出版社,2006.—[88],644页,[1]叶图版:地图：27cm.—ISBN7-80621-968-4（精装）:CNY132.00

典藏地：DZU

2445

山东运河沿线城市空间形态解析及济宁运河遗产活化研究/赵静著.—武汉:华中科技大学出版社,2020.1.—184页:图,地图：24cm.—（中国城市建设技术文库）.—ISBN978-7-5680-5899-5:CNY49.80

典藏地：DZU

2446

食品安全危机信息在社交媒体中的传播研究/韩大平著.—北京:中国社会科学出版社,2018.—189页:图：24cm.—ISBN978-7-5203-2638-4:CNY48.00

典藏地：DZU

2447

太阳能改变生活:第四届世界太阳城大会档案资料选编/德州市档案局（馆）.—.—2014.—222页：26cm

典藏地：DZU

2448

太阳能热水系统施工管理/孙如军,袁家普著.—北京:清华大学出版社,2013.05.—348页:图：26cm.—ISBN978-7-302-30796-9:CNY48.00

典藏地：DZU

2449

温话德州扒鸡/陈星耀著.—德州:德州扒鸡总公司.—46页:照片：19cm

典藏地：DZS

2450

现代彩色电视机原理与维修/张福安等编著.—呼和浩特:内蒙古大学出版

社,2003.01.—325页：27cm.—ISBN7-81074-366-X:CNY38.00

  典藏地：DZU

2451

现代服装创意/赵萌著.—北京:中国社会科学出版社,2014.—126页:图：24cm.—ISBN978-7-5161-4846-4:CNY36.00

  典藏地：DZU

2452

一读就懂的中国服饰简史/徐静,穆慧玲编著.—上海:东华大学出版社,2014.—124页:图：24cm.—（中国风：中华服饰文化系列）.—ISBN978-7-5669-0592-5:CNY29.50

  典藏地：DZU

2453

漳卫南运河落实最严格水资源管理制度研究/张胜红主编.—北京:中国水利水电出版社,2016.12.—329页:图：26cm.—ISBN978-7-5170-5101-5:CNY120.00

  典藏地：DZU

2454

漳卫南运河年鉴.2013/漳卫南运河管理局编.—北京:中国水利水电出版社,2013.—172页:彩照：26cm.—ISBN978-7-5170-1195-8（精装）:CNY120.00

  典藏地：DZU

2455

漳卫南运河年鉴.2014/漳卫南运河管理局编.—北京:中国水利水电出版社,2014.—199页:彩照：26cm.—ISBN978-7-5170-2523-8（精装）:CNY120.00

  典藏地：DZU

2456

漳卫南运河年鉴.2015/漳卫南运河管理局编.—北京:中国水利水电出版社,2015.—182页：26cm.—ISBN978-7-5170-3850-4（精装）:CNY120.00

  典藏地：DZU

2457

漳卫南运河年鉴.2016/漳卫南运河管理局编.—北京:中国水利水电出版社,2016.—178页：26cm.—ISBN978-7-5170-4866-4（精装）:CNY120.00

典藏地：DZU

2458

漳卫南运河年鉴.2017/漳卫南运河管理局编.—北京:中国水利水电出版社,2017.—252页：26cm.—ISBN978-7-5170-6062-8（精装）:CNY120.00

典藏地：DZU

2459

漳卫南运河水资源与水环境战略/刘传武主编.—天津:天津科学技术出版社,2003.12.—164页：26cm.—ISBN7-5308-3584-X:CNY18.00

典藏地：DZU、DZS

2460

漳卫新河治理工程建设管理/刘志军主编：《漳卫新河治理工程建设管理》编纂委员会编著.—北京:中国水利水电出版社,2012.—266页:地图：21cm.—ISBN978-7-5170-0283-3:CNY25.00

典藏地：DZS

2461

中国古代酒名/曹鼎著.—北京:中国出版集团,现代出版社,2015.—116页：20cm.—ISBN978-7-5143-3765-5:CNY19.80

典藏地：DZU

2462

中国古建筑艺术的人文体现/傅志超著.—北京:兵器工业出版社,2014.—233页：24cm.—ISBN978-7-5181-0039-2:CNY32.00

典藏地：DZU

2463

中国火药火器史话/许会林编著.—北京:科学普及出版社,1986.06.—195:无图表：32cm.—CNY0.96

典藏地：DZU

2464

中国太阳城:德州/主编姜德勇.—2013.—26cm

典藏地：DZU

2465

中外服饰艺术/穆慧玲著.—北京:中国社会科学出版社,2013.—300页:图：24cm.—ISBN978-7-5161-3318-7:CNY58.00

典藏地：DZU

U 交通（2466—2468）

2466

我国古代的水利工程/方楫编著.—上海:新知识出版社,1955.—94页：19cm.—CNY0.32

典藏地：DZS

2467

漳卫南运河志稿/史志编写组编.—德州:水电部海委漳卫南运河管理局,1987.—191页:照片：26cm

典藏地：DZS

2468

中国武城汽车零部件产业发展论坛集萃/中共武城县委办公室编.—138页：21cm

典藏地：DZS

X 环境科学、安全科学（2469—2470）

2469

德州市自然灾害年表/主编张岩.—2014.—91页：20cm

典藏地：DZU

2470

漳卫南运河流域水资源水环境综合模拟与管理/徐宗学等著.—北京:中国水利水电出版社,2013.01.—328页:图：26cm.—ISBN978-7-5170-0486-8:CNY75.00

典藏地：DZU

Z 综合性图书（2471—2536）

2471

德城年鉴.2016/德州市德城区人民政府主办：德城区地方史志.—中国文史出版社,2016.06.—603页：27cm.—ISBN978-7-5034-7818-5:CNY300.00

典藏地：DZU、DZS

2472

德城年鉴.2017/德州市德城区地方史志办公室编.—北京:中国文史出版社,2017.—35,534页:照片,地图：29cm.—ISBN978-7-5034-9262-4（精装）:CNY380.00

典藏地：DZS

2473

德州年鉴.1993/刘福华主编.—济南:齐鲁书社,1993.—487页：28cm.—ISBN7-5333-0390-3:CNY50.00

典藏地：DZU、DZS

2474

德州年鉴.1994/张今三主编.—济南:齐鲁书社,1995.03.—360页：16开.—ISBN7-5333-0484-5:CNY55.00

典藏地：DZU、DZS

2475

德州年鉴.1995/张今三主编.—济南:齐鲁书社,1995.—337页：16开.—ISBN7-5333-0484-5:CNY62.00

典藏地：DZU、DZS

2476

德州年鉴.1996/张今三主编.—济南:齐鲁书社,1996.—379页：16开.—ISBN7-5333-0545-0:CNY78.00

典藏地：DZU、DZS

2477

德州年鉴.1997/张今三主编.—北京:方志出版社,1997.—302页：16开.—ISBN7-80122-179-6:CNY98.00

典藏地：DZU、DZS

2478

德州年鉴.1998/张今三主编.—北京:方志出版社,1998.—314页：28cm.—ISBN7-80122-322-5:CNY98.00

典藏地：DZU、DZS

2479

德州年鉴.1999/山东省德州市地方史志编.—北京:方志出版社,1999.—338,100页：16开.—ISBN7-80122-465-5:CNY120.00

典藏地：DZU、DZS、DCQ

2480

德州年鉴.2000/山东省德州市地方史志办公室编.—北京:方志出版社,2000.—383页：28cm.—ISBN7-80122-573-2:CNY100.00

典藏地：DZU、DZS、DCQ

2481

德州年鉴.2001/山东省德州市地方史志办公室编.—北京:中华书局出版社,2001北京:中华书局.—423页：16开.—ISBN7-101-03020-3:CNY100.00

典藏地：DZU、DZS

2482

德州年鉴.2002/德州市史志办公室编.—济南:山东省地图出版社,2002.09.—393页:16开.—ISBN7-80532-585-5:CNY100.00

典藏地：DZU

2483

德州年鉴.2003/德州市史志办公室编.—济南:山东省地图出版社,2003.—427页:28cm.—ISBN7-80532-647-9:CNY110.00

典藏地:DZU、DZS

2484

德州年鉴.2004/山东省德州市地方史志办公室编.—北京:方志出版社,2004 济南:山东省地图出版社.—410页:16开.—ISBN7-80532-779-3:CNY120.00

典藏地:DZU、DZS

2485

德州年鉴.2005/山东省德州市地方史志办公室编.—北京:方志出版社,2005 济南:山东省地图出版社.—440页:16开.—ISBN7-80532-857-9:CNY100.00

典藏地:DZU、DZS、YCS

2486

德州年鉴.2006/山东省德州市地方史志办公室编.—北京:中国出版社,2006.10.—469页:28cm.—ISBN988-97638-0-X:CNY100.00

典藏地:DZU、DZS

2487

德州年鉴.2007/山东省德州市地方史志办公室编.—北京:中国出版社,2007.07.—332页:28cm.—ISBN988-97638-0-X:CNY100.00

典藏地:DZU、DZS

2488

德州年鉴.2008/山东省德州市地方史志办公室编.—北京:中国出版社,2008.10.—368页:28cm.—ISBN988-97638-0-X:CNY120.00

典藏地:DZU、DZS

2489

德州年鉴.2009/山东省德州市地方史志办公室编.—北京:中国出版社,2008.—407页:28cm.—ISBN988-97638-0-X:CNY120.00

典藏地:DZU、DZS

2490

德州年鉴.2010/山东省德州市地方史志办公室编.—北京:中国出版社,2011.—440页：28cm.—ISBN988-97638-0-X:CNY120.00

典藏地：DZU、DZS

2491

德州年鉴.2011/李其常主编：山东省德州市地方史志办公室编.—北京:中国文史出版社,2011.—18,530页:地图,彩图（48页）.—：29cm.—ISBN978-7-5034-3093-0（精装）:CNY160.00

典藏地：DZU、DZS

2492

德州年鉴.2012/山东省德州市地方史志办公室编.—北京:中国文史出版社,2012.—463页：28cm.—ISBN978-7-5034-3487-7（精装）:CNY300.00

典藏地：DZU、DZS

2493

德州年鉴.2013/李其常主编：山东省德州市地方史志办公室编.—北京:中国文史出版社,2013.09.—17,489页:地图,彩图（32页）.—：29cm.—ISBN978-7-5034-3093-0（精装）:CNY300.00

典藏地：DZU、DZS

2494

德州年鉴.2014/山东省德州市地方史志办公室编：山东省德州市地方史志办公室编.—北京:中国文史出版社,2014.09.—18,481页:地图,彩图（32页）.—：29cm.—（德州市地方史志丛书）.—ISBN978-7-5034-5299-4（精装）:CNY300.00

典藏地：DZU、DZS

2495

德州年鉴.2015/山东省德州市地方史志办公室编：山东省德州市地方史志办公室编.—北京:中国文史出版社,2015.09.—14,375页:地图,彩图（32页）.—：29cm.—（德州市地方史志丛书）.—ISBN978-7-5034-6335-8（精装）:CNY300.00

典藏地：DZU、DZS

2496

德州年鉴.2016/山东省德州市地方史志办公室编：山东省德州市地方史志办公室编.—北京:中国文史出版社,2016.09.—14,408页:地图,彩图（32页）.—：29cm.—（德州市地方史志丛书）.—ISBN978-7-5034-7762-1（精装）:CNY300.00

典藏地：DZU、DZS

2497

德州年鉴.2017（总第25卷）/山东省德州市地方史志办公室编.—北京:方志出版社,2017.—22,430页:彩图,彩照：29cm.—ISBN978-7-5144-2719-6（精装）:CNY300.00

典藏地：DZU、DZS

2498

德州年鉴.2020/山东省德州市地方史志办公室编.—北京:方志出版社,2020.—22,430页:彩图,彩照：29cm.—ISBN978-7-5144-4332-5（精装）:CNY300.00

典藏地：DZU、DZS

2499

德州年鉴简明手册.2015/德州市地方史志办公室编.—北京:中国文史出版社,2015.04.—210页：20cm.—ISBN978-7-5034-6335-8:CNY30.00

典藏地：DZU

2500

德州市四十年/本书编委会.—北京:中国卓越出版公司,1990.05.—524页：20cm.—ISBN7-80071-032-7:CNY9.60

典藏地：DZU、DZS

2501

蒋楷文集/陈广珍,张国梁主编.—香港:银河出版社,2002.—277页:21cm.—ISBN962-475-595-7:CNY15.00

典藏地：PYX

2502

教师论文集:德州科技职业学院/高士明主编.—禹城:德州科技职业学院,2008.—174页：26cm

典藏地：QYX

2503

經學通論校注/（清）皮錫瑞撰：張金平校注.—北京:中国社会科学出版社,2019.9.—12,419页：24cm.—ISBN978-7-5203-5072-3:CNY138.00

典藏地：DZU

2504

陵县统计年鉴.2002-2004/陵县统计局编.—2005.08.—167页：20cm.—（精装）:CNY50.00

典藏地：DZU

2505

齐河年鉴:2014//齐河县地方史志办公室编.—北京:中国文史出版社,2015.4.—256页：29cm.—（德州市年鉴丛书）.—ISBN978-7-5034-6335-8（精装）:CNY268.00

典藏地：QHX

2506

齐河投资环境研究/张林泉.—济南:山东科学技术出版社济南,1989.—335页：32cm.—ISBN7-5331-0549-4:CNY4.95

典藏地：QHX

2507

秦汉齐鲁经学/张涛,项永琴著.—济南:山东文艺出版社,2004.—179页：20cm.—（齐鲁历史文化丛书.第4辑）.—ISBN7-5329-2360-6:CNY15.30

典藏地：DZS

2508

庆云年鉴.2013/庆云县地方史志办公室编.—北京:中国文史出版社,2015.—

17,453页:彩照,地图:29cm.—(精装):CNY298.00

典藏地:DZS

2509

庆云年鉴.2016/庆云县地方史志办公室编.—北京:中国文史出版社,2016.—18,316页:地图,彩照:29cm.—ISBN978-7-5034-6335-8(精装):CNY268.00

典藏地:DZU

2510

庆云艺文/刘长新辑注.—海口:南海出版社,2013.—210页:21cm.—ISBN978-7-5442-4668-2:CNY30.00

典藏地:QYX

2511

山东年鉴.2005/《山东年鉴》编辑部编.—山东年鉴出版社,2005.—119页:30cm.—(精装)CNY300.00

典藏地:DZS

2512

山东年鉴.2016/山东省人民政府主办.—济南:山东年鉴出版社,2017.—526页:27cm.—(精装)CNY500.00

典藏地:DZU

2513

山东年鉴.2017/山东省地方史志办公室主编.—济南:山东年鉴社,2018.—576页:照片:29cm.—(精装):CNY500.00

典藏地:DZS

2514

山东年鉴.2018/山东省地方史志办公室主编.—济南:山东年鉴社,2019.—26,576页:地图,彩照(13).—:29cm.—(精装):CNY500.00

典藏地:DZU、DZS

2515

山东省地方志联合目录/山东省图书馆编.—1981.—210页:20cm.—CNY0.72

典藏地：PYX

2516

商河年鉴.2017/商河县史志办公室编.—北京:中国文史出版社,2017.11.—13,312页,[22]页图版:彩图：29cm.—ISBN978-7-5034-9554-0（精装）:CNY198.00

典藏地：DZU

2517

宋人文集篇目分类索引/邓广铭主编.—北京:中华书局,2012.12.—5册（2436页）.—ISBN978-7-101-03837-8:CNY680.00（全套）

典藏地：DZU

2518

武城年鉴.2017卷/武城县党史史志办公室编.—北京:中国文史出版社,2017.—18,572页,[18]页图版:彩图：29cm.—ISBN978-7-5034-9490-1（精装）:CNY300.00

典藏地：DZU

2519

夏津概况.2004年版/夏津县人民政府办公室编.—143页：20cm.—CNY68.00

典藏地：DZU

2520

邢侗集/（明）邢侗著：宫曉偉,修廣利輯較.—济南:齐鲁书社,2017.3.—21,37,818页:图,摹真：25cm.—ISBN978-7-5333-3735-3（精装）:CNY186.00

典藏地：DZU

2521

禹城年鉴:1999-2000/禹城市地方史志办公室编.—禹城,2001.—294页:照片：27cm

典藏地：QYX

2522

禹城年鉴:2008/陈海良主编.—解放军外语音像出版社:洛阳,2009.—363页：27cm.—ISBN978-7-89993-423-4:CNY220.00

典藏地：QYX

2523

禹城年鉴:2017/禹城市人民政府主办：禹城市地方志办公室编.—北京:中国文史出版社,2017.—331页：30cm.—ISBN978-7-5034-9565-6:CNY298.00

典藏地：QYX

2524

中共山东年鉴:2017/中共山东市委主办.—济南:山东人民出版社,2017.—845页：30cm.—ISBN978-7-209-11263-5:CNY268.00

典藏地：QYX

2525

中华大典．宗教典．佛教分典/任继愈主编.—石家庄:河北人民出版社,2016.—5册:26cm.—ISBN978-7-202-11537-4:CNY2450.00

典藏地：PYX

2526

中华大典．宗教典．伊斯兰基督舆诸教分典/任继愈主编..—石家庄:河北人民出版社,2017.—1681页:26cm.—ISBN978-7-202-12476-5:CNY890.00

典藏地：PYX

2527

中华大典.哲学典.儒家分典/任继愈主编：李申[分典]主编.—昆明:云南教育出版社,2007.—7册（35,6665页）.—：26cm.—ISBN978-7-5415-3164-4（精装）:CNY3500.00

典藏地：DZU

2528

中华大典.哲学典.诸子百家分典/任继愈主编：周强[分典]主编：《中华大典》工作委员会,《中华大典》编纂委员会编纂.—昆明:云南教育出版社,2007.—3册（23,2729页）.—：26cm.—ISBN978-7-5415-3165-1:CNY1450.00

典藏地：DZU

2529

中华大典:文献目录典.文献学分典.—桂林:广西师范大学出版社,2012.—2册（1279页）.—：27cm.—ISBN978-7-5495-2948-3（精装）:CNY1200.00

典藏地：DZU

2530

中華大典.理化典.[化學分典].—影印本.—濟南:山東教育出版社,2018.05.—3册（1747,817页）.—：27cm.—ISBN978-7-5701-0158-0（精装）:CNY1600.00

典藏地：DZU

2531

中華大典.理化典.[物理學分典].—濟南:山東教育出版社,2018.05.—4册:图：27cm.—ISBN978-7-5701-0157-3（精装）:CNY1800.00

典藏地：DZU

2532

中華大典.理化典.[中西會通分典].—濟南:山東教育出版社,2018.05.—2册（904,703页）.—:图：27cm.—ISBN978-7-5701-0159-7（精装）:CNY990.00

典藏地：DZU

2533

中華大典.數學典.[會通中西算法分典].—濟南:山東教育出版社,2018.05.—3册（878,841,834页）.—:图：27cm.—ISBN978-7-5701-0155-9（精装）:CNY1500.00

典藏地：DZU

2534

中華大典.數學典.[數學概論分典].—影印本.—濟南:山東教育出版社,2018.05.—11,814,22页:图：27cm.—ISBN978-7-5328-9810-7（精装）:CNY500.00

典藏地：DZU

2535

中華大典.數學典.[數學家與數學典籍分典].—影印本.—濟南:山東教育出版社,2018.05.—713,25頁:27cm.—ISBN978-7-5701-0156-6(精裝):CNY460.00

　　典藏地：DZU

2536

中華大典.數學典.[中國傳統算法分典].—濟南:山東教育出版社,2018.05.—4冊:圖：26cm.—ISBN978-7-5328-9809-1(精裝):CNY1900.00

　　典藏地：DZU

德州地方文献题名索引

一、本索引按书名首字的汉语拼音排序，首字相同者，按第二字的汉语拼音排序，依此类推。

二、书名中标点符号、数字、字母参排，按标点符号、数字、字母顺序排序，且排在汉字前:其中标点符号按MicrosoftWord使用的排列顺序排序，数字按阿拉伯数字大小顺序排列，字母按英文字母顺序排序。

三、书名后所附号码为该书在书目中的序号。

四、一书有多种版本者，集中在同一条目，其序号由小到大一并列出。

标点、符号

（乾隆）平原县志.—印影版	1647
"三个代表"重要思想读本	0167
"枣中之王"乐陵金丝小枣	2401
"转调创"下的平原经济新动能:媒体看平原系列之一	0534
《德州市城乡容貌和环境卫生管理条例》实务指导	0168
《尔雅》普通语词注释	0714
《论语》问答	0006
《诗经》中的山东诗歌	0761
《中国革命和建设基本问题》教与学	0169
1954-2004光辉历程	0170
1954-2004山东农业大学德州专科部大事记	0535
1978-2012年短跑技术与训练理论发展研究	0536

1978年以来中国职业教育法制现代化研究 …………… 0171

1989年度全区政法工作调研文集 ………………………… 0172

2009年山东省情研究报告 …………………………………… 0369

2011年美国校园励志演讲.校长学生篇 ……………… 0715

2011年美国校园励志演讲精选.名人篇 ……………… 0716

2017年德州学院本科专业人才培养方案汇编:双专业 …… 0537

20世纪中国文学理想人格流变论 ………………………… 0762

21世纪中国大学生道德教育创新研究 …………………… 0538

21世纪中国大学生思想教育科学体系构建研究 ………… 0539

21世纪中国数学教育展望.第二辑 ………………………… 2353

3~6岁幼儿社会适应能力培养 ……………………………… 0540

92中国短诗选萃 ………………………………………………… 0763

WTO与经济发展学习材料 …………………………………… 0370

A

阿甘正传 …………………………………………………………… 0717

爱的城堡:感动亿万青少年的亲情故事 ………………… 0764

爱的回声 …………………………………………………………… 0765

爱的绿荫 …………………………………………………………… 0766

爱国志士宋哲元 ………………………………………………… 1648

爱情的学问 ………………………………………………………… 0124

爱之痛:桑恒昌情诗选 ………………………………………… 0767

暧昧与苦涩 ………………………………………………………… 0768

安德田氏家谱 …………………………………………………… 1649

安仁乡志:—1985 ……………………………………………… 1650

鏖战鲁北 …………………………………………………………… 1651

奥普拉演讲访谈录 ……………………………………………… 0718

奥运:精美的文化盛宴 ………………………………………… 0541

B

八路军山东纵队	1652
八年记忆:夏津县抗战时期人口伤亡和财产损失调研	1653
八十而立	0769
八岁的运河:七十年代的日常生活	0770
巴布宗教思想研究	0007
白鹭别墅	0771
白日独思	0772
白鸦	0773
百吉图:百鸡艺术集锦	1514
百科名家中国史	1654
百年魔咒	0774
百年平原影像	1515
百竹园书法作品集	1516
班级体验式心理拓展活动100例	0542
榜样在身边庆云历届道德模范事迹汇编	0173
宝贝,我爱你:王新艳中篇小说集	0775
宝生说酒	2418
保持虔诚	0776
报春燕:散文集	0777
报端耕耘	0778
抱镜集	0779
北厂志	1655
北海道轶事	0780
北京史话	1656
北平历史地理.	1657
北墙的风	0781
北宋政治改革家王安石	0008

北游记:苏禄王传 …… 0782
贝州文化集锦 …… 1658
被表述的民俗艺术:对商河鼓子秧歌的历史人类学考察 …… 1517
奔向新闻:佟化文新闻作品集 …… 0783
奔小康典例百例 …… 0371
本地口音 …… 0784
本体模式下的数字图书馆信息检索与服务研究 …… 0543
彼岸 …… 0785
彼岸花开为君倾 …… 0786
笔墨春秋书画集 …… 1518
笔墨飘香.相约2008:首届"鲁图杯"老年书画展获奖作品集 …… 1519
毕竟东流去 …… 0787
蓖麻花 …… 0788
滨海抗日根据地回忆史料 …… 1659
冰的燃烧 …… 0789
不了情 …… 0790
不确定决策模型的智能求解算法及其应用 …… 0125
不入流者说 …… 0791
不虚此行 …… 0792
不要爱我 …… 0793
不孕怎么办:写给正在努力成为父母的朋友们 …… 2384
不子情 …… 0794
步步惊华:终结篇 …… 0795

C

财务管理学案例与实训教程 …… 0372
彩练跃蓝黄——滨德高速公路建设纪实 …… 0796
彩色的爱 …… 0797

书名	编号
参天的大树	0798
残缺	0799
残阳夕照	1660
操作系统及应用	2419
曹操演义（一）:乱世枭雄	0800
曹梦九在平原	0801
草业科学概论	2402
草业琐谈	2403
草原历险记	0802
曾子与《孝经》	0009
叉鱼:卢振中儿童短篇小说集	0803
茶余饭后说故事:近代名人婚恋故事	0804
柴火筐文集:傲慢乡间.诗歌卷	0805
柴火筐文集:大地璀璨.散文卷	0806
柴火筐文集:康乐农家.小说卷	0807
柴火筐文集:土路博远.杂文卷	0808
柴火筐文集:笑在田野.相声卷	0809
禅拳五步功	0544
肠道健康新生活	2385
常常读错的形声字	0719
常读常错的形声字	0720
晁补之与宋代晁氏家族	1661
尘埃与云朵间	0810
尘界故事	0811
沉思岁月	0812
沉思岁月:朱多锦诗作诗论选	0813
陈独秀之死:一段历史的拂尘与反思贩贩贩	0814
陈龙川传	0010

晨光	0815
撑把雨伞去观景	0816
成春诗集	0817
成长的姿态	0818
迟到的春天	0819
崇德堂主	0820
筹办夷务始末	1662
出土有节:记张国华和他的父老乡亲	0821
出岫集	0822
初级会计学案例与实训教程	0373
雏凤清声	0823
雏声:全国高校校报文学集萃	0824
穿过诗行到故乡	0825
穿越故乡的河流	0826
传统武术的创新发展研究	0545
传统武术在现代健身运动大潮中的定位及发展	0546
创业基础	0547
创业基础案例与实训	0548
创业实践与感悟	0011
创业之歌:全民创业一百例	0374
春风杨柳	0827
春漫鲁北:德州地区工农兵诗集	0828
春秋记韵程显鑫诗词楹联选集	0829
春秋时期齐国政治与外交研究	0174
春天从心里出发	0830
春天向左	0831
春之声:欧洲宗教改革	0832
词二百首	0833

从师德中寻找教育的力量:山东省德州市师德建设实录	0549
从远方走来	1663
丛林故事	0834
璀璨历史古今谈	1664
翠微集	0835
存在或遗忘	0836

D

打开心扉的118扇窗	0837
打造精品:文化产业建设研究	0550
大刀记	0838
大地的足音:报告文学、小说集	0839
大地根脉	0175
大地情怀	0840
大地深情	0841
大地诗行:"三个代表"在山东报告文学集	0842
大风集	0843
大河与平原的对话:黄河文明额齐河符号	0844
大河缘	0845
大连市刘氏家族谱书	1665
大汶口文化:从原始到文明	1666
大学IT实验教程	2420
大学共青团工作理论与实践应用	0176
大学生创业理论与实务	0551
大学生国防教育	0552
大学生科技创新教育	0553
大学生母语素质教育及提升研究	0721
大学生思想政治教育概论	0554

大学生心理健康教育	0555
大学生职业生涯规划与就业指导	0556
大学速读训练教程	0722
大学英语的人文教育向度	0723
大学英语教师专业发展新视角	0557
大学语文	0724
大禹颂书画集:2008中国禹城首届大禹文化节	1520
大运河文化巡礼	0846
大转型	0375
当代跨栏跑运动训练理论实践研究	0558
当代社会生活及其意识形态变迁	0177
当代实力派画家作品集.于秋笠	1521
当代思想政治工作的理论与实践	0559
当代文学名著提要	0847
当代文学新潮	0848
当代知识分子的人际失谐与群体认同:中国社会转型时期的"文人相轻"问题研究	0178
当代志书编纂教程	1667
当代中国的山东	0179
当代中国群众体育理论构建、组织管理与运行机制研究	0560
当代自我诊疗大观	2386
当年会盟地历代歌咏多:齐河史上诗歌蕴藏的故事	0849
当秋天经过时	0850
党史上的清风正气	0180
盗桃仙子东方朔:历史新编神话剧	0851
道德的高原	0181
道德的力量	0852
道德的力量:道德模范事迹汇编(1)	0182

书名	编号
道德的力量:全国道德模范先进事迹纪实	0183
道德经	0012
德城年鉴.2016	2471
德城年鉴.2017	2472
德城区法院志	1668
德城区新湖街道办事处志	1669
德城群星	0853
德城文史.第13辑	1670
德城文史.第16辑	1671
德城文史.第17辑	1672
德城文史.第18辑	1673
德风水韵:2015年感动德州十大人物传记	1674
德平县续志.—印影版	1675
德平县志.—印影版	1676
德水耆英——卢见曾	0854
德县志:民国二十四年.—影印本	1677
德之风水之韵:德州地域文化纵横谈	0561
德州	1678
德州"扒鸡文化"	2421
德州扒鸡的故事	0855
德州碑刻文献选注	1679
德州大事记:1840-2015	1680
德州党史人物传略:第一辑	1681
德州党员干部教育活动档案文献选编	0184
德州地区1726家工业企业经济概况:1990年	0126
德州地区出版志资料长编:1840—1987	0562
德州地区创作歌曲选	1522
德州地区党史专题资料选编.第1辑	0185

德州地区第一次贫农下中农代表大会文件汇编	0186
德州地区多种经营乡镇企业志	0376
德州地区二轻工业志	0377
德州地区废旧物资回收公司志	0378
德州地区妇女第一次代表大会文件	0187
德州地区概况	1682
德州地区供销合作社联合社志	1683
德州地区国民经济统计资料.1983	0379
德州地区化工轻工材料公司志	0380
德州地区黄河志:1855-1985	2422
德州地区建筑材料公司志	0381
德州地区教育论文选教育改革与探索	0563
德州地区教育史志资料	0564
德州地区教育志	0565
德州地区金属材料公司志:1964--1985	0382
德州地区经济社会发展战略研究报告	0383
德州地区科学技术志	2346
德州地区民歌及创作歌曲选	1523
德州地区民间歌曲集	1524
德州地区民间器乐曲选	1525
德州地区木材公司志:1958--1985	0384
德州地区农村金融志:1949--1988	0385
德州地区青年农业学大寨积极分子大会文件	0188
德州地区人民医院志	1684
德州地区水利志	2423
德州地区税务志	0386
德州地区统计年鉴.1986	0127
德州地区统计年鉴.1993	0128

书名	编号
德州地区统计年鉴.1994	0129
德州地区土地资源	0387
德州地区卫生志:1840-1985	2387
德州地区物资服务公司志	0388
德州地区物资局禹城中转站志:1979—1985	0389
德州地区物资志	1685
德州地区县市名考与乡情	1686
德州地区志	1687
德州地区自然科学优秀学术论文授奖名册:1979—1986	2347
德州地区自然科学优秀学术论文授奖名册:1987—1988	2348
德州地区综合国土规划	1688
德州地区综合农业区划	0390
德州地域文化	0566
德州地域文化二十讲	0567
德州地域文化概论	0568
德州地域文化拾遗	1689
德州地域文献资料题要	1690
德州董子园风景区经典题字精选	1526
德州方言实录与研究	0569
德州方言与普通话	0725
德州方言志	0726
德州风情	0856
德州风物志	1691
德州改革开放30年大事记:1978.12-2008.12	0189
德州改革开放实录	0190
德州概览	1692
德州共青团史稿:1922-2012	0191
德州广播电视志:1937—1985	0570

标题	编号
德州过大年	1693
德州行署一九八九年大事记	0192
德州河东新城建设志	0391
德州黑陶文化	1527
德州话与普通话	0727
德州黄河志:1986—2005	2424
德州辉煌五十年	0193
德州技工学校志	0571
德州简史	0572
德州建设志	0392
德州交通集团有限公司志.1948—2018	0393
德州经济技术开发区志:1998—2017	0394
德州经济研究:一九八八年	0395
德州经济研究:一九八九年	0396
德州舊志九種校注	1694
德州抗日斗争	0573
德州抗日英模纪略	1695
德州抗战图史:纪念中国人民抗日战争暨世界反法西斯战争胜利70周年	1696
德州考古文集	1697
德州老字号研究	0397
德州李庄 五里庄李氏族谱.第二卷,近代人的足迹	1698
德州历代名人	0574
德州卢氏家族研究	1699
德州棉麻站志	0398
德州棉烟麻采购供应站志	1700
德州民歌集	1528
德州民间艺术概观	1529

条目	页码
德州民俗研究	0575
德州名镇古村	1701
德州明清墓志集注	1702
德州明清史:初稿	1703
德州明清仕宦家族	1704
德州年鉴.1993	2473
德州年鉴.1994	2474
德州年鉴.1995	2475
德州年鉴.1996	2476
德州年鉴.1997	2477
德州年鉴.1998	2478
德州年鉴.1999	2479
德州年鉴.2000	2480
德州年鉴.2001	2481
德州年鉴.2002	2482
德州年鉴.2003	2483
德州年鉴.2004	2484
德州年鉴.2005	2485
德州年鉴.2006	2486
德州年鉴.2007	2487
德州年鉴.2008	2488
德州年鉴.2009	2489
德州年鉴.2010	2490
德州年鉴.2011	2491
德州年鉴.2012	2492
德州年鉴.2013	2493
德州年鉴.2014	2494
德州年鉴.2015	2495

德州年鉴.2016	2496
德州年鉴.2017（总第25卷）	2497
德州年鉴.2020	2498
德州年鉴简明手册.2015	2499
德州农业生产资料采购供应站志	0399
德州区域文献资料题要	1705
德州人物志:1949-2008	1706
德州社会经济单位概括.1996	1707
德州社会主义时期专题资料.第1辑	0194
德州史话	1708
德州史林漫步	1709
德州史志	1710
德州市2004年度文化科技卫生"三下乡"活动材料汇编	0576
德州市报纸志	0577
德州市财贸志	0400
德州市城市建设统计资料汇编	0401
德州市德城区军事志（1989~2005）	1711
德州市德城区政协志	1712
德州市地书协会书画集:纪念德州市地书协会成立一周年	1530
德州市第三届书法篆刻大赛作品集	1531
德州市第十三届人民代表大会第二次会议汇刊	0195
德州市房产管理局志	0402
德州市非物质文化遗产集萃	0578
德州市工商行政管理志	0403
德州市工业志	1713
德州市公安志:1840-1985	1714
德州市国民经济和社会发展第十个五年计划纲要汇编	0404
德州市行政审批规范手册	0196

书名	编号
德州市机械志:1902-1985	0405
德州市纪念改革开放30周年十件大事评选揭晓仪式	0197
德州市交通志	0406
德州市教育志:1840——1985	0579
德州市军事史	1715
德州市军事志	0364
德州市老干部书画作品集	1532
德州市民政志初稿	1716
德州市民族团结和谐进步征文选	0198
德州市农业志	0407
德州市农业自然资源调查和农业区划报告	0408
德州市区商用图说明	0409
德州市人民代表大会志:1946.6--1993.1	0199
德州市申报2002年度全省文化科技卫生"三下乡"活动组织工作奖材料	0580
德州市市、县（市区）人代会工作报告:政府、计划、财政	0200
德州市市、县（市区）人代会十五计划纲要	0201
德州市首届书法篆刻大赛作品集:英潮杯赞祖国.扬「四德」	1533
德州市水利志	0410
德州市水利志:1986-2000	2425
德州市水利志:2001-2017年	2426
德州市税务志	0411
德州市四十年	2500
德州市体育志	0581
德州市文化产业项目书	0582
德州市文化广电新闻出版局工作"十三五"发展规划	0583
德州市文化广电新闻出版局工作政策法规汇编	0584
德州市文化艺术志（1840-1988）	0585

德州市物价志	0412
德州市物资志	1717
德州市盐店口街道办事处志	1718
德州市医药卫生志:1840-1985	1719
德州市邮电志	1720
德州市政协工作综览:1998.2-2003.2	0202
德州市政协工作综览:2003.3-2008.1	0203
德州市政协工作综览:2008.1-2012.2	0204
德州市职工学习100问	0205
德州市志	1722
德州市志（光盘版）.—[地方志]	1721
德州市志:1986-2011	1723
德州市志:原稿	1724
德州市志大事记:1986-2013	1725
德州市驻村帮扶推进新农村建设调研文集	0413
德州市自然灾害年表	2469
德州书法篆刻作品集	1534
德州书画名家精品集	1535
德州书画展作品选集	1536
德州四十年	1726
德州苏禄王墓研究	1727
德州调查年鉴.2015	0130
德州调查年鉴.2016	0131
德州通史简编	1728
德州统计年鉴.1995	0132
德州统计年鉴.1996	0133
德州统计年鉴.1997	0134
德州统计年鉴.1998	0135

德州统计年鉴.1999 …………………………………………… 0136
德州统计年鉴.2000 …………………………………………… 0137
德州统计年鉴.2001（总第4期）.— ………………………… 0138
德州统计年鉴.2002（总第5期）.— ………………………… 0139
德州统计年鉴.2003 …………………………………………… 0140
德州统计年鉴.2004（总第7期）.— ………………………… 0141
德州统计年鉴.2015（总第18期）.— ………………………… 0142
德州外贸化机志 ……………………………………………… 0414
德州往事 ……………………………………………………… 1729
德州文化大观.1,历史人物卷 ………………………………… 1730
德州文化大观.2,珠海撷贝 …………………………………… 1731
德州文化大观.3,民间传说 …………………………………… 1732
德州文化大观.4,名门望族 …………………………………… 1733
德州文化大观.5,地名故事 …………………………………… 1734
德州文化大观.6,风土人情 …………………………………… 1735
德州文化大观.7,传奇故事 …………………………………… 1736
德州文化大观.8,文化长廊 …………………………………… 1737
德州文化大观.9,九河遗珠 …………………………………… 1738
德州文化大观.10,名人传记 ………………………………… 1739
德州文化通览 ………………………………………………… 1740
德州文集 ……………………………………………………… 0206
德州文史.第10辑德州民营企业家的崛起 …………………… 0858
德州文史.第11辑德州民营企业家的崛起 …………………… 0859
德州文史.第12辑 ……………………………………………… 1749
德州文史.第14辑 ……………………………………………… 1750
德州文史.第15辑 ……………………………………………… 1751
德州文史.第16辑 ……………………………………………… 0860
德州文史.第17辑纪念抗日战争胜利五十周年专辑 ………… 1752

德州文史.第1辑 …… 1741
德州文史.第2辑,风物专辑 …… 1742
德州文史.第3辑[地方文史] …… 1743
德州文史.第4辑,德州民营企业家的崛起[地方文史] …… 1744
德州文史.第5集 …… 1745
德州文史.第6辑德州民营企业家的崛起 …… 0857
德州文史.第7集 …… 1746
德州文史.第8辑 …… 1747
德州文史.第9辑 …… 1748
德州文物古迹 …… 0586
德州物价志 …… 0415
德州西瓜 …… 2404
德州乡土志.—印影版 …… 1753
德州乡土志集.德州文集 …… 1754
德州新锐诗人作品自选集 …… 0861
德州学院（1971-2011）校友录 …… 0587
德州学院年鉴.2019 …… 0588
德州学院史:1971-2011 …… 0589
德州学院文化科技创新成果汇编:2001-2005 …… 0590
德州野生鸟谱 …… 1537
德州医药志 …… 2388
德州饮食文化 …… 0591
德州英才 …… 0592
德州英模.第一卷 …… 1755
德州迎香港回归祖国书画作品选 …… 1538
德州邮电年鉴:1986--1995 …… 0416
德州邮电年鉴:1996.1--1998.10 …… 0417
德州邮电志 …… 0418

德州运河民俗	1756
德州运河文化	0593
德州运河文化遗产保护与开发研究	1757
德州志.卷1:沿革,疆域,卷二:纪事,卷三:河渠	1758
德州志.卷10:贞节,卷十一:业记	1763
德州志.卷12上:艺文	1764
德州志.卷12下:艺文	1765
德州志.卷4:疆域,卷五:建置	1759
德州志.卷6:州户口赋役,衙户口赋役,卷七:漕政,军政,河政,驿政	1760
德州志.卷8:宦迹,职官	1761
德州志.卷9:人物,贡举	1762
德州志.序跋凡例,目录,卷首:时巡恭纪,御制恭纪,皇恩恭纪,行宫恭纪	1766
德州重大历史事件	0594
德州作家精品集	0862
德州作家精品集	0863
德州作家名录	1767
等你春暖花开	0864
邓广铭治史丛稿	1768
邓小平理论研究	0001
邓小平政治哲学研究	0002
邓友梅	0865
邓友梅集	0866
邓友梅小说选	0867
低熟油生成机理及成油体系:以济阳坳陷牛庄洼陷南部斜坡为例	2380
低碳环保视域下的能耗控制策略研究	2427
涤虑斋旧梦	0868
地出霞光	0869
地方本科院校创新性应用型人才培养模式研究	0595

地方新建本科院校协同创新与协同育人模式研究 …………… 0596
地球上不知我一个人 …………………………………… 0013
地是琵琶路作弦 ………………………………………… 0870
地书情怀 ………………………………………………… 1539
第二次鸦片战争.（1） …………………………………… 1769
第二次鸦片战争.（2） …………………………………… 1770
第二次鸦片战争.（3） …………………………………… 1771
第二次鸦片战争.（4） …………………………………… 1772
第二次鸦片战争.（5） …………………………………… 1773
第二次鸦片战争.（6） …………………………………… 1774
第三岸.第1辑 …………………………………………… 0871
第三岸.第2辑 …………………………………………… 0872
第三岸.第3辑 …………………………………………… 0873
第三岸.第4辑 …………………………………………… 0874
第三届中国智能计算大会论文集 ……………………… 2389
第四极:中国"蛟龙"号挑战深海 ……………………… 0875
第一支颂歌 ……………………………………………… 0876
电磁场理论要点与题解 ………………………………… 2354
电话里的歌声 …………………………………………… 0877
丁兴才书真草千字文:书法作品集 ……………………… 1540
定向运动基本理论构建与实践研究 …………………… 0597
东方朔全传 ……………………………………………… 0878
东方之子:影响中国的40位艺术家选集:宋宪亭卷 …… 0879
东方卓别林 ……………………………………………… 0880
东坡曰 …………………………………………………… 0598
东辛店乡志 ……………………………………………… 1775
东夷古史传说 …………………………………………… 1776
冬至时分 ………………………………………………… 0881

董讷柳村诗集注释 …… 0882
董仲舒学术研讨会论文集 …… 0014
读写双快能力训练与坚持 …… 0728
笃爱教育 …… 0883
杜受田故居 …… 1777
短篇小说选:1977-1978.9 …… 0884
段玉魏宜贤书画集 …… 1541
断续声随断续风 …… 0885
断崖 …… 0886
对酒当歌:古贝春集团模范人物报告文学集 …… 0887
多彩的项链 …… 0888
多维视野中的老舍创作研究 …… 0889
多重视角看齐河 …… 0890

E

俄语法律词汇:法庭辩护词中的法律词汇研究 …… 0207
恩縣鄉土志 …… 1778
恩縣續志.一雍正版本 …… 1779
恩縣志:萬曆明朝 …… 1780
儿童智能发展不平衡研究 …… 0599
二十世纪中国文学中的母爱主题和儿童教育 …… 0891

F

发现与批判:朱多锦文论论稿选 …… 0892
发展成就与思考 …… 0893
法律格言书法欣赏集 …… 1542
法律基础课案例精选与评析 …… 0208
凡界渡风:鲁斌散文集 …… 0894

凡人轶情:鲁斌中篇小说集	0895
范仲淹与山东	1781
芳草地	0896
芳草集	0897
房产战争.1,像狼一样思考	0898
房间炉火:王龙水短篇小说集	0899
房玉宾	1543
纺织工程专业规范研究	2428
放歌大平原	1544
放歌武城人	0900
飞鸿印雪:德州学院美术系2003级2005级学生写生优秀作品集	1545
菲茨杰拉德小说艺术研究	0901
沸腾的冰	0902
沸腾的胶州湾	0903
粉色记忆	0904
风臣诗文选集	0905
风穿着花瓣的鞋子走过	0906
风的色彩	0907
风行四季	0908
风华德州	0909
风流铁血梦	0910
风马牛	0911
风骚商河	0912
风俗文化视阈下的先秦两汉文学	0913
风雨大刀魂:郭澄清评传	1782
风雨蝶变	0914
风雨家国四十年德州文史.第1辑	1783
风雨人生	0915

风雨五十载	0916
风雨物价人:德州物价系统先进人物先进事迹汇编	1784
风雨芷兰:杨汇泉诗词集	0917
风云风雨风采	0918
风之歌:李凤臣诗集	0919
枫林唱晚	0920
枫叶正红:乐陵市离退休干部回忆录	0921
疯狂的目光	0922
冯廷樾诗笺注	0923
馮定敏的書法藝術	1546
佛教经籍选编	0015
佛教史	0016
服饰图案	2429
服饰与流行:把握时尚潮流风向标	2430
服装缝制工艺	2431
服装流行与审美变迁	2432
服装面料及其服用性能	2433
服装人才的培养	2434
服装制版CAD	2435
浮世苍生	0924
抚昔诗韵	0925
父亲上树	0926
复变函数论	2355
复变函数学习指导	2356
复仇记	0927
缚苍龙	0928

G

改革大潮中的德州	0209
钢琴演奏表演艺术研究	1547
钢铁铸造的岁月:长篇报告文学	0929
高等代数的方法研究	2357
高等代数教育学	2358
高等代数习题课讲义	2359
高等学校管理创新研究	0600
高分子化学实验	2360
高师声乐教育的理论与实践	1548
高唐县志	1785
高校核心价值体系教育创新研究	0601
高校课程体系设计研究:兼论OBE课程设计	0602
高校图书馆文献资源建设质量管理	0603
高校图书馆信息资源建设与信息服务	0604
高校足球教学理念与科学训练研究	0605
高效生态经济理论与实践	0419
歌风台随笔	0930
革命历程传奇一生	1786
隔着花朵	0931
个性化的日常生活如何可能:赫勒日常生活理论研究	0143
个性作文:德州市高中生优秀习作征文获奖作文选	0729
给梦想插上翅膀:激励亿万青少年的成功故事	0932
耕海探洋	0933
工作制度规范汇编	0420
公仆情	1787
公文写作锁谈	0730
公余随笔	0934

条目	编号
龚威将军马龙潭	0935
共和国永远铭记:南下干部历史贡献理论研讨会论文集	0210
共筑幸福与梦想	0211
狗葬	0936
古贝春潮:古贝元杯楹联大赛获奖作品书法集	1549
古贝春酒业志	0421
古贝春散文选	0937
古贝春诗词选	0938
古贝春香飘四海	0939
古贝飘香	0940
古贝元韵:古贝元杯楹联大赛获奖作品书法集	1550
古代汉语题解	0731
古代汉语文选提要	0732
古代文学导读与训练	0733
古风.异俗.趣事:来历传说三百则	1788
古剑屠魔录	0941
古今圣贤	1789
古今中外文学名篇拔萃.中国诗卷	0942
古琴简明教程	1551
古邑史踪:德城历史变革与人物胜迹选遍	1790
古镇杨盘	1791
股权结构与公司价值的关系研究:基于中小企业板市场的经验数据	0422
故道风情	0943
故道遗珠	1792
故渎	0944
故土怀古	0945
故乡行:张海峰张涛父子捐赠书画作品图录	1552
故乡情	0946

题名	索引号
故乡情结	0947
故乡冉家寨	1793
故园风:邢仁强创作歌曲集	1553
故园杂谈:少年的记忆	0606
顾客参与虚拟品牌社区价值共创研究	0423
顾影集	0948
关于小学生全面发展教育研究	0607
管好自己就能飞	0145
管好自己就能飞.3,做成长的主人	0144
管理会计学案例与实训教程	0424
管辂	0949
管仲与《管子》	0017
光,是五颜六色的	0950
光辉的历程辉煌的德州:纪念中国共产党成立90周年	1794
光辉的历程庄严的使命:学习江泽民同志在庆祝中国共产党成立八十周年大会上的讲话辅导	0212
光辉历程	0213
光辉历程:1954-2004纪念人民代表大会制度建立50周年	1795
光荣的使命:德州干部随军南下简史	1796
光荣的使命:征求意见稿	0214
光绪德州乡土志（全）	1797
光绪民国陵县志	1798
光绪宁津县志	1799
光照千秋	1800
广川集	0951
规制与引领:地方新建本科高校教学管理制度研究	0608
郭澄清短篇小说选	0952
郭海洲书法精选	1554

国画	1555
国画之美	0953
国魂昭昭:肖华司令在冀鲁边	0954
国际贸易、基础设施规模对中国技术创新能力的影响	0425
国家科学基金ABC	2349
国蕴凝香:国蕴杯楹联大赛获奖作品书法集	1556
过程性写作:基于文本的多维互动	0734

H

海女	0955
海外归鸿:新加坡南洋理工大学首批德州学员硕士论文集	0426
海岳弦歌集	0956
韩非	0018
韩锦堂作品集	1557
韩世忠年谱	1801
寒窗初录	0957
汉代风俗文化与汉代文学	1802
汉风唐韵美陵县	1803
汉唐佛教思想论集	0019
汉语、修辞、文化	0735
汉语字词句问题新说	0736
汉字与上古文化	0737
旱涝规律分析	2436
翰墨丹青润黎城	1558
行吟齐鲁	0958
航鹰幽默小说选	0959
好梦难圆:中篇小说卷	0960
好诗妙品录	0961

题名	页码
好习惯铸成和谐企业文化:"豆工坊"企业文化建设策略解读	0427
郝秋岩志	1804
河风	0962
河歌	0963
河神:杨英国中短篇小说集	0964
河套平原自然条件及其改造	2381
黑大侠情话	0965
黑马:一名军转干部和一个企业的传奇	0966
黑色轨迹	0967
黑色诱惑	0968
痕迹	0969
亨利詹姆斯小说的现代性研究	0970
红梅绿柳:散文故事贩小说	0971
红色丰碑	0215
红色记忆	1805
红色乐陵:枣林烽火故事集	0972
红色使命	0973
鸿雁飞向世界	0609
鸿志工藝美術作品集	1559
侯氏族谱	1806
后殖民文化语境中的库切	0974
糊涂难	0975
护士用药监护	2390
花甲集	0976
花园标志	1807
华北敌后—鲁西北:纪念抗日战争胜利四十周年专辑(下)	1808
滑稽大师淳于髡与东方朔	1809
滑稽大师—东方朔	0977

化学	2361
话说禹城	1810
槐乡林子	1811
皇明商道	0428
黄河岸边造海人	1812
黄河粮仓	0429
黄河三角洲生态经济法治建设研究	0216
黄河咒	0978
黄河作证:山东省党风廉政建设正反典型实录	0979
黄淮海平原盐碱地改良	2405
黄埔风云	0980
辉煌的历程	0610
辉煌的历程:1998年-2002年德州市精神文明建设优秀成果汇编	0217
辉煌的历程:德州改革开放30年（发展成就与思考）	0981
辉煌的历程:德州改革开放30年（放歌大平原）	1560
辉煌的历程:德州改革开放30年（历史的记忆）	0982
辉煌的历程:德州改革开放30年（媒体看德州）	0983
辉煌的历程:庆祝德州撤地建市	0218
辉煌四十年	0611
回到明朝当王爷	0984
回归2012于澎画集	1561
回龙传	1562
回眸	0985
回眸庆云	1813
回眸微笑	0986
回眸一笑	0987
会计原理教程	0430
会笑的弥勒佛	0988

惠风集	0989
豁然开朗	0990
活在路上	0991
火色马	0992

J

机关党建优秀调研成果汇编	0219
姬庄村志	1814
基层党建达标升级管理	0220
基于高效管理视野下的法律制度建设与教育创新研究	0221
基于环境伦理的资源利用与环境保护	0020
基于让渡价值的顾客满意度比较模型构建与评价:以家电产业为例	0431
激发兴趣和热情的数学课	0612
激情瞬间:陈建平艺术摄影作品集	1563
脊梁	0993
计算机应用基础	2437
记叙文议论文写作简论:怎样写好记叙文和议论文	0738
记忆德州.农业篇	1815
记忆的研究	0021
记忆平原:纪念改革开放四十年	0222
纪念毛泽东诞辰120周年诗词汇编	0994
济阳文史资料第9辑:文化专辑	1816
济阳县电业志	0432
济阳县农业区划	0433
济阳县志	1819
济阳县志（乾隆）.—印影版	1817
济阳县志.—印影版	1818
祭歌[硕士论文]	0995

寂寞喧嚣:我与少林的故事	0022
稷下学宫与百家争鸣	0023
冀鲁豫党史研究资料	0223
冀南革命斗争史大事记:征求意见稿	1820
加快转型发展促进富民强省:山东省社会科学界2010年学术年会文集	0434
加强和改进新形势下群众工作学习资料汇编	0224
家里养着月亮	0996
嘉靖德州志（全）	1821
嘉靖武城縣誌	1822
嘉庆光绪民国德平县志：禹城县志	1823
贾思勰与《齐民要术》	1824
价格宏观调控法律问题研究	0225
价格理论与实践	0435
稼轩词编年笺注	0997
剪一缕阳光悄悄珍藏	0998
剪一缕阳光悄悄珍藏	0999
简明临床药理学	2391
见证:德州市创建国家卫生城市纪实	1000
建安文坛上的齐鲁文人	1825
建设故事:山东德州市建设街小学	0613
健身指南	0614
渐行渐远	1001
鉴塘文选	1002
箭已离弦	1003
将心共鸣	0024
姜太公	1826
蒋楷文集	2501
蛟龙探海	1004

焦庙镇志	1827
教改与教研探微	0615
教师论文集:德州科技职业学院	2502
教师示范作文	0616
教育科学散论	0617
教育科学研究	0618
教育学	0619
教育学泛读	0620
教育与教学研究新论	0621
教育与思想政治教育	0226
揭秘	1005
街角的温柔	1006
节海导游	1828
解放德州之战:资料选编	0365
解命律典	0025
解析几何规范化测试	2362
巾帼遗恨	1007
今夜无眠	1008
金丝枣乡的传说	1009
金元之际山东三世侯	0227
津门往事	1010
锦衣夜行.3,夺鼎记	1011
锦衣夜行.5,夺鼎记	1012
近代德州西方教会研究	0026
晋冀鲁豫边区史料选编	0228
京城内外	1013
京津乐陵人	1014
京昆之美	1015

经济发展视角下的中国农村收入不平等问题研究 …… 0436
经济体制改革重要文件选编 ……………………… 0437
经济与社会 ………………………………………… 0438
惊鸿 ………………………………………………… 1016
經世大典輯校 ……………………………………… 0229
經學通論校注 ……………………………………… 2503
精神探险者的足迹:文艺心理解读 ………………… 0230
景景情情 …………………………………………… 1017
酒仙山 ……………………………………………… 2438
旧语新说 …………………………………………… 1018
就医指南 …………………………………………… 2392
琚子太浮沉 ………………………………………… 1019
菊斋随笔 …………………………………………… 1020
莒镇乡志 …………………………………………… 1829
绝唱 ………………………………………………… 1021
军旗永远飘扬、军功章永远闪耀.刻骨铭心的往事:记父亲的军功章文革运动中被造反派没收之事 ………………………………… 1022

K

开拓者的秘密 ……………………………………… 1023
康熙德州志.—2010.—2册 ………………………… 1830
康熙德州志.—点注本.—5册 ……………………… 1831
康熙乾隆咏德州 …………………………………… 1024
康熙乾隆长河志籍考 ……………………………… 1832
康莊紀事 …………………………………………… 1025
康莊深夜話故鄉 …………………………………… 1026
康莊詩影情懷 ……………………………………… 1027
康莊瑣記 …………………………………………… 1028

抗日英烈	1833
抗倭名将戚继光	1834
抗战时期马克思主义大众化研究	0231
抗战中的西北	1029
考古发现与"易"学溯源研究	0027
考古学反映的山东古史演进	1835
科学发展观与德州市:农村女性人力资源开发	0439
科学发展观重大战略思想述要	0232
克寇传	1030
孔繁森	1836
孔门弟子	0028
孔孟之乡?运河之都?文化济宁	1837
孔尚与《桃花扇》	1838
孔子	0029
孔子与六经	0030
口子窑的传说	1031
哭过以后	1032
库恩历史主义中的诠释学因素:与伽达默尔传统观思想比较	0031
酷蚁安特尔总动员.1,安特尔出世	1033
酷蚁安特尔总动员.2,流浪奇遇	1034
酷蚁安特尔总动员.3,真假公主	1035
酷蚁安特尔总动员.4,把大象搬进蚂蚁窝	1036
酷蚁安特尔总动员.5,飞翔之梦	1037
酷蚁安特尔总动员.6,遨游太空	1038
酷蚁安特尔总动员.7,四面楚歌	1039
酷蚁安特尔总动员.8,百花盛开的蚂蚁山	1040
跨界思维:鲁斌论文集	0146
跨入全国经济大省行列:姜春云话山东改革与发展	0440

跨文化交际研究:探索当代亚洲社会之共核 …………… 0622
跨越的历程.德州撤地建市十周年发展巡礼 ………… 1839
奎章:纪念苏禄王访华六百周年 …………………… 0233

L

来禽馆石刻拓本 …………………………………… 1564
来禽馆真迹 ………………………………………… 1565
来自黄河的诗 ……………………………………… 1041
赖麻子家的风花雪月 ……………………………… 1042
兰陵笑笑生与《金瓶梅》 ………………………… 1043
蓝天鸽哨 …………………………………………… 1044
朗润青山十八条溪 ………………………………… 1045
劳动保障政策问答 ………………………………… 0234
老苍 ………………………………………………… 1046
老德州酒营销策略研究 …………………………… 0441
老骥情怀 …………………………………………… 1047
老石爷传奇 ………………………………………… 1048
老枣树下的传说 …………………………………… 1049
老子传真 …………………………………………… 0032
老子今译 …………………………………………… 0033
老子全译 …………………………………………… 0034
老子思想的教育之道 ……………………………… 0035
老子新译 …………………………………………… 0036
老子言尺注 ………………………………………… 0037
老子绎读 …………………………………………… 0038
老子哲学初探 ……………………………………… 0039
乐陵春秋 …………………………………………… 1840
乐陵党史资料.第1辑 ……………………………… 0235

题名	编号
乐陵概况	1841
乐陵群英谱	1842
乐陵人物:1949.10-1-2013.06	1843
乐陵市志:1986-2007	1844
乐陵文史资料.第1辑[地方文史]	1845
乐陵文史资料.第2辑[地方文史]	1846
乐陵文史资料.第3辑[地方文史]	1847
乐陵文史资料.第5辑,乐陵诗汇专辑	1848
乐陵县农业自然资源调查和农业区划报告	0442
乐陵县水利志	0443
乐陵县医药志	2393
乐陵县志	1850
乐陵县志（光盘版）.—[地方志]	1849
乐陵小枣甲天下	2406
乐陵一中发展简史1945-1995	0623
乐在其中:纪慎言散文小说集	1050
离离原上草:于澎的岩彩世界	1566
梨花集	1567
李开先与《宝剑记》	1851
李攀龙与"后七子"	1051
李清照	1852
李益综论	1853
李振坤田瑞于占德王征远付峰远画集	1568
李庄的诗	1052
理论研究创新优秀学术成果选粹	0147
历程	1053
历代诗人咏德州	1054
历届书法专业硕士学位论文选.2	1569

历史不容忘记	0236
历史的记忆	0237
历史地理学的理论与实践	1854
历史地理研究:侯仁之自选集	1855
历史名人与齐河	1856
历史文化名城:禹城	1857
历史现实方法:历史唯物主义的多维反思	0040
隶书岳阳楼记:书法作品集	1570
廉腐史鉴	0238
凉山月:长篇小说卷	1055
梁山泊与《水浒传》	1056
梁秀玲书法作品选	1571
粮食审计学	0444
粮食系统微型计算机应用	0445
粮食知识手册	0446
亮剑:宁津在行动	1572
靓丽德州摄影大赛作品精粹	1573
晾晒不干的记忆	1057
辽宋夏金史讲义	1858
聊城地方史研究.第一辑	1859
聊斋枝杈	1058
林徽书法集	1574
临邑古今名人	1860
临邑抗日烽火	1861
临邑民俗文化	1862
临邑文史资料.第10辑	1873
临邑文史资料.第11辑	0240
临邑文史资料.第12辑,李若讷专辑	1874

临邑文史资料.第12辑:鲁北重镇德平	1875
临邑文史资料.第13辑,临邑县城乡建设工作专辑	1876
临邑文史资料.第16辑	1877
临邑文史资料.第17辑	1878
临邑文史资料.第18辑:鲁北重镇德平	1879
临邑文史资料.第1辑	1863
临邑文史资料.第21辑	1880
临邑文史资料.第23辑	1881
临邑文史资料.第2辑	1864
临邑文史资料.第3辑	1865
临邑文史资料.第4辑	1866
临邑文史资料.第5辑	1867
临邑文史资料.第5辑:鲁北重镇德平	1868
临邑文史资料.第6辑	1869
临邑文史资料.第7辑,刑侗专辑	1870
临邑文史资料.第8集	1871
临邑文史资料.第8辑	0239
临邑文史资料.第9集	1872
临邑文史资料.临沂广播电视专辑	1882
临邑文史资料.临邑工商专辑	1883
临邑文史资料.临邑广播电视专辑	1884
临邑文史资料.临邑教育专辑	1885
临邑文史资料.邢慈静诗文解析	1886
临邑文史资料:林子文史	1887
临邑县广播电视志	0624
临邑县农业区划:1984	0447
临邑县商业志:1915—1985	0448
临邑县水利志	0449

临邑县图书发行志	0625
临邑县西关村志	1888
临邑县医药志	2394
临邑县油区工作办公室志	1889
临邑县志	1891
临邑县志（光盘版）.—[地方志]	1890
临邑县志:1986~2002	1892
临邑县中医院建院30周年论文选	2395
临邑邢侗	1893
临邑吟赞	1059
临邑邮电志	0450
灵魂的酒与辉煌的泪	1060
灵魂的祈祷	1061
灵魂的重量	1062
灵气	1063
陵县风情	1894
陵县教育志	0626
陵县卷	0241
陵县农业资源调查和农业区划报告	0451
陵县水利志	0452
陵县统计年鉴.2002-2004	2504
陵县文史资料.第1辑	1895
陵县文史资料.第2辑	1896
陵县文史资料.第3辑	1897
陵县乡土志.—印影版	1898
陵县续志（民国）.—印影版	1899
陵县志	1901
陵县志（光盘版）.—[地方志]	1900

题名	序号
陵县志:1986年版	1902
聆听大师	1903
领导干部历史文化讲座.文化卷	0148
领导干部历史文化讲座.艺术卷	0149
领导干部历史文化讲座.资政卷	0150
刘备在平原	1064
刘备在平原的传说	1904
刘备坐平原	1065
刘浩陶艺	1575
刘集村志	1905
刘琳歌词选	1576
刘琳小说选	1066
刘桥镇志	1906
刘氏世谱:亨.二	1907
刘氏世谱:利.三	1908
刘氏世谱:山东恩县刘氏族谱第二卷.六	1909
刘氏世谱:山东恩县刘氏族谱第一卷.五	1910
刘氏世谱:元.一	1911
刘氏世谱:贞.四	1912
刘文海书法集	1577
刘文海书法作品集	1578
刘勰与《文心雕龙》	1913
留学生与中国心理学	0041
流火季节	1067
流浪的红蜻蜓	1068
流浪者之歌	1069
流星	1070
流星划过夜空	1071

琉篱澹园诗文录	1072
六百岁的德州:其人其文	1073
六十五杯酒	1074
龙门报告	1075
龙门作证	1076
龙潭记	1077
龙腾黄河岸	0453
隆冬时节我们去割芦苇	1078
卢振中作品选:马戏团轶事	1079
鲁北党史人物传略.第一辑	1914
鲁北烽火	1080
鲁北烽火:续集	1081
鲁北妇女百年	0242
鲁北俊才	1082
鲁北平原抒情	1083
鲁北诗歌精选	1084
鲁北诗韵	1085
鲁北星火	0243
鲁北刑警写真	1086
鲁北战斗故事集	1915
鲁国史话	1916
鲁闽风云	1087
鲁西北革命史	1917
伦理道德小说集东方女性	1088
伦镇记忆	1918
论德州发展战略:省地级拔尖人才献计献策论文集.第一集	0151
论文集锦	0454
罗贯中与《三国演义》	1919

罗庄村志 …… 1920
裸体的日本 …… 1089
洛北集 …… 1090
落草风雨集 …… 1091
落差 …… 1092
落叶 …… 1093
吕家庄志 …… 1921
履痕 …… 1094
绿窗随笔 …… 1095
绿魂 …… 1096
绿色、低碳、可持续的平原循环发展新模式:媒体看平原系列之三 …… 0627
绿色的呼唤 …… 1097
绿色崛起的拓荒者 …… 1922

M

马尔库塞批判的理性与新感性思想研究 …… 0042
马颊河 …… 1098
马颊河的女儿 …… 1099
马克思主义概论 …… 0043
马克思主义基本问题解答 …… 0003
马克思主义人学视域中的思想政治范式转换研究 …… 0244
马克思主义哲学原理 …… 0044
马克思主义哲学原理简明教程 …… 0045
马克思主义哲学原著重点题解 …… 0046
马戏团轶事 …… 1100
麦苗返青 …… 1101
漫画老德州.吃喝玩乐 …… 1923
漫画老德州.儿时游戏 …… 1924

漫画老德州.旧时行业	1925
漫画老德州.年节习俗	1926
漫话德州扒鸡	0455
漫话古贝春	1102
盲人摸象	1103
毛泽东思想概论	0004
毛泽东整党思想研究	0005
媒体看德州	1104
美的心灵与启迪	0047
美丽庆云:庆云文苑五周年作品选	1105
美学传统之形成与突破:《1844年经济学哲学手稿》与中国当代马克思主义美学	0048
美意铺陈	1106
美洲华侨史话	1927
魅力临邑	1928
孟祥斌	1107
孟子与《孟子》	0049
梦圆悉尼:山东奥运健儿征战记	1108
迷航:1927年陈独秀在武汉	1109
觅踪寻痕	1110
面对秋风	1111
民国德县志	1929
民国齐河县志	1930
民国时期教育独立思潮研究	0628
民国同治道光临邑县志	1931
民乐之美	1112
民企亮点耀戊城	1113
民俗趣闻	1932

题名	页码
民为邦本	1114
民心自有功臣碑	1115
民营经济群英谱	1933
民族器乐的历史发展与现代教学艺术	1579
名家眼中的圆明园	1934
名相李鸿章	1935
明代武城县志	1936
明嘉靖德州志	1937
明清德州李氏家族研究	1938
明清小说研究概论	1116
明清小说研究综论	1117
明清之际济南府望族与诗歌研究	1939
明万历天启德州志	1940
明右都御史宋仕	1941
明月集	1118
命理病因论	0050
模糊随机供需环境下的供应链库存管理	0456
魔鞭	1119
抹不掉的记忆	1120
墨海丹山	1121
墨子与墨家	0051
墨子与墨家学派	0052
母爱的震撼	1122
母亲de红色之恋	1123
母亲在国难中出嫁	1124
木木诉讼记	1125

N

那五	1126
那些被小雨打湿的记忆	1127
那些岁月	1128
那一次次心动	1129
那一镂文韵酒香:名家话酒暨河北省第三届散文大赛古贝春采风作品集.第三辑	1130
奈何集	1131
南朝学者任昉研究	1942
南海岩山水花鸟画册	1580
南疆战火中的德州儿女	1132
南梅指书毛泽东诗词百首集	1133
南山一夜	1134
南洋华侨史话	1943
难忘军旅	1135
泥一腿水一腿：我为情狂	1136
你和我的跋涉	1137
你和我的呼唤	1138
你和我的梦幻	1139
年轮.月轮.日轮	1140
聂绀弩旧体诗全编	1141
宁津方言志	0739
宁津文史资料.第10辑	1953
宁津文史资料.第11辑	1954
宁津文史资料.第12辑	1955
宁津文史资料.第13辑:宁津杂技史话	1956
宁津文史资料.第1辑	1944
宁津文史资料.第2辑	1945

宁津文史资料.第3辑 …… 1946
宁津文史资料.第4辑 …… 1947
宁津文史资料.第5辑 …… 1948
宁津文史资料.第6辑 …… 1949
宁津文史资料.第7辑 …… 1950
宁津文史资料.第8辑 …… 1951
宁津文史资料.第9辑 …… 1952
宁津县农业资源调查和农业区划报告 …… 0457
宁津县水利志 …… 0458
宁津县志 …… 1958
宁津县志（光盘版） …… 1957
宁津邮电志 …… 0459
宁津杂技文化概论 …… 1581
农协读本 …… 0245
农业经济的回顾与展望 …… 0460
农业清洁生产的经济学分析 …… 2407
农业生产力可持续发展研究 …… 0461
女枪王 …… 1142
女性的美好人生 …… 0053

O

哦,金合欢 …… 1143
欧罗巴之梦 …… 1144

P

排球 …… 0629
攀登的阶梯求知的殿堂（光盘版）.—:蓬勃发展的泰山学院图书馆 0630
盘踞 …… 1145

跑鞋人	1146
鹏飞精短双语诗选	1147
批评的不安与自信	1148
飘落的蓝天	1149
品读故事:填补心智空间	0054
品味雨声	1150
平板太阳能技术及应用	2439
平凡的追思	1151
平面构成与服装艺术	2440
平原党史资料:1921-1950.第二期	0246
平原党史资料:1923-1937.第一辑	0247
平原巾帼史略.第一集	1152
平原客	1153
平原历史文化研究文集	1959
平原历史杂记与回忆	1960
平原龙门札记	1154
平原民俗	1961
平原上的摩西	1155
平原文史资料.第10辑,王打卦乡专辑	1971
平原文史资料.第11辑	1972
平原文史资料.第12辑,王凤楼镇专辑	1973
平原文史资料.第13辑	1974
平原文史资料.第14辑,人民武装专辑	1975
平原文史资料.第15辑	1976
平原文史资料.第16辑,恩城春秋	1977
平原文史资料.第17辑	1978
平原文史资料.第18辑,平原民间故事与传说	1979
平原文史资料.第1辑	1962

平原文史资料.第2辑	1963
平原文史资料.第3辑	1964
平原文史资料.第4辑	1965
平原文史资料.第5辑,抗日战争回忆录[地方文史]	1966
平原文史资料.第6辑	1967
平原文史资料.第7辑	1968
平原文史资料.第8辑	1969
平原文史资料.第9辑,王克东专辑	1970
平原县党史讲座:革命传统教材:1921年7月-1949年10月	0248
平原县党史手册:1921.7-1949.10	0249
平原县党史资料选编	0250
平原县概貌	1980
平原县工商业联合会历史资料汇编:1911-2003.第一集	1981
平原县国民经济及社会发展统计材料	0462
平原县农业区划	0463
平原县水利志	1982
平原县卫生志:1840—1985	2396
平原县文化志	1983
平原县小康村建设手册	0464
平原县政协志:1959.10-2006.12	0251
平原县志	1985
平原县志（光盘版）.一	1984
平原县志:1986-2008	1986
平原张氏及翰林院史料荟萃	1987
莆松龄与《聊斋志异》	1988
普爱山庄	1156
普通话教程	0740
普通话培训与测试	0741

| 普通话十讲 | 0742 |
| 普通物理学 | 2363 |

Q

齐国史话	1989
齐国威宣盛世	1990
齐河拔尖人才	1991
齐河风云录	1992
齐河经济开发区志	1993
齐河历史文化	1994
齐河年鉴:2011	1995
齐河年鉴:2012	1996
齐河年鉴:2013	1997
齐河年鉴:2014	2505
齐河三选	0743
齐河书画名家作品集	1582
齐河投资环境研究	2506
齐河文化遗产	1998
齐河文史资料.第1辑	1999
齐河文史资料.第2辑	2000
齐河文史资料.第3辑劳动模范时传祥	2001
齐河文史资料.第5辑科学巨匠王浩	2002
齐河文史资料.第6辑	2003
齐河文史资料.王祝晨传	2004
齐河文艺	1157
齐河县城市管理志	2005
齐河县发展和改革志	2006
齐河县房产管理志	2007

齐河县广播电视志:1949-2010 …………………… 2008

齐河县国土资源志 …………………………………… 2009

齐河县环境保护志:1984-2012 …………………… 2010

齐河县抗日战争志 …………………………………… 2011

齐河县科学技术志 …………………………………… 2012

齐河县粮食志 ………………………………………… 2013

齐河县民政志 ………………………………………… 2014

齐河县农村简志.上 …………………………………… 2015

齐河县农村简志.下 …………………………………… 2016

齐河县农业区划 ……………………………………… 0465

齐河县农业志:1949-2010 ………………………… 2017

齐河县情:1986-1990 ……………………………… 2018

齐河县情:1991-1995 ……………………………… 2019

齐河县人口和计划生育志:1963-2012 …………… 2020

齐河县水利志 ………………………………………… 0466

齐河县水务志:1986-2010 ………………………… 2021

齐河县文化志 ………………………………………… 2022

齐河县乡土志1908年清末 ………………………… 2023

齐河县乡土志教本1917民国六年 ………………… 2024

齐河县政协志 ………………………………………… 0252

齐河县志 ……………………………………………… 2038

齐河县志 ……………………………………………… 2039

齐河县志 ……………………………………………… 2040

齐河县志（光盘版）.一 …………………………… 2025

齐河县志（礼）1737年清乾隆二年 ……………… 2026

齐河县志（礼）1866年清同治五年 ……………… 2027

齐河县志（利）1673年清康熙十二年 …………… 2028

齐河县志（仁）1737年清乾隆二年 ……………… 2029

齐河县志（亨）1673年清康熙十二年	2030
齐河县志（信）1737年清乾隆二年	2031
齐河县志（义）1737年清乾隆二年	2032
齐河县志（义）1866年清同治五年	2033
齐河县志（元）1673年清康熙十二年	2034
齐河县志（贞）1673年清康熙十二年	2035
齐河县志（智）1737年清乾隆二年	2036
齐河县志（智）1866年清同治五年	2037
齐河县志1774年清乾三十九年	2041
齐河县志1866年清同治五年	2042
齐河县质量技术监督志	2043
齐河邮电志	0467
齐桓公称霸	2044
齐梁体诗传	1158
齐鲁烽火	2045
齐鲁佛教史话	0055
齐鲁服饰文化研究	2441
齐鲁工艺史话	1583
齐鲁历史文化大事编年	2046
齐鲁历史文化名人	2047
齐鲁民居	2048
齐鲁民俗	2049
齐鲁名寺	0056
齐鲁名塔	2050
齐鲁摩崖石刻	2051
齐鲁农广风采	0631
齐鲁士人与秦汉社会	2052
齐鲁文化概说	2053

齐鲁文明初曙:从沂源猿人到北辛文化	2054
齐鲁武术史话	0632
齐鲁乡情概观	2055
齐鲁饮食文化	2442
齐鲁英雄传	1159
齐长城	2056
歧路夜行	1160
骑龙鱼的水娃.1,水晶球的秘密	1161
骑龙鱼的水娃.2,迷魂洞探险	1162
骑龙鱼的水娃.3,大战水卷龙	1163
企业上市与资产重组	0468
气体压缩的工艺与操作	2443
气质的魅力	0057
千古义丐武训	2057
千年祈愿化碧霞	2058
千秋叩问	1164
牵牛那个花	1165
前后出师表	1584
前进中的德州乡镇财政:德州乡镇财政十年发展.1985-1995	0469
前身与后影	1166
前赵庄志	2059
乾隆道光光绪民国武城县志	2060
乾隆德州新志考误（全）	2061
乾隆德州志	2063
乾隆德州志.—2010	2062
乾隆光绪民国平原县志	2064
乾隆乐陵县志	2065
乾隆民国夏津县志	2066

书名	编号
强者	1167
且听风吟六十年:杨文平文章选编	1168
亲历抗战:德州抗战老兵口述档案资料选编	2067
亲亲的老百姓:歌词集	1585
亲子儿歌说唱	0633
秦汉古郡平原:《平原古今》特辑	2068
秦汉齐鲁经学	2507
秦皇东巡与汉武封禅	2069
秦墟	1169
青春风铃	1170
青春若有张不老的脸	1171
倾斜的阁楼	1172
卿云歌	1173
清词研究论稿	1174
清代德州田氏家族文化研究	2070
清代山东名儒	0058
清风散晓霞	1175
清河崔氏与北朝儒学	2071
清康熙民国《齐河县志》校注汇编	2072
清粼粼的四女河	1176
清末民初女权思想研究	0253
清水无香	1177
情感空间	1178
情系热土	1179
情缘心语行思有痕	1180
情韵:一个老公务员的情怀足韵	1181
情种	1182
庆云方言语音特点	0744

庆云骄子	1183
庆云历代诗词选编	1184
庆云民间故事集	1185
庆云民俗	1186
庆云年鉴.2013	2508
庆云年鉴.2016	2509
庆云文史资料.第2辑	2073
庆云县志	2075
庆云县志（光盘版）.—	2074
庆云艺文	2510
庆云之美	2076
丘处机与全真道	0059
秋林集	1187
秋水无痕	1188
秋岩诗集校注	1189
区域经济发展环境指标体系及优化方案设计:以山东省为例	0470
取德州	1190
全国优秀教育教学论文集.上	0634
群星璀璨耀平原	2077
群众在我心中:2014年度最美平原人先进事迹	0254

R

然字词语	0745
让文化插上腾飞的翅膀（光盘版）.—德州市文化广电新闻出版工作纪实	0635
让心灵放歌	0255
热爱生命	1191

人民的光荣	2078
人生大舞台:"样板戏"幕前幕后	1192
人生风景线	1193
人生就是与人相处	0060
人生与道德教与学	0061
人寿保险数学	0471
人物画系列.现代人物小品篇	1586
仁里集镇志	2079
仁者如水	1194
认知心理学	0062
任继愈禅学论集	0063
任继愈传	2080
任继愈对话集:觉悟了的群体才能推动社会	0152
任继愈论古籍整理	0636
任继愈论历史人物	2081
任继愈论儒佛道	0064
任继愈论文化与教育	0637
任继愈谈《易经》	0065
任继愈谈道家与道教	0066
任继愈谈汉唐佛教思想	0067
任继愈谈孔子.孟子.韩非	0068
任继愈谈老学源流	0069
任继愈谈老子哲学	0070
任继愈谈墨子与墨家	0071
任继愈谈儒家与儒教	0072
任继愈谈魏晋南北朝的佛教经学	0073
任继愈谈魏晋玄学	0074
任继愈谈武圣孙武与《孙子兵法》	0366

任继愈谈先秦诸子与哲学	0075
任继愈谈中国哲学发展史	0076
任继愈谈朱熹.王阳明.王夫之	0077
任继愈谈庄子	0078
任继愈文集.宗教学与科学无神论研究	0153
任继愈学术论著自选集	0079
任继愈学术文化随笔	0154
任继愈自选集	0155
日本律令政治制度研究（日文版）.一	0256
日本入侵德州罪行录	2082
日寇在德州暴行录	2083
日语语言与文化研究综述	0746
荣成市志	2084
如果你懂得海	1195
如有爱,再相逢	1196

S

撒路斯特史学思想研究	2085
三个代表重要思想读本	0257
三皇五帝贩三王	1197
三月桃花开	1198
散文文体:理论与实践	1199
散文杂拌	1200
桑恒昌:一个诗做的人	1201
桑恒昌短诗选	1202
桑恒昌怀亲诗集	1203
桑恒昌怀亲诗选	1204
桑恒昌论	1205

书名	编号
桑恒昌诗歌欣赏	1206
桑恒昌抒情诗选	1207
沙庄村志.山东省平原县腰站镇	2086
莎士比亚戏剧分类研究	1208
山东大学义和团调查资料汇编	2087
山东档案年鉴.2014	0638
山东党史研究文库	0258
山东德州工业学校校志:1978-1997	0639
山东地方史志年鉴.2016	2088
山东地名故事	2089
山东对外交往史话	2090
山东恩城刘氏族谱	2091
山东各地概况	2092
山东古代科学家	2093
山东古代女杰	2094
山东古代书画家	2095
山东汉画像石	2096
山东红色老区行:全国网络媒体山东红色老区行新闻报道集	1209
山东黄河大事记:1946-2005	2444
山东家禽	2408
山东教育年鉴.2015	0640
山东解放区大事记	2097
山东解放区冀鲁边区公安保卫工作专题资料汇编:1937.7--1944.1	0259
山东抗日根据地历史资料丛书.滨海抗日根据地	2098
山东抗日根据地图志	2099
山东抗战纪念设施和遗址名录	2100
山东抗战将士传略	2101
山东抗战将士记忆	2102

山东抗战战事史料汇编	2103
山东老字号	0472
山东龙山文化	2104
山东民间秘密教门	0260
山东年鉴.2005	2511
山东年鉴.2016	2512
山东年鉴.2017	2513
山东年鉴.2018	2514
山东平原任氏族谱:公元二〇一五年岁次乙未孟春续修.第1卷	2105
山东平原任氏族谱:公元二〇一五年岁次乙未孟春续修.第2卷	2106
山东平原任氏族谱:公元二〇一五年岁次乙未孟春续修.第3卷	2107
山东平原任氏族谱:公元二〇一五年岁次乙未孟春续修.第4卷	2108
山东平原任氏族谱:民国二十年春三月续修	2109
山东平原任氏族谱[普通古籍]	2110
山东平原宋氏宗谱.兴忠堂卷1	2111
山东平原宋氏宗谱.兴忠堂卷2	2112
山东平原宋氏宗谱.兴忠堂卷3	2113
山东省百县（市、区）.一抗日战争时期死难者名录	2114
山东省城市语言文字工作评估手册	0747
山东省慈善救助研究	0261
山东省德州地区国民经济统计资料:1949-1990	0473
山东省德州地区经济和社会发展战略研究会顾问会议材料选编	0474
山东省德州市2000年人口普查资料	0156
山东省德州市城郊经济优化研究成果报告	0475
山东省德州市第四次人口普查手工汇总资料汇编	0157
山东省地方志联合目录	2115
山东省地方志联合目录	2515
山东省非物质文化遗产普查资料汇编:禹城市卷	2116

书名	编号
山东省非物质文化遗产普查资源汇编齐河县卷	2117
山东省非物质文化遗产资源普查资料汇编:齐河县卷	2118
山东省非物质文化遗产资源普查资料汇编:禹城市卷	2119
山东省非物质文化遗产资源普查资料汇编齐河县卷	2120
山东省非物质文化遗产资源线索实物登记表	2121
山东省非物质文化遗产资源线索实物登记表:禹城市卷	2122
山东省非物质文化遗产资源线索实物登记表齐河县卷	2123
山东省行政企事业分布图德州?	2124
山东省劳动模范名册	2125
山东省离退休干部名录.德州卷	2126
山东省历史文化村镇.德州	2127
山东省农产品出口技术性贸易壁垒分析	0476
山东省平原县志	2128
山东省齐河县第四次人口普查手工汇总资料	0158
山东省情概论	2129
山东省庆云县农业区划汇编	0477
山东省省德州地区燃料公司志:1948--1984	0478
山东省新编地方志总目提要	2130
山东省志=水利志	2131
山东省志档案志	0641
山东省自然科学学术成果获奖纪念册:1982--1987	2350
山东诗人60家.上卷	1210
山东史志资料.一九八二年第1辑	2132
山东书院史话	0642
山东水利大事记	0479
山东通史:近代卷	2133
山东通史:明清卷	2134
山东通史:秦汉卷	2135

山东通史:宋金元卷	2136
山东通史:隋唐五代卷卷	2137
山东通史:魏晋南北朝卷	2138
山东通史:先秦卷	2139
山东通史:现代卷	2140
山东通志	2141
山东文史集粹	2142
山东英模谱	2143
山东禹城孙康美术馆:开馆纪实.典藏书画选集（2）	1587
山东禹城孙康美术馆:开馆纪实.典藏书画选集（3）	1588
山东元代杂剧	1211
山东元明散曲	1212
山东运河文化研究	2144
山东运河沿线城市空间形态解析及济宁运河遗产活化研究	2445
山东知识产权战略政策与实践	0262
山东竹枝词	1213
山东著名藏书家	2145
山东作家与北宋诗文革新运动	2146
山里人	1214
山水济南	2147
山水名家于占德	1589
山水情缘	1590
山中寻梦	1215
善良的回报	1216
商代的山东	2148
商河耕地	0480
商河年鉴.2017	2516
商河文史.第1辑资料选编	2149

商河文史.第2辑资料选编	2150
商河文史.第6辑	2151
商河县农牧渔业志	2409
商河县农业资源调查和农业区划报告	0481
商河县水利志	0482
商河县志.—印影版	2152
商旅:华人实业家王克昌的一生	2153
邵克回忆录之	2154
社会法理论与实践问题探索	0263
社会经济统计学原理170题	0483
社会科学文献检索专论	0643
社会性别视角下中国妇女权利	0264
社会意识形态危机与规避:当代中国社会思潮的本质及导引研究	0265
社迷	1217
社区传统体育养生文化研究	0644
深入学习实践科学发展观活动领导干部学习文件选编	0266
神功千古	2155
神京门户厚德之州:德州	2156
神女孝亲	1218
神奇的绿飘带	1219
神韵秋柳:王士禛传	2157
审美的观念:以胡塞尔现象学为始基	0080
审时度势谋发展	0484
生活方式的变迁与选择	0267
生活是一门学问:学会生存方案	0081
生命的金字塔	1220
生命的恋歌	1221
生命的流动	1222

生命的颂歌	1223
生命的赞歌	1224
生命视阈中的教与学	0645
生命之歌	1225
圣战日[电子资源.图书]:战斗,在车臣打响	1226
诗,或者歌	1227
诗歌里的齐鲁风景	1228
诗路花语	1229
十年奋斗走向辉煌:德州撤地建市发展巡礼	0268
十年建设铸辉煌	0485
时代的风采:德州著名企业三十家	1230
时代的回声:山东省城市经济体制改革评述	0486
时代的楷模:德州市省级文明单位风采录	0269
时代俊杰	1231
时代新声	1232
时光之约:当代散文诗人16家	1233
实变函数论复习与解题研究	2364
实践我们的梦想:德州学院优秀毕业生风采录	0646
实用粮油经济法	0270
食品安全危机信息在社交媒体中的传播研究	2446
世纪老人的话:任继愈卷.任继愈卷	2158
世界钢琴流派的艺术探索	1591
试着赞美:诗集	1234
手印	2159
守望月光下的村庄	1235
守望者的悲壮与无奈:20世纪30年代的自由派文人	1236
守拙斋诗词百首	1237
书法之美:品读古代书家	1238

书山雪莲	1239
书生夜短	1240
抒情的鲁北	1241
淑度百印集	1592
数学的思想、方法和应用:文科类高等数学	2365
数学方法论	2366
数学观与方法论	2367
数学建模:来自英国四个行业中的案例研究	2368
数学教学论	2369
数学教育评价	2370
数学教育学导论	2371
数学教育学概论	0647
数学课程发展	0648
数学课程论	0649
数学模型	2372
数学思维方法引论	2373
数学思维论	2374
数学学习方法概论	0650
数学学习论	0651
数字化信息检索与利用	0652
双桨无舵	1242
霜叶集	2160
谁为你在雨中哭泣	1243
水利志资料长编:为省水利志提供的资料	0487
说出来不容易:走进《乡约》的人生	1244
说三国话用人	0159
硕方履痕	1245
思鸣录	1246

斯图亚特王朝早期议会政治研究	0271
四方集	1247
宋代名人鄄城张詠史志梩记辑研初稿	2161
宋人文集篇目分类索引	2517
宋史十讲	2162
宋史专题课	2163
宋延广书法作品集	1593
宋哲元	2164
宋哲元年谱	2165
苏禄王和苏禄王墓	2166
苏禄王后裔家族文化研究	2167
苏禄王及其后裔	0653
苏禄王在中国	0272
苏文河诗选	1248
簌簌衣巾落枣花	1249
隋唐五代史讲义	2168
岁月飞歌	1594
岁月痕迹	1250
岁月集	1251
岁月如歌:德州市杂技团建团五十周年（1958-2008）	1595
岁月新韵	1252
碎时光	1253
碎碎念	1254
孙膑与《孙膑兵法》	2169
孙家庄村志	2170
孙钱章管理科学研究与探索之路	0488
孙武和《孙子兵法》	2171
孙悟空与庆云的古枣树群.上	1255

孙轶青藏砚赏析	0654
孫康畫集	1596
孫康美術館:典藏書畫.(一),書法選集	1597
孫康美術館:典藏書畫選集	1598
孫康美術館:開館紀實典藏書畫選集	1599
孫康美術館紀錄開館五週年	1600
孫康水彩畫集	1601
孫康珍藏書畫集	1602

T

他物权善意取得研究	0273
踏上改革开放之路:苏毅然话山东改革开放	0489
苔色轩诗词选	1256
太极健身实用对练	0655
太氏药谱	2397
太息集	1257
太阳风	1258
太阳河	1259
太阳能改变生活:第四届世界太阳城大会档案资料选编	2447
太阳能热水系统施工管理	2448
太阳鸟	1260
太阳雨	1261
泰坦尼克	0748
贪官忏悔录	0274
探花府	1262
探索之路	0275
唐初名相房玄龄	2172
唐代宦官政治	0276

题名	索引号
唐代诗人与山东	2173
唐赛儿	1263
唐诗三百首	1264
唐宋诗词述要	1265
唐颜真卿書东方朔画赞碑	1603
桃花巷风情录	1266
桃仙配	1267
桃仙子的传说	1268
桃园佳话	1604
陶.黑陶历史与文化:"中国黑陶城"德州	1605
陶之梦	1269
啼笑集	1270
体操	0656
体味陌生:一位女画家的探索与感悟	1606
体验批评:新时期文学与影视评论	1271
体验自然贩生态:唯物史观的重要维度	0082
体育绘图	0657
体育文化传承与发展研究	0658
体育心理学	0659
体育运动与现代健康观	0660
天黑前回家	1272
天命集	1273
天南地北德州人	2174
天人之际	0160
天人之际:任继愈学术思想精粹	0083
天上狼烟:一位抗战老兵、王牌飞行员的生死传奇	2175
天香醉染牡丹春	1274
天园有路	1275

田单与田横 ………………………………………… 2176
田径 ………………………………………………… 0661
田径竞赛裁判工作手册:大型田径赛事裁判方法 …… 0662
田雯诗选 …………………………………………… 1276
田雯研究 …………………………………………… 2177
田毅短篇小说集 …………………………………… 1277
田毅诗选 …………………………………………… 1278
调查与研究:德州市直机关调查研究成果选编 …… 0277
铁血传奇 …………………………………………… 1279
铁血风流 …………………………………………… 1280
铁血之旅 …………………………………………… 1281
听听岁月 …………………………………………… 1282
听雨 ………………………………………………… 1283
挺立:民族的脊梁:全国抗震救灾材料摘编 ………… 2382
同青少年谈美 ……………………………………… 0084
同自己的心灵对话 ………………………………… 1284
统计文集 …………………………………………… 0161
透明的世界 ………………………………………… 1285
图说山东抗战 ……………………………………… 2178
土地资源评价理论与实践 ………………………… 0490
托起明天的太阳:德州学院优秀教师风采录 ……… 0663
托撒氏族谱 ………………………………………… 2179

W

外国音乐名著教程 ………………………………… 1607
外科常见疾病诊断与治疗 ………………………… 2398
外科主任 …………………………………………… 1286
外语教师团队建构研究:基于专业学习共同体视角 … 0749

标题	编号
外语教育叙事研究理论与实践	0750
外语写作评价理论与实践	0751
晚清山东商埠	0491
晚清山东新式学堂	0664
晚晴集.侯仁之九十年代自选集	2180
万历天启德州志	2181
王安石	2182
王弼与魏晋玄学	0085
王朝俊书画作品集	1608
王道温行草书千字文	1609
王道温书法作品集	1610
王官屯村志	2183
王龙云打油诗歌选	1287
王始钧书话	1611
王韬与中国近代文学的转型	1288
王雪山抄范仲淹《岳阳楼记》	1612
王雪山书文天祥《正气歌》	1613
王懿荣与甲骨文	2184
王渔洋与神韵诗	2185
王玉民扇面小品集	1614
王征远画集	1615
网络环境下高校图书馆信息安全	0665
网络能力与电视传媒营销	0492
往事如烟觅旧踪	1289
往事知多少	1290
往事追忆	1291
巍巍泰山：山东鲁能泰山足球队夺冠纪实	1292
唯有书香留岁痕	0162

伟大的实践:德州市纪念改革开放30周年十件大事	2186
委员风采	2187
温话德州扒鸡	2449
文化艺术志资料汇编	0666
文津演讲录:国家图书馆经典讲座.之四	0163
文明之光	2188
文史资料选辑.第52辑（总第一五二辑）	2189
文学的调整与再生:论近代中国文学变革的文化内涵及机制	1293
文学中的性别意识与审美表现形态	1294
文苑摘英	1295
文字飘流	1296
我的伯父——抗日英雄王克寇	1297
我的回忆	2190
我的平原我的家	1616
我的习武之路:学拳经历	0667
我国保险业CRM应用研究实证分析	0493
我国古代的水利工程	2466
我国食品行业融资瓶颈实证研究	0494
我国中小企业融资问题研究与对策分析	0495
我和小荣	1298
我俩神州行	1617
我们笑在最后	1299
我们修志人	2191
我是传奇	1300
我为情狂	1301
卧牛城的故事	1302
无地涅槃	1303
无人夏夜	1304

无事忙侃山	1305
无崖之心	1306
无言的结局	1307
无影碑	1308
无影之水	1309
无字碑	1310
吴桥县志	2192
五四运动山东潮	2193
武城那些事:佛光寺	1311
武城年鉴.2017卷	2518
武城文史资料.第14辑,武城文史	2199
武城文史资料.第1辑	2194
武城文史资料.第2辑	2195
武城文史资料.第3辑	2196
武城文史资料.第4辑	2197
武城文史资料.第5辑武城玻璃钢专辑	2198
武城县大事年鉴	2200
武城县党史资料汇编	0278
武城县党史资料汇编:征求意见稿	0279
武城县农业资源调查和农业区划报告	0496
武城县水利志	0497
武城县文史资料.第5辑,武城玻璃钢专辑	2201
武城县乡土志略	2202
武城县政协委员会书画作品集	1618
武城县政协志:1981.1-2007.12	0280
武城县志	2204
武城县志(光盘版)	2203
武城县志:顺治	2205

武城县志简编 …… 2206
武城縣鄉土志略 …… 2207
武城縣誌:卷首:卷一至卷十四 …… 2208
武城縣誌:顺治:四卷 …… 2209
武城乡村记忆 …… 1312
武城邮电志 …… 0498
武商研究文集.第一辑 …… 0499

X

夕拾朝花香更浓 …… 1313
夕阳吟州 …… 1314
希望之光 …… 1315
习惯了深呼吸 …… 1316
习武学文悟华真:当代学校教育中优秀传统文化的点滴拾遗 …… 0668
戏法秘传:百年穆派古彩戏法 …… 1619
戏林拾薪 …… 1317
夏津概况.2004年版 …… 2519
夏津旧县志校注 …… 2210
夏津老年风情录 …… 2211
夏津历史文化概览 …… 2212
夏津民俗拾趣 …… 2213
夏津文史资料.第11辑 …… 2223
夏津文史资料.第11辑,夏津公安风云录 …… 2222
夏津文史资料.第13辑,夏津公路专辑 …… 2224
夏津文史资料.第15辑 …… 2225
夏津文史资料.第1辑 …… 2214
夏津文史资料.第2辑 …… 2215
夏津文史资料.第3辑:革命史料专辑 …… 2216
夏津文史资料.第4辑 …… 2217

题名	索引号
夏津文史资料.第5辑	2218
夏津文史资料.第6辑,夏津公路专辑	2219
夏津文史资料.第6辑:白马湖镇专辑	2220
夏津文史资料.第7辑,夏津公路专辑	2221
夏津县民间歌曲集	1620
夏津县农业资源调查和农业区划报告	0500
夏津县书画精品集	1621
夏津县水利志	0501
夏津县志	2227
夏津县志（光盘版）	2226
夏津楹联选注	1318
夏津邮电志	0502
夏夜桐风	1319
闲话鼻烟壶	1320
闲严随语	2228
咸丰宣统民国庆云县志：恩县县志	2229
县令.幕僚.学者.遗老:多维视角下的劳乃宣研究	2230
县域发展与中国现代化	0503
县域经济发展的理论与实践	0504
现代彩色电视机原理与维修	2450
现代产业经济学	0505
现代短跑技术与训练研究	0669
现代服务业概论	0506
现代服装创意	2451
现代建筑风水应用学	0086
现代教育学	0670
现代教育学教程	0671
现代科学技术概论	2351

书名	编号
现代控制理论	2375
现代物流概论	0507
现代心理学	0087
现代心理学教程	0088
现代与后现代图书馆:诠释与评论	0672
现代阅读学	0673
现代阅读学教程	0674
现代职业体育理论与发展研究	0675
现代中国文学的民族性建构	1321
现代作家和教育	0676
现阶段地方人大工作实践与探索	0281
现实的主体何以可能:马克思主义哲学主体概念研究	0089
献诗	1322
乡村笔记	1323
乡村记忆	2231
乡村涅槃:山东齐河县农村社区建设纪实	1324
乡村人物	1325
乡村十二月	1326
乡魂飘飘	1327
相声小品集	1328
相约故事	0677
香尽秋色不说寒	1329
湘江北上:杨汇泉散文集	1330
想做太阳的女人	1331
向小康水平前进的必由之路:谈发展德州乡镇企业	0508
消费者行为及网络购物	0509
消失的盐碱地	1332
萧何庄志	0678

题名	页码
小城漫笔	1333
小麦耐旱耐盐碱育种及其栽培	2410
小鸟闯进我屋里	1334
小溪有声	1335
孝行天下:王凯、王锐兄弟载母华夏万里肖行纪实	1336
写在大地上的诗篇:建设社会主义新农村带头人口述历史	0510
写作例文编析	0752
写作论	0753
心的证明	1337
心底的烛光	1338
心迹.特级教师富国杰文选	0679
心理学	0090
心理学续篇	0091
心灵处方	2399
心灵的碎片	1339
心灵深处	1340
心鸣录	0164
心泉清音	1341
心弦	1342
心形的叶子	1343
心音集	1344
心脏内科急症	2400
辛稼轩年谱	2232
辛稼轩诗文抄存	1345
辛弃疾	2233
辛弃疾传	2234
辛弃疾词鉴赏辞典	1346
新编简明经济法	0282

新编珠算教程	2376
新城区战略与路径:推进城镇化重大问题研究	0511
新媒体视野下当代大学生思想政治教育研究	0680
新锐最故事文丛.周1卷,幽默篇	1347
新锐最故事文丛.周2卷,心灵篇	1348
新锐最故事文丛.周3卷,	1349
新锐最故事文丛.周4卷,	1350
新锐最故事文丛.周5卷,爱情篇	1351
新锐最故事文丛.周6卷,聊斋篇	1352
新锐最故事文丛.周7卷,悬疑篇	1353
新山东:科学发展面面观	0283
新时代思想政治教育的文化生态构建研究	0284
新时期德州水利改革发展的实践与探索	0512
新时期高校大学生公寓管理理论与实践探索	0681
新时期文学觅踪:1976—1986文学作品争鸣览胜	1354
新时期新探索:中共德州市委组织部2001年调研成果选编	0285
新世纪的曙光	1355
新型城镇化背景下的农村土地物权流转法律制度研究	0286
新兴宗教的传播及对国家安全的影响研究	0287
新修德州李氏族谱	2235
新叶集	1356
新移民文学:融合与疏离	1357
新韵诗词300首	1358
新韵诗词600首	1359
新韵诗词联	1360
信天不如信自己	0092
星星落在麦垛上	1361
邢侗碑廊作品集	2236

题名	页码
邢侗传	2237
邢侗集	2520
邢侗文化园碑廊	1622
邢侗邢慈静研究	2238
邢耀忠书画集	1623
形成性评价在大学英语教学中的应用研究	0754
形形色色的第三者	1362
醒来	1363
幸福德州:纪念德州建市二十周年	2239
幸福的一天	1364
幸福时刻	1365
雄关漫道	1366
虚拟企业的组织与管理:基于团队理论的视角	0513
徐祯卿诗学思想研究	1367
續武城縣志:道光	2240
悬空阁说诗	1368
薛涛全传	1369
学校体育学	0682
学校卫生学	0683
学校文化管理理论构建与实践	0684
雪落平原	1370
雪落无声	1371
雪落乡村:袁春光诗歌散文集	1372
血祭关东:苏联红军出兵东北纪实	1373
血溅平型关	1374
血色共和:民国政坛风云录	0288
血与火的记忆:德州抗战纪事	2241
寻访画儿韩:短篇小说卷	1375

寻诗四女寺 …… 1376
寻找 …… 1377
荀子与《荀子》 …… 0093
驯兽姑娘 …… 1378

Y

雅俗共赏 …… 1379
烟壶 …… 1380
烟壶美食家 …… 1381
烟枪 …… 1382
烟雨八百年:齐河旧城纪事 …… 1383
严与实:作风建设新常态 …… 0289
颜真卿:刘金忠广播剧选 …… 1384
颜之推与《颜氏家训》 …… 2242
晏婴与《晏子春秋》 …… 0094
杨汇泉:官品.文品.人品 …… 0290
杨汇泉生平影集 …… 1624
杨汇泉诗词选:百家书法选 …… 1625
杨汇泉诗词选墨趣 …… 1385
杨善洲的故事 …… 0291
姚氏族谱 …… 2243
冶炼明天的太阳 …… 1386
野水 …… 1387
野有蔓草 …… 1388
业务二部 …… 1389
夜行马车 …… 1390
一本书了解中国历史 …… 2244
一读就懂的中国服饰简史 …… 2452

题名	索引号
一方水土一处乡愁:齐河县地名传闻与史实	2245
一个人的乌托邦	1391
一个人走路	1392
一九八七年的情诗	1393
一九七九年德州地区歌曲创作学习班创作歌曲选集	1626
一路走来:朱殿封工作通讯选	1394
一路走来:朱殿封评论散文选	1395
一路走来:朱殿封人物通讯选	1396
一路走来:朱殿封消息选	1397
一生清白	1398
一所大学的办学始末	0685
一位村支书的人生突围	1399
一位教师的心灵图谱	0686
一位哲人的目光:任继愈谈话录	0095
一夜惊魂	1400
医学生就业理论与实践	0687
依附与剥离:后殖民文化语境中的黑非洲英语写作	0688
沂蒙文化名城:蒙阴	2246
沂蒙赞	1401
颐和园趣闻	2247
疑似	1402
以诚相待:赵志杰作词歌曲集	1627
以各种方式走向你	1403
以科学发展观同领经济社会发展全局	0292
以人为核心的平原新型城镇化:媒体看平原系列之二	0689
以色列政党政治研究	0293
以事明理:积淀心灵财富	0096
义和团平原起义100周年学术讨论会论文集	2248

义和团研究一百年	2249
艺彩德州:百名书画家作品集	1628
艺术市场纵横谈	1629
艺术星空.第一辑,克寇传	1404
艺苑揽萃	1405
呓语陈言	1406
译世语林	0165
益智高效读写双快法	0755
義魂忠魄王金铭	2250
银城夏津	2251
饮茶闲话	1407
印象大清河:齐河风物之河流叙事	1408
英国革命前的政治文化:17世纪初英国议会斗争的别样解读	0294
英模荟萃	2252
英雄冀鲁边:四十六集电视连续剧剧本	1409
英语2	0756
英语实用文的文体特征及翻译	0757
英语演讲稿写作技巧及评价标准	0758
英语语言与亚洲学生	0759
英语专业学生批判性思维培养研究	0097
英语自主学习能力的培养	0760
迎着彩虹一路歌	1410
拥抱太阳	1411
永远的丰碑:抗日战争胜利七十周年纪念文集	2253
永远的怀念:任继愈先生百年诞辰纪念文集	2254
永志不忘:德州军民抗日斗争纪实	2255
用"深绿色"理念导引经济发展	0514
优选法的推广及其应用	2377

题名	页码
悠闲集	1412
悠悠爱河	1413
悠悠岁月	1414
悠悠玄庄	1415
游击英雄传	1416
游在心湖里的一尾鱼	1417
有心栽花	1418
幼儿园教师音乐素养的构成及培养研究	1630
俞平伯散文选集	1419
与少年朋友谈写作	0690
与世纪同行:德州农业科技创新园十二年	0515
雨中没有伞	1420
禹城党史资料.第2辑	0295
禹城革命先躯	2256
禹城抗战记忆:纪念抗日战争胜利70周年专辑	2257
禹城历史故事	2258
禹城年鉴:1999-2000	2521
禹城年鉴:2008	2522
禹城年鉴:2017.—	2523
禹城市创建省级园林城市:城市园林篇	2411
禹城市创建省级园林城市:技术报告《山东省园林城市标准》逐项说明	2412
禹城市创建省级园林城市:申报材料	2413
禹城市创建省级园林城市:文件汇编篇（1）	2414
禹城市创建省级园林城市:文件汇编篇（2）	2415
禹城市军事志:1840-2005	0367
禹城市志:1986-2010	2259
禹城文史资料.第10辑	2268

禹城文史资料.第11辑	2269
禹城文史资料.第13辑	2270
禹城文史资料.第2辑	2260
禹城文史资料.第3辑	2261
禹城文史资料.第4辑	2262
禹城文史资料.第5辑	2263
禹城文史资料.第6辑	2264
禹城文史资料.第7辑	2265
禹城文史资料.第8辑	2266
禹城文史资料.第9辑	2267
禹城县教育志	0691
禹城县农业资源和农业区划图集	0516
禹城县农业资源调查和农业区划报告	0517
禹城县物资局志	0518
禹城县乡土志.—印影版	2271
禹城县志	2277
禹城县志（光盘版）	2272
禹城县志.卷10至卷12	2276
禹城县志.卷1至卷6	2273
禹城县志.卷7至卷8	2274
禹城县志.卷9	2275
禹城邮电志	0519
禹城与大禹文化文集	2278
禹王亭下的传说:禹城县民间文学选编	1421
禹韵邮情:张传善文集	1422
语文教育散论	0692
玉米的馨香	1423
浴火乡村:中国新农村建设"齐河模式"透视	1424

欲罢不能	1425
御马园纪事	1426
冤家路窄	1427
元曲之美:最是销魂曲中调	1428
袁营乡志	2279
原子光谱分析	2378
圆梦	1429
鼋庙轶事	1430
远帆	1431
远去的岁月	1432
远去的童年岁月	1433
月亮地	1434
月秋子诗选	1435
月影沙韵	2280
月韵	1436
岳飞传	1437
岳石文化	2281
岳庄志	2282
云海文集	1438
云卷云舒	1439
运动训练学	0693
运河的浆声	1440
运河酒话	1441
运河史话	2283
运河文化（山东）	0694
运河文化采风	1442
运河渔铃声	1443

Z

在渤海边上	1444
在春风中假寐	1445
在歌声的背后	1446
在母亲河边寻觅	1447
在诗里遇见爱情:诗人的爱情及其爱情诗解读	1448
在送给青少年的忠告里发现智慧	0098
在希望的田野上:——德州地区乡情概述	2284
在写给青少年的故事里寻找哲理	0099
在遥远处	1449
簪缨世家琅邪王氏家族	2285
早期西方马克思主义对列宁政治哲学的思考:以阶级意识为视角的探讨	0100
枣城春秋	1450
枣乡风云	1451
枣乡骄子	2286
灶地背影	1452
怎样种好棉花	2416
增訂武城縣志續編:民國版本	2287
沾化县志	2288
战斗在清河平原	2289
战栗	1453
站脚地	1454
站在死神门口	1455
张宝申小说散文选	1456
张宾普作词歌曲诗文选	1631
张官店村志	2290
张海峰书画集	1632
张立昌书法作品集	1633

题名	页码
张庆岭抒情诗选	1457
张庆岭谈写作	0695
张延清书法集	1634
章丘广播电视志	0696
漳卫南运河大观	2291
漳卫南运河流域水资源水环境综合模拟与管理	2470
漳卫南运河落实最严格水资源管理制度研究	2453
漳卫南运河年鉴.2013	2454
漳卫南运河年鉴.2014	2455
漳卫南运河年鉴.2015	2456
漳卫南运河年鉴.2016	2457
漳卫南运河年鉴.2017	2458
漳卫南运河水资源与水环境战略	2459
漳卫南运河志	2292
漳卫南运河志稿	2467
漳卫新河治理工程建设管理	2460
长河谣	1458
长河志籍考	2293
长鸣录	1459
长天唱流韵	1635
长夜洞萧:尹世林中篇小说集	1460
长长的流水	1461
杖国集	1462
兆荣文集.第1部,小小说篇	1463
兆荣文集.第2部,经历篇	1464
赵官镇志	2294
赵延长山水画集	1636
赵延长水墨画选	1637

书名	编号
哲学基础知识	0101
这里是德州	2295
这里是夏津	2296
真理的思考:任继愈传	2297
正道仁心:永锋集团发展纪实	2298
证券知识与股票投资	0520
郑板桥与潍县	2299
郑玄与今古文经学	0102
政府在老龄产业发展中的作用研究	0296
知识资产会计研究	0521
直复营销及其发展研究	0522
职业教育研究与探索	0697
纸片上的女孩	1465
纸上的故乡	1466
制度变迁下的中国经济增长研究	0523
智能制造导论	0524
中共渤海区地方史	0297
中共党史大事年表说明	0298
中共德州地方史.第1卷	0299
中共德州地区党史	0300
中共德州地区党史大事记:1921年7月至1949年9月	0301
中共德州历史大事记:1949.10-1997.12	0302
中共德州市党史大事记:1922-1949	0303
中共德州市党史大事记:1949-1991	0304
中共济阳县党史大事记:1937年-1949年	0305
中共冀鲁边区清河区渤海区党史大事记:1937年7月-1950年5月	0306
中共冀鲁边区清河区渤海区组织史资料汇编:1937年7月-1950年5月	0307
中共冀鲁豫边区党史大事记	0308

中共冀鲁豫边区党史资料选编.第2辑,文献部分(上) 1937.7-1941.70309
中共冀鲁豫边区党史资料选编.第4辑,回忆资料部分(上).—:抗日战争前党的活动 ………………………………………………… 0310
中共乐陵市党史大事记 ……………………………………… 0311
中共乐陵市党史大事记:1949年10月-1999年12月……… 0312
中共临邑党史大事记:1926-1949……………………………… 0313
中共临邑地方史.1921-1949……………………………………… 2300
中共陵县党史大事记:1925年-1952年 ……………………… 0314
中共陵县党史教材 ……………………………………………… 0315
中共宁津地方史:1949-1978.第二卷 ………………………… 2301
中共宁津县党史大事记:1925-1949…………………………… 0316
中共平原县党史大事记:1923年8月-1950年1月……………… 0317
中共平原县党史大事记:1923年8月-1950年1月……………… 0318
中共平原县党史大事记:1949-1992 …………………………… 0319
中共平原县党史大事记:1993年1月-2012年3月…………… 0320
中共平原县地方史:第二卷,1949-1978 ……………………… 2302
中共齐河县党史大事记:1921-1949……………………………… 0321
中共齐河县委党校志 …………………………………………… 2303
中共庆云县党史大事记:1924年-1949年 ……………………… 0322
中共山东历史编年概要:1921-2011……………………………… 0323
中共山东年鉴:2017 …………………………………………… 2524
中共商河党史大事记:1923年7月-1949年9月 ………………… 0324
中共武城党史大事记:1926-1949 ……………………………… 0325
中共夏津党史大事记:1921年7月至1949年9月 ……………… 0326
中共夏津地方史.第1卷(1921.7-1949-10)………………… 0327
中共夏津地方史.第2卷,1949-1978 ………………………… 0328
中共禹城市党史大事记:1949-1993 …………………………… 0329

书名	编号
中共禹城县党史大事记:1922年7月-1949年10月	0330
中古时代的兰陵萧氏	2304
中国	2305
中国"90后"大学生网络思想教育创新研究	0698
中国"和而不同"的文化外交	0699
中国藏书楼	0700
中国传统文化教程	0701
中国传统文化精要	2306
中国传统文化哲学研究论文选	0103
中国慈善与救济	0331
中国大运河	2307
中国当代生态美学的理论创新及其问题研究	2383
中国当代文学	1467
中国当代文学50年	1468
中国当代文学批评概观	1469
中国当代文学思潮史	1470
中国道教史	0104
中国德州	2309
中国德州（光盘版）	2308
中国的文化与文人	2310
中国地方新建本科院校的办学定位	0702
中国地方志集成:乾隆德州志.—印影版	2311
中国地方志集成:山东府县志辑	2312
中国地方志集成:省志辑山东	2313
中国地方志集成山东府县志集二十光绪宁津县.—印影版	2314
中国地方志学会城市区志专业委员会2014年学术年会资料汇编	2315
中国佛教史	0105
中国工人阶级现状与发展趋势	0332

中国共产党德州学院第一次代表大会资料汇编	0333
中国共产党山东历史:1949-1978	0334
中国共产党山东省德州地区组织史资料:1924-198	0335
中国共产党山东省德州市组织史资料	0336
中国共产党山东省德州市组织史资料:1924-1987.10	0337
中国共产党山东省德州市组织史资料:1987.10-1994.12	0338
中国共产党山东省德州市组织史资料:1987.11-2001.10	0339
中国共产党山东省德州市组织史资料:2001.11-2013.12	0340
中国共产党山东省济阳县组织史资料:1939-1987	0341
中国共产党山东省乐陵市组织史资料:1924-1988	0342
中国共产党山东省乐陵市组织史资料:第2卷,2003.5-2014.3	0343
中国共产党山东省乐陵市组织史资料:第3卷,2003.5-2014.3	0344
中国共产党山东省乐陵县组织史资料:1924-1988	0345
中国共产党山东省聊城地区组织史资料	0346
中国共产党山东省临沂市组织史资料:1923-1987	0347
中国共产党山东省临邑县组织史资料:1928-1987	0348
中国共产党山东省陵县组织史资料:1925-1987	0349
中国共产党山东省宁津县组织史资料	0350
中国共产党山东省平原县组织史资料:1923-1987	0351
中国共产党山东省平原县组织史资料:1987.10-1995.4	0352
中国共产党山东省齐河县组织史资料:1924-1987	0353
中国共产党山东省庆云县组织史资料:1926-1987	0354
中国共产党山东省武城县组织史资料	0355
中国共产党山东省夏津县组织史资料:1927-1987	0356
中国共产党山东省禹城市组织史资料:续:1987年11月-2001年3月	0357
中国共产党山东省禹城县组织史资料:1924-1987.10	0358
中国古代的赋税与劳役	2316
中国古代酒名	2461

书名	页码
中国古代矿业	2317
中国古代青少年成才史话	2318
中国古代文学作品选.上	1471
中国古代文学作品选.下	1472
中国古代小说的嬗变	1473
中国古代小说史研究的反思与重构	1474
中国古代驿站与邮传	2319
中国古代造船与航海	2320
中国古代著名水利工程	2321
中国古画谱集成	1638
中国古建筑艺术的人文体现	2462
中国古琴音乐文集	1639
中国国情丛书___百县市经济社会调查:德州卷	0359
中国火药火器史话	2463
中国近代文献典籍散佚史略	1475
中国抗战诗词精选	1476
中国科学技术典籍通汇	2352
中国老兵安魂曲	1477
中国历代兵法	0368
中国历史人物大辞典	2322
中国历史知识三字经	2323
中国名物特产集粹	2324
中国宁津蟋蟀志	0703
中国农村经济改革与发展	0525
中国农民书:"土豆大王梁希森的梦想三部曲"	1478
中国农业系统发展史	2417
中国少数民族英雄史诗	2325
中国诗卷	1479

中国食品出口受阻风险及预警分析	0526
中国史探研	2326
中国书坛90家	1640
中国数术学论文精选	0106
中国数学发展的若干主攻方向	2379
中国水电十三局三十年	0527
中国太阳城:德州	2464
中国特色社会主义的"特色"研究	0360
中国特色社会主义理论的内在同一性研究	0361
中国统计现代化:探索实践发展	0166
中国团在俄罗斯	1480
中国味都杨安镇	2327
中国文学现代转型的历史源流:明代中叶到清末民初中国文学的变迁	1481
中国武城汽车零部件产业发展论坛集萃	2468
中国现代文学	1482
中国现代文学期刊目录汇编	1483
中国现代小说流派史	1484
中国小说创作模式的现代转型	1485
中国小说体式的现代转型与流变	1486
中国新文艺大系:1976-1982	1487
中国虚拟经济的风险与对策	0528
中国遗产型社区属性剥离与整合模式研究	0529
中国艺术鉴藏《王长水汉子篆书墨迹》特刊	1641
中国楹联书法邀请展	1642
中国杂技文化.宁津卷	1643
中国哲学八章	0107
中国哲学发展史	0109
中国哲学发展史.魏晋南北朝	0108

中国哲学发展史:秦汉	0110
中国哲学史.1	0111
中国哲学史.2	0112
中国哲学史.3	0113
中国哲学史.4	0114
中国哲学史简编	0115
中国哲学史论	0116
中国著名藏书楼海源阁	0704
中国作家经典文库.航鹰卷	1488
中华传统美德警句名言	0117
中华传统武术的文化阐释	0705
中华大典.宗教典.佛教分典	2525
中华大典.宗教典.伊斯兰基督與诸教分典	2526
中华大典.哲学典.儒家分典	2527
中华大典.哲学典.诸子百家分典	2528
中华大典:文献目录典.文献学分典	2529
中华经典近现代诗词读本	1489
中华名山之首泰山	2328
中华人物志.政治人物集	2329
中华苏禄东王温安家族通谱	2330
中华五千年的历史经验:任继愈讲演集	2331
中華大典.理化典.[化學分典].—影印本	2530
中華大典.理化典.[物理學分典]	2531
中華大典.理化典.[中西會通分典]	2532
中華大典.數學典.[會通中西算法分典]	2533
中華大典.數學典.[數學概論分典].—影印本	2534
中華大典.數學典.[數學家與數學典籍分典].—影印本	2535
中華大典.數學典.[中國傳統算法分典]	2536

题名	页码
中秋月儿圆	1490
中世纪初期的西欧	2332
中唐诗歌派审美研究	1491
中外服饰艺术	2465
中西音乐活动的心理学研究与津要	1644
中学生近期诗歌选评	1492
中学数学问题集	0706
重修恩县志.一线装本	2333
重修恩縣志:民国	2334
重修恩縣志:宣统	2335
周公	2336
周氏族谱	2337
周易与企业管理	0530
朱多锦新世纪诗选	1493
朱红灯传奇	1494
诸葛亮	2338
烛光:教师下水作文选	0707
烛光记忆	0708
烛火高照	1495
主流媒体聚焦德州	1496
伫立潮头	1497
祝阿镇志	2339
庄稼人的婚事	1498
庄子与《庄子》	0118
壮美的奥运	0709
追梦的眼睛	1499
追忆	1500
追逐浪潮:新时期经济改革与发展问题研究	0531

追逐梦想	0710
资源环境胁迫与节约型友好型社会建设	0532
滋润心智的哲理日记	1501
子思与思孟学派	0119
紫花花绿葫芦:儿童小说选	1502
自家造稿:北京书院藏齐白石画稿	1645
自信是一把斧头:启迪亿万青少年的人生故事	1503
自由与包容:西南联大人和事	0711
宗教词典	0120
宗教大辞典	0121
总体性的终结:从卢卡奇到阿多诺	0122
纵横捭阖话曹操	2340
纵横江淮	1504
邹衍与阴阳五行	0123
走出教育的误区	1505
走过黎明	1506
走进德州:德州撤地建市十周年纪念珍藏版:1995-2005:[中英文本]	0362
走进德州仲裁	0363
走进京剧城—德州	1646
走进离太阳最近的地方	1507
走进翟时庄	2341
走在爱里:歌词续集	1508
走在文字边缘	1509
足迹:中国农业发展银行先进集体和个人事迹材料汇编	0533
醉翁之意时韵集	1510
醉翁之意文韵集	1511
昨天的公仆:王殿臣传略	2342
昨夜的灯光	1512

昨夜风	1513
左宝贵志	2343
左丘明与《左传》	2344
左思和左棻	2345
作文导与练	0712
做家长的学问:给中小学生家长	0713

德州地方文献作者索引

一、本索引按著者首字的汉语拼音排列，同音字按《新华字典》顺序排列，首字相同者，按第二字的汉语拼音排列，依此类推。

二、著者中标点符号、数字、字母参排，按标点符号、数字、字母顺序排列，且排在汉字前。

三、著者后所附号码为该著者的著作在书目中的序号。

四、一著者有多种著作，集中在同一条目，其书目序号由小到大一并列出。

标点、符号

（俄）阿谢洛.科夫	1226
（美）安德森	0759
（明）孙居相	1780
（明）邢侗	2520
（明）尤麒	1822
（清）郝答	1189
（清）骆大俊	2208
（清）皮錫瑞	2503
（清）萨承钰	2207
（清）万秀芳	2240
（清）汪鸿孙	1778
（清）汪鸿孫	2335

作者	页码
（清）岳濬	2141
（清房万达	2209
（日）盐谷雅英	2384
（瑞士）汉斯U.盖伯	0471
（英）D.伯格斯	2368
（英）G.豪森	0648
（英国）吉卜林	0834
（元）赵世延	0229
《当代中国》丛书编辑部	0179
《德州交通集团有限公司志》编纂委员会	0393
《德州经济技术开发区志》编纂委员会	0394
《德州学院年鉴》编纂委员会	0588
《发展战略》课题组	0383
《姬庄村志》编纂委员会	1814
《建设故事委会》	0613
《焦庙镇志》编纂委员会	1827
《金华晚报》	1107
《乐陵县水利志》编纂委员会	0443
《刘集村志》编委会	1905
《刘桥镇志》编纂委员会	1906
《平原县水利志》编纂委员会	1982
《齐河经济开发区志》编纂委员会	1993
《齐河历史文化》编委会	1994
《齐河县城市管理志》编纂委员会	2005
《齐河县发展和改革志》编纂委员会	2006
《齐河县房产管理志》编纂委员会	2007
《齐河县广播电视志》编纂委员会	2008
《齐河县国土资源志》编纂委员会	2009

《齐河县环境保护志》编纂委员会	2010
《齐河县抗日战争志》编纂委员会	2011
《齐河县科学技术志》编纂委员会	2012
《齐河县粮食志》编纂委员会	2013
《齐河县民政志》编纂委员会	2014
《齐河县农村简志》编纂委员会	2015
《齐河县农村简志》编纂委员会	2016
《齐河县农业志》编纂委员会	2017
《齐河县人口和计划生育志》编纂委员会	2020
《齐河县水利志》编纂委员会	0466 2021
《齐河县文化志》编纂委员会	2022
《庆云骄子》编辑委员会	1183
《仁里集镇志》编纂委员会	2079
《山东各地概况》编纂委员会	2092
《山东年鉴》编辑部	2511
《少年文萃》编辑部	0729
《数学教育学导论》编写组	2371
《王官屯村志》编纂委员会	2183
《文史知识》编辑部	2329
《武城县水利志》编纂委员会	0497
《武城县政治协志》编辑委员会	0280
《赵官镇志》编纂委员会	2294
《质量技术监督志》编纂委员会	2043
《中共齐河县委党校志》编纂委员会	2303
《中国》编写组	2305
《中国国家人文地理》编委会	1678
《祝阿镇志》编纂委员会	2339

A

阿丁	1604
艾庆莲	0885
安玉娟	0174
安占山	1180
安作璋	2133 2134 2135 2136 2137 2138 2139 2140

B

八路军山东纵队史审委员会	1652
白朝霞	0735
北京八路军山东抗日根据地研究会	1659 2045 2098
北京画院	1645
本社选编	2313
本书编辑组	2018 2395
本书编委会	0308 0449 0527 1713 1718 1819 1902 2500
本书编写组	0589
本书编纂委员会	0391 0410 0458
本校校志纂委员会	0639
毕汝升	1058
卜庆娟	0431

C

蔡文典	1129
蔡文晓	0667
曹鼎	0720 0731 0742 0745 1158 1276 2461
曹立前	0664

曹延杰	0569 0725 0726 0739 0744
查昌国	0049
常星儿	0771
常治国	1642
陈德芳	1892
陈广珍	2501
陈海良	2522
陈建军	0993 1842
陈建平	1563
陈克刚	1133
陈立华	0543 0672
陈凌	1644
陈璞平	0814 1123 1310 1429
陈绍燕	0118
陈文华	0035 0088 0671
陈星耀	0455 2449
陈秀英	0665
陈燕	0557
陈仪敏	0540
陈应侠	0430
陈永华	2155
陈玉琨	0684
陈元峰	2173
陈治中	1412
成银生	2349
成印强	1789
程亮	0441

程民德	2379
程明三	1960
程先利	0902 1021 1377
程宪利	1307
迟桂荣	0680
春风无忧子	0654
崔金鹏	1000 1147 1235 1336 1767
崔静静	0760
崔连香	0650
崔乃林	0697
崔锡芳	0805 0806 0807 0808 0809 1379
崔秀霞	1367
崔宇山	0778 1498

D

戴昭忠	0469
丹古	0789
党月异	1116 1117 1288 1474 2238
德城区档案局	1758 1759 1760 1761 1762 1763 1764 1765 1766
德城区文化局	0585
德州地方史志办公室	1725
德州地方史志办公室主办	1710
德州地革委生产指挥部办公室科技组	2377
德州地革委文化局、出版办公室	0828
德州地区出版办公室	1080
德州地区地方史志编纂委员会	1682 1691

德州地区第二轻工业公司志组

………………………………………………………………	0377
德州地区多种经营乡镇企业志编纂小组 ………………	0376
德州地区供销合作社联合社志编辑委员会 ……………	1683
德州地区广播电视处 ……………………………………	0570
德州地区行署棉办 ………………………………………	2416
德州地区化轻公司编写组 ………………………………	0380
德州地区建筑材料公司编写组 …………………………	0381
德州地区教育志纂办公室 ………………………………	0565
德州地区金属材料公司编写组 …………………………	0382
德州地区经济体制改革委员会 …………………………	0437
德州地区经济研究中心 …………………………………	0474
德州地区科学技术协会 …………………………	2347 2348
德州地区木材公司志委员会 ……………………………	0384
德州地区农业区划办公室 ………………………………	0390
德州地区贫农下中农协会 ………………………………	0186
德州地区燃料公司 ………………………………………	0478
德州地区社会科学联合会 ………………………………	0209
德州地区社会科学联合会主办 …………………………	0438
德州地区史志办 …………………………………………	0378
德州地区水利局水利志办公室 …………………………	0487
德州地区税务局 …………………………………………	0386
德州地区统计局 …………………………………	0126 0127
德州地区土地管理局 ……………………………………	0387
德州地区文化局 …………………………………	0839 1023
德州地区物资服务公司编写组 …………………………	0388
德州地区物资志编纂委员会 ……………………………	1685
德州地区新华书店编纂 …………………………………	0562
德州地区艺术馆 …………………………	1522 1523 1626

德州地区邮电局史志办公室	0418 1720
德州行署调研室	0192
德州化工厂	2443
德州黄河河务局	2424
德州经济研究编辑部	0395 0396
德州棉烟麻采购供应站编纂组	0398
德州农业生产资料供应站	0399
德州师范专科学校	0719 2078
德州师专中文系	0752
德州市财政贸易委员会	0400
德州市城市建设环境保护委员会	0401
德州市档案局（馆）	2067 2082 2241 2447
德州市德城区地方史志办公室	2472
德州市德城区军事志编纂委员会	1711
德州市德城区前赵庄志编纂委员会	2059
德州市德城区人民政府主办	2471
德州市德城区委员会	1712
德州市德城区委员会文史委员会	1670 1671 1672 1673
德州市地方史志办公室	1649 1708 1724 1754 1937 1940 2499
德州市地方史志编纂委员会	1680 1706 1723
德州市地方志办公室	2293
德州市发展计划委员会	0404
德州市房产管理局	0402
德州市工商行政管理局	0403
德州市关系下一代工作委员会	1489
德州市机关党建研究会	0219
德州市机械志编纂委员会	0405

德州市交通局史志办公室 …………………………………… 0406
德州市经济体制改革办公室 ………………………………… 0468
德州市精神文明建设委员会办公室 ………………………… 0217
德州市劳动和社会保障局 …………………………………… 0234
德州市旅游文化研究会政协武城委员会文史委 …………… 1921
德州市民政局 ………………………………………………… 1716
德州市民族与宗教事务局 …………………………………… 0198
德州市农业区划委员会办公室 ……………………………… 0475
德州市农业志编纂委员会 …………………………………… 0407
德州市群众工作联席会议办公室 …………………………… 0224
德州市人大常委会办公室 …………………… 0170 0195 0199 0200
　　　　　　　　　　　　　　　　　　　　　　0201 0213 1795
德州市人民检察院 …………………………………………… 0274
德州市人民医院 ……………………………………………… 2392
德州市人民政府 ……………………………………………… 0196
德州市人民政府新闻办公室 ………………………… 2308 2309
德州市史志办公室 …………………………………… 2482 2483
德州市书法家协会 …………………………………………… 1534
德州市水利志编纂委员会 …………………………………… 2426
德州市税务局 ………………………………………………… 0411
德州市体育局写 ……………………………………………… 0614
德州市统计局 ………………………………… 0137 0138 0140 0218
德州市委市直机关工委 ……………………………………… 0292
德州市文化广电新闻出版局 ………………………………… 0583
德州市文联 …………………………………………… 0861 0862
德州市文明办 ………………………………… 0182 0255 0269 2188
德州市文学艺术界联合会 …………………………………… 0592
德州市文学艺术界联合会德州市书法家协会主办 ………… 1533

德州市物价局编纂 …………………………………… 0412
德州市物资综合公司《物资志》编纂办公室 …………… 1717
德州市杂技团 ………………………………………… 1595
德州市政协 …………………………………………… 1536
德州市政协书画之友社 ………………………………… 1538
德州市驻村帮扶工作办公室 …………………………… 0413
德州市作家协会 ……………………………………… 0863
德州水利局 …………………………………………… 2436
德州学院 ……………………………… 0333 0524 0537 0587
德州医药公司 ………………………………………… 2388
德州邮电史志编纂委员会 ……………………………… 0417
德州知知堂 …………………………… 2273 2274 2275 2276
邓广铭 ………………………………… 0008 0010 0997 1345
　　　　　　　　　　　　　　　　　　 1437 1654 1768 1801
　　　　　　　　　　　　　　　　　　 1858 2162 2163 2168
　　　　　　　　　　　　　　　　　　 2182 2232 2234 2517
邓红梅 ………………………………………………… 1852
邓友梅 ………………………………… 0769 0865 0866 0867
　　　　　　　　　　　　　　　　　　 0960 1013 1055 1126
　　　　　　　　　　　　　　　　　　 1135 1200 1305 1320
　　　　　　　　　　　　　　　　　　 1375 1380 1381 1407
第四届中国乐陵金丝小枣节筹委会 ……………………… 2401
刁传梅 ………………………………………………… 2246
丁鼎 …………………………………………………… 0030
丁伟志 ………………………………………………… 0359
丁晓莉 ………………………………………… 0493 0494 0495
丁兴才 ………………………………………………… 1264
丁志峰 ………………………………1030 1085 1118 1404 1567

董玲 ……………………………………………… 0176
董玮 ……………………………………… 0931 1234
窦可昀 …………………………………………… 0207
杜贵晨 …………………………………………… 1919
杜泽逊 …………………………………………… 2145
段方乐 …………………………………… 0040 0122
段金林 …………………………………………… 0967
段晓光 …………………………………………… 1541
段玉 ……………………………………………… 2190

F

范晓丽 …………………………………… 0042 0082
方辉 ……………………………………………… 2281
方楫 ……………………………………………… 2466
方彦方 …………………………………………… 1518
房敏 ……………………………………………… 0608
房绍良 …………………………………………… 1249
房玉梅 …………………………………………… 1099
费克 ……………………………………………… 1465
费克 ……………………………………………… 1191
丰文茂 ………………………… 0870 1078 1113 1333 1426
丰云 ……………………………………………… 1357
风冉 ……………………………………………… 0969
冯国华 ………………………………… 1137 1138 1139 1159
冯海昌 …………………………………………… 2423
凤凰出版社选 …………………………………… 2312
凤子 ……………………………………… 1022 1806
芙韬 ……………………………………… 1003 2058

付修勇	0532
傅崇兰	1703
傅国杰	0047 0713 1340
傅晓燕	0889
傅志超	2462
富国杰	0679 1903

G

盖盈盈	0757
盖颖颖	0749
高爱颖	0056
高步云	1102
高从香	1017
高发民	0659
高洪玉	0415 0936 1366 2397
高军	0061 0169 0486
高峻岭	2290
高士明	0001 2502
高斯学	0282
高文惠	0688 0974
高艳国	0871 0872 0873 0874 1008 1170 1220 1304 1324 1325 1376 1424 1477 1478 1495 1512
高迎春	0816 0998 1274
格式	0784 0792 1103
耿建强	1312
耿同金	0129 0132 0133 0134

　　　　　　　　　　　　　　　　　　　0135 0136 0193
巩建闽 …………………………………………… 0602 2437
共青团德州市委 ………………………………………… 0191
古贝春集团有限公司主办 ……………………………… 2438
顾金栋 ……………………………0939 0991 1005 1074 1130
顾金良 ………………………………………………… 0886
郭澄清 ……………………………0838 0952 1077 1101 1217
郭洪伟 …………………………………………… 0435 1784
郭萌 …………………………………………………… 0004
郭墨兰 ………………………………………………… 2046
郭其礼 ………………………………………………… 1181
郭晓光 …………………………………………… 0868 1555
郭新中 …………………………………………… 0573 1695
郭学信 ………………………………………………… 1781
郭兆昆 ……………………………0106 0615 0617 0618 0621
郭作富 ………………………………………………… 1573
国洪玲 ………………………………………………… 0906
国家统计局德州调查队 …………………………… 0130 0131
国家图书馆 …………………………………………… 2254
国宁 …………………………………………………… 0849

H

憨仲 …………………………………………………… 1045
韩大平 …………………………………………… 0526 2446
韩德光 ………………………………………………… 1121
韩英甲 …………………………………………… 0545 0644
韩玉德 ………………………………………………… 1826
航鹰 ………………………………… 0959 1088 1096 1144

	1156 1172 1488 2153
郝德禄	0976 1247 1251 1462 2038
何敬东	0657
何连生	0142
何炜	1195
何毅亭	0212
贺金玉	0596 0702 2354
贺同赏	1853
贺心玉	1318 2213
侯井天	1141
侯仁之	0162 1656 1657 1854
	1855 1934 2180
胡敦骅	0616
胡炯涛	2369
胡俊海	0550 0847 1199 1271 1467
胡升秀	0439
胡晓花	2439
胡延峰	0041
胡月强	1120
华锋	0990 1047 1160 1447
华瑞杰	0708
黄传波	0762
黄德鑫	1915
黄怀祖	2128
黄金元	1939 2070 2177
黄鸣	0024 0428
黄书恺	1782
黄友敬	0032 0039

黄占举	0609
黄昭寅	1265
霍洪田	0599 0607
霍兴泉	1966

J

纪慎言	0765 0968 1050 1111
季桂起	0561 0568 0595 1148 1289 1293 1458 1481 1485 1486
季平	0445
济南	1609
济阳县电业公司	0432
冀南革命根据地史审委员会办公室	1820
贾桂升	2286
贾士君	0772
贾文岩	0699
简墨	0953 1015 1112 1238 1428 2147
江心力	0055
姜朝晖	0628
姜春光	1516
姜德勇	2464
姜金霞	0788 1142
姜山秀	0724 1294
姜溪波	0780
姜颖	2176
姜兆吉	0165
姜仲华	0996

蒋慧 0660
焦力军 1007 1219 1431 1494
解永敏 0181 0768 0841 0903 0904
                                              0962 1136 1301
井植德 0414
莒镇乡志编写组 1829

K

柯岩 0942 1479
孔德立 0119
孔新苗 1629
匡万平 0777 1502
奎章堂藏板 1907 1908 1911 1912

L

赖非 2051
兰雪 1371 1391
蓝野 1228
郎丰功 2408
乐陵市民间文学三集成编委会 1009
乐陵县农业区划委员会办公室 0442
乐陵县药材公司编纂小组 2393
乐陵县政协文史资料委员会 1845 1846
李爱华 2117 2120 2123
李爱民 0262
李保坤 1255
李炳印 2089
李伯齐 2285

李昶亮	2387
李朝辉	0423
李成银	0632
李存修	0846
李冬英	0714
李凤臣	0484 0504 0840 0845 0905 0919 0920 1097 1273 1338 1344 1406
李凤华	1755
李凤鸣	0444
李广彬	1149
李广文	0669
李桂荣	2357 2358
李桂廷	0923
李国华	0687
李红霞	0603 0604
李洪亮	0721
李洪陵	0025 0050 0086
李怀喜	0151 1744
李惠娟	0658
李建军	1209
李建伟	1218 1311 1674 1923 1924 1925 1926
李洁非	0791
李景生	0727 0736 0737
李久泽	1290 1414 1444
李开玲	1697
李宽云	0421 0832 0887 0937 0938 1400 1550 1556

姓名	页码
李老民	0662
李丽	0456
李丽	2427
李连波	0620
李连璞	0529
李连生	2291
李妹姚	1335 1433
李铭亭	2284
李佩甫	1153
李平生	0472
李平秀	1313
李其常	2491 2493
李庆龄	1698
李泉	2057 2144
李汝田	0629
李善奎	2146
李善祯	0738 0753
李申	2080
李树德	1929
李树旺	0883
李万鹏	2048
李维华	0371
李伟	0642
李文峰	0100
李文豪	0852 0909
李希江	1668
李希元	1618 2199
李霞	0143 0267

姓名	编号
李晓黎	0297
李新华	1583
李兴斌	2171
李学颜	0483
李延国	0929
李阳泉	0022 1935
李亦然	1197
李永军	1509
李永祥	2172
李友仁	0103
李玉春	1741 1743
李玉洁	1989
李玉梅	0900
李玉胜	1014
李玉文	0612 2359
李长征	0966 1296 2157
李振国	1232
李振坤	1586
李志勇	0693
李舟仁	0290 1625
李庄	0999 1052
梁超	0425
梁方健	1916
梁国楹	0574 1728 1757 2306 2442
梁洪涛	1347 1348 1349 1350 1351 1352 1353
梁家卿	1075 1076
梁洁	2085

梁清	1439
梁绍荣	2363
梁希忠	0362
梁秀玲	0896 1571 1981
梁国楹	0701
林徽	1574
林吉玲	2093
林祥	2158
临邑县《西关村志》委会	1888
临邑县广播电视局	0624
临邑县农业区划委员会办公室	0447
临邑县商业局	0448
临邑县新华书店	0625
临邑县药材公司	2394
临邑县油区工作办公室	1889
临邑县政协文史资料委员会	1860 1862 1887 1928
陵县教育志编写组	0626
陵县农业区划委员会办公室	0451
陵县水利志编纂委员会	0452
陵县统计局	2504
陵县文化局	1268
陵县文史资料组委会	1895 1896 1897
陵县志编纂委员会	1901
刘保今	0732
刘豹	2375
刘炳义	0268 1535 1839
刘承智	0971 0988 2227
刘传武	2459

刘德金	2362
刘德军	2193
刘德龙	0434
刘德升	0730
刘东骏	2323
刘东伟	0764 0898 0932 1279 1503
刘法胜	2420
刘凤海	0851 0878 0928 0977 1263 1267
刘福华	2473
刘富刚	0020 0490
刘恒敏	0559
刘洪玲	2389
刘洪涛	0810
刘洪忠	0947
刘焕阳	1661
刘吉凤	0691
刘嘉琰	2406
刘兼	2353
刘建平	0503
刘建义	1730 1731 1732 1733 1734 1735 1736 1737 1738 1739 2250
刘金生	1490
刘金译	1024
刘金忠	0566 0678 0944 1190 1384 1442 1443 1803 2282 2342
刘军	0572

刘琳	0815 1066 1070 1193 1242
	1285 1355 1446 1576 2341
刘民生	0549
刘强	1145
刘清洲	1018
刘庆民	1064 1663 1959
刘秋增	2130
刘秋增	2127
刘善言	0682
刘绍棠	1440
刘世亭	1124 1176
刘守亮	2050
刘淑庋	1592
刘淑青	0271 0294 1448
刘统霞	1517
刘伟国	1527 1605
刘蔚华	0017
刘文海	1565 1577 1578
刘文烈	0419 0506 0531
刘文霞	0514
刘希云	1236
刘先普	1048
刘晓东	1061
刘雪华	1225
刘耀辉	0397
刘印房	0178
刘勇	1910
刘勇	1909

刘玉栋	0926 0992 1134 1262 1272 1364
刘玉民	1213
刘玉璞	1590
刘月新	1334
刘运章	1665
刘长居	1020
刘长新	1001 1186 2231 2510
刘真	0798 1298 1461
刘振	1382
刘振前	0756
刘震	1363
刘志彪	0505
刘志军	2460
刘治温	0139
刘治温	0141
刘宗斌	2156
卢俊	1309
卢清钰	1083 1227 1252
卢振中	0803 1079 1100
鲁北	1084
鲁斌	0146 0811 0894 0895 1146
鲁风	0776 1019
鲁西	0836 1332
路遥	0260 2087
栾丰实	1666
栾文通	0707
栾绪夫	0733
罗庄村志编纂领导小组	1920

吕峰 ……………………………………………………… 0558
吕舒怀 …………………………………………………… 1010
吕伟俊 …………………………………………………… 2164
吕志轩 …………………………………………………… 2407

M

马凤岗 …………………………………………………… 2338
马惠彬 …………………………………………………… 1655
马建堂 …………………………………………………… 0166
马君艳 …………………………………………………… 0879
马立婧 …………………………………………………… 1579
马立新 ……………………………………… 2355 2356 2364
马亮宽 …………………………………………………… 2052
马启代 …………………………………………………… 1206
马万华 …………………………………………………… 0467
马应心 …………………………………………………… 0097
马泽 ……………………………………………………… 1354
马增信 …………………………………………………… 1229
马振国 …………………………………………………… 1326
毛谷风 …………………………………………………… 0956
毛寄萍 …………………………………………… 1086 1425
毛丽君 …………………………………………………… 0476
毛琳 ……………………………………………… 1184 1664
毛振军 ……………………………… 0002 0538 0539 0601 0698
梅子 ……………………………………………………… 1165
孟建军 …………………………………………………… 1707
孟庆华 …………………………………………… 0821 1788
孟宪礼 …………………………………………………… 1500
孟祥才 …………………………………………………… 1809

孟翔荣	1851
明哲	0053
穆丹枫	0786 0795
穆慧玲	2430 2432 2465

N

倪静寰	2239
聂兴一	1790
宁玉富	0125

P

潘光杰	0522
潘友林	1694 1798 1799 1823 1930 1931 2060 2063 2064 2065 2066 2229
庞敦之	0470
庞吉温	2258
庞吉温	1857
庞金殿	1473
庞雨珠	1639
庞玉珠	1551
裴传宏	1985
裴传永	0085
裴振峰	0606
裴智	0948 1131 1257 1270
彭彦花	0818
平原到文化志编纂委员会	1983
平原历史文化研究会	2068

平原县创建小康村领导小组办公室 …………… 0464
平原县地方史志编纂委员会 ………………… 1986
平原县东韩营村 ……………………………… 2337
平原县妇女联合会 …………………………… 1152
平原县老年诗书画研究会 …………………… 1314
平原县农业区划委员会办公室 ……………… 0463
平原县书画协会 ……………………………… 0994
平原县统计局 ………………………………… 0462
平原县卫生局 ………………………………… 2396
平原县县志办公室 …………………………… 1980
平原县宣传部 ………………………………… 0003
濮定国 ………………………………………… 2372

Q

戚良德 ………………………………………… 1913
戚良华 ………………………………………… 0221
戚忠顺 …………………………………… 0911 0930
齐河县地方史志办公室 …………………… 1804 2505
齐河县地方史志编纂委员会 ……… 1992 1995 1996
 1997 2072 2343
齐河县第四次人口普查领导小组办公室 …… 0158
齐河县农业区划委员会办公室 ……………… 0465
齐河县文化局 ……………………… 1998 2118 2121
齐书堂 ………………………………………… 0954
齐思和 ………………………… 1662 1769 1770 1771 1772
 1773 1774 2326 2332
秦彦士 ………………………………………… 0052
秦艳华 ………………………………………… 2094

秦永洲 ……………………………………………………… 2242
庆云文史资料委员会 …………………………………… 2073
庆云文苑 …………………………………………………… 1105
庆云县地方史志办公室 …………………………… 2508 2509
庆云县东辛乡乡志编纂委员会 ………………………… 1775
庆云县精神文明建设委员会 …………………………… 0173
庆云县农业区划委员会办公室 ………………………… 0477
庆云县史志办公室 ………………………………………… 1185
裘山山 ……………………………………………………… 0770
曲春耀 ……………………………………………………… 0827
全国农业协同组合中央会 ……………………………… 0245
全国政协文史和学习委员会 …………………………… 2307

R

冉繁义 ……………………………………………………… 1793
任洪愈 ……………………………………………………… 1961
任继愈 ……………………………… 0015 0016 0018 0019 0033
0034 0036 0037 0038 0051
0063 0064 0065 0066 0067
0068 0069 0070 0071 0072
0073 0074 0075 0076 0077
0078 0079 0083 0095 0104
0105 0107 0108 0109 0110
0111 0112 0113 0114 0115
0116 0120 0121 0148 0149
0150 0152 0153 0154 0155
0160 0163 0366 0368 0636
0637 0700 0711 1927 1943

	2081 2310 2316 2317 2318
	2319 2320 2321 2324 2325
	2331 2352 2525 2526 2527
	2528
任继周	2402 2403 2417
任陆	1547
任万平	2105 2106 2107 2108 2110
任万善	0623
任先青	1106 1306 1343
任樟辉	2374
任仲泉	2095
荣宝斋出版社	1569

S

桑恒昌	0763 0767 0822 0950 1041
	1060 1140 1202 1203 1204
	1205 1207 1282
桑金航	0986
山东德州经济开发区管委会印	1526
山东画院	1632
山东黄河河务局	2444
山东黄河河务局德州修防处	2422
山东陵县文史研究学会	1603
山东省档案局	2178
山东省德州财贸经济学习	0610
山东省德州地区史志编纂委员会	1687
山东省德州地区统计局	0379 0473
山东省德州地区艺术馆	1524 1525

山东省德州棉烟麻采购供应站编纂组 ………………………… 1700
山东省德州市德城区地方史志编纂委员会 ………………… 1721
山东省德州市地方史志办公室 …………… 1692 2479 2480 2481
                                2484 2485 2486 2487
                                2488 2489 2490 2492
                                2494 2495 2496 2497
                                2498
山东省德州市人口普查办公室 ………………………… 0156 0157
山东省德州市人民武装部 ……………………………… 0364 1715
山东省德州市文联 ……………………………………………… 1082
山东省地方史志办公室 ………………… 2088 2099 2100 2101
                              2102 2103 2191 2513
                              2514
山东省地方史志编纂委员会 …………………………… 2131 2132
山东省对外宣传品发行中心 ………………………………… 2124
山东省高唐县史志编纂委员会 ……………………………… 1785
山东省济阳县农业区划委员会办公室 ……………………… 0433
山东省交通运输厅公路局 …………………………………… 0796
山东省教育厅 ………………………………………………… 0640
山东省乐陵市地方史志编纂委员会 ………………………… 1844
山东省乐陵市市志编纂委员会办公室 ……………………… 1841
山东省乐陵市政协文史资料委员会 ………………………… 1843
山东省乐陵县史志编纂委员会 ………………………… 1849 1850
山东省临邑县人民政府 ……………………………………… 2236
山东省临邑县史志 …………………………………………… 1891
山东省临邑县史志编纂委员会 ……………………………… 1890
山东省临邑县委员会文史资料委员会 ………… 1871 1872 1876
山东省陵县志编纂委员会 …………………………………… 1900

作者	编号
山东省宁津县农业区划委员会办公室[]	0457
山东省宁津县史志编纂委员会	1958
山东省宁津县委员会文史资料组	1944 1945 1946 1947 1948 1949 1950 1951 1952 1953 1955
山东省宁津县县志编纂委员会	1957
山东省农业自然资源调查和农业区划委员会办公室	0408
山东省平原县统计局	0161
山东省平原县委员会文史资料科	1971 1975
山东省平原县县志编纂委员会	1984
山东省齐河县《齐河县情》辑组	2019
山东省齐河县地方史志编纂委员会	2039 2040
山东省齐河县志县志编纂委员会	2025
山东省庆云县县志委会	2074 2075
山东省人民政府主办	2512
山东省荣成市地方史志编纂委员会	2084
山东省水利史志编辑室	0479
山东省图书馆	1519 2515
山东省委党史研究室	2114
山东省文化厅《文化艺术志》编辑办公室	0666
山东省武城县地方史志编纂委员会	2206
山东省武城县史志编纂委员会	2203
山东省夏津县志编纂委员会	2226
山东省禹城县安仁乡史志写组	1650
山东省禹城县史志编纂委员会	2272
山东省沾化县地方史志编纂委员会	2288
山东省政协文史资料委员会	2142
山东省作家协会	1393

山曼	2049
山西大学本书委会	0228
山杂	1832
商河诗社	0912
商河县农牧渔业局	2409
商河县农业区划委员会办公室	0481
商河县史志办公室	2516
商河县水利志编纂委员会	0482
商河县文史资料研究委员会	2149 2150
商学芳	0631
上海辞书出版社文学鉴赏辞典编纂中心	1346
尚泓海	0611
尚洪立	1542
尚增德	0563
邵峰	0256
邵景义	1894
邵克	1786 2154
邵文臣	2054
邵自升	0392 0511
沈效敏	0009
施战军	1253
石麟	1051
石彦武	1714
石勇	0375 1399 1408 1434 1812
时念培	1328
史少博	0530
史志办	1813
史志编写组	2467

首届邢侗书法艺术节筹备委员会	1893
双雪涛	1155
司清涛	1222
斯人	0876 1322
宋德武	2292
宋洪范	0943
宋辉	0723
宋金征	0633
宋士功	1859
宋守春	1941
宋宪亭	1358 1359 1360
宋新立	1362
宋延广	1098 2160
宋云亮	0766 1057 1413
宋云庆	2211
苏位智	2249
苏文河	1248 1436
苏毅然	0489
苏仲芳	1607
隋亮	0171
孙春亭	1513
孙德奎	0453 1092 2298
孙殿恩	0560 0597
孙丰勇	0972
孙富显	2386
孙桂燕	0253 0264
孙汉文	2351 2360 2378
孙浩	0536 0675 0705

孙家庄村村志编纂委员会 …………………………………… 2170
孙建功 ……………………………………………… 0369 1302
孙建民 ……………………………………………………… 2169
孙金铸 ……………………………………………………… 2381
孙敬明 ……………………………………………………… 2299
孙聚友 ……………………………………………………… 0093
孙开泰 ……………………………………………………… 0123
孙康 …………………………………… 1095 1546 1587 1588
　　　　　　　　　　　　　　　　　　 1598 1599 1600
孙乃龙 ……………………………………………… 0089 0265
孙钱章管理思想与理论研究小组选 ………………………… 0488
孙青松 ……………………………………………… 0799 0975
孙清明 ……………………………………………………… 0220
孙如军 ……………………………………………………… 2448
孙寿昌 ……………………………………………………… 1709
孙思忠 ……………………………………………………… 0427
孙孝军 ……………………………………………………… 0692
孙彦杰 ……………………………………………………… 1174
孙永春 ……………………………………………………… 1250
孙玉海 ……………………………………………………… 1069
孙玉海 ……………………………………………………… 1392
孙玉良 ……………………………………………………… 1777
孫康 …………………………………… 1025 1026 1027 1028
　　　　　　　　　　　　　　　　　　 1596 1601 1602

T

台旭 ………………………………………………………… 0824
谈家水 ……………………………………………………… 0005

汤志强	0528
汤志强	0422
唐传喜	0210
唐沅	1483
陶志春	0363
田邦利	1125
田宝贵	1669 1701
田宝昆	0579
田福宁	0231
田贵宝	0593 1938
田汉云	0058
田虎	2361
田淑华	2125
田毅	0690 0880 0946 1094 1119 1277 1278 1378 1455
田玉茂	1740
仝晰纲	1834
佟化文	0783
涂相乾	2161

W

万光侠	0244
王爱民	0374
王邦瀛	0046 0300
王秉新	2204
王才路	1484
王成	0655
王承略	0102

王充闾	1164
王传和	2237
王传华	1201
王传龙	2255
王道温	1610
王德胜	0856 1073 1693 1756 2295
王德兴	0289 1403
王富堂	0128
王光明	1281
王广善	1410
王桂祥	0750
王海滨	1177
王海林	1840
王恒展	1056
王洪梅	0296
王洪源	1807
王华山	2071
王華奇地書活動選編	1539
王焕琦	0869 1303 1432 1454
王焕文	0916 2410
王辉	0436
王季春	1127
王继坤	0673 0674 0722 0728 0755
王建华	1811
王建民	0544
王健吾	2373
王金利	0208
王金武	1427

王京龙	1990
王钧林	0029
王俊鹏	1315
王俊秋	0261 0331
王开负	2390
王开忠	0277
王克奇	2069
王岚	1297
王磊	1385
王立友	1374 1836
王立云	0194
王龙水	0899 0915
王龙云	1287
王鲁克	0661
王蒙	1063
王明春	0575
王明溪	0577
王能	0507 0513
王培元	0830 1585
王平	1043
王萍	0087 0645 0670
王其俊	0094
王强	0746
王清水	1796
王瑞江	1543
王瑞泽	0523 0715 0716 0718
王少华	1212
王圣轩	2425

王始钧 …………………………………………… 1611
王守栋 …………………………… 0233 0276 0594 0653
                                 0854 1699 1727 2167
王守功 …………………………………………… 2104
王书波 …………………………………………… 0502
王树理 …………………………… 0978 1054 1143 1173
                                 1398 1411 1452
王树瑜 …………………………………………… 0338
王甦 ……………………………………………… 0062
王万森 …………………………………………… 1468
王维清 …………………………………………… 0416
王维山 …………………………………………… 0819
王宪贞 ……………………………………… 1689 2283
王小舒 …………………………………………… 2185
王欣荣 …………………………………………… 1072
王新艳 …………………………… 0775 0987 1417
王兴臣 …………………………………………… 0668
王秀梅 …………………………………………… 1562
王秀艳 …………………………………………… 0177
王秀芝 ……………………………………… 2434 2435
王雪青 ……………………………………… 0901 0970
王雪山 …………………………… 1612 1613 1640
王延纶 …………………………………………… 2287
王彦敏 …………………………………………… 0293
王艳芹 …………………………………………… 0424
王义国 …………………………………………… 0168
王永顺 …………………………………………… 0586
王佑成 …………………………… 0054 0096 0098 0099

	0837 1284 1501
王玉杰	0882 1154
王玉玺	2174
王元璋	0043
王泽龙	1482
王长月	0743 2245
王肇庆	0147
王振海	1308
王征远	1615
王志民	2053
王中才	1245
王中强	0307
韦锦	0881
卫泽友	2419
蔚立臻	0275 0281 1933
魏保和	0686 0710 0823
	1071 1327 1388
魏超群	2370
魏建	2328
魏民	1342
魏训田	1475 1679 1690 1705
魏永生	0491
魏征军	0450
吴昌华	0980 1828
吴继传	0703
吴牧天	0144 0145
吴桥县地方史志编纂委员会	2192
吴三元	1469

吴太山	1031
吴向东	1405
武城县党史史志办公室	2518
武城县农业区划委员会办公室	0496
武城县史志编辑研究室	1805
武城县文化局	1658
武城县邮电局史志委会	0498
武凌	1591
武商现象调研课题办公室	0499
武永生	1572

X

席文天	1256
霞子	1033 1034 1035 1036 1037 1038 1039 1040 1161 1162 1163 1361
夏春江	2166
夏方成	0833
夏锋	0031 0284
夏津电视台栏目中心	2296
夏津县地方史志办公室	2212
夏津县农业区划委员会办公室	0500
夏津县人民政府办公室	2251 2519
夏津县水利志编纂委员会	0501
夏津县文体广电新闻出版局	1620
相子国	0520 0521
肖东坡	0492 0598 0677 1244 1300 1323

作者	页码
肖九祥	0446
晓凡	1089 1167
谢明洲	1210 1233
谢强	1582
谢淑红	1529
谢文成	1068 1241
谢向颖	1630
谢玉琳	1917
信书勇	0907
邢庆杰	0013 0060 0081 0092 0773 0774 0802 0855 0877 0927 0940 1067 1122 1198 1216 1243 1339 1365 1423 1441 1497
邢仁强	1553 1594 2116 2119 2122
邢耀忠	1623
邢寅	0779
邢玉墀	0958
邢跃升	0454
邢跃升	0934
修建军	0028
秀义	1331
徐北文	0761
徐凤桐	2247
徐光	2210
徐国华	2302
徐国庆	0270
徐弘君	2385

徐洪岭	1686
徐洪义	2076
徐基	2148
徐建英	0683
徐静	2428 2429 2431 2441 2452
徐丽红	0216 0225 0263
徐茂顺	1128 1319 1370 1449
徐人忠	1471 1472
徐盈	1029 1087
徐振贵	1838
徐宗学	2470
许晨	0875 0933 1004 1108 1192 1292 1373 1386 1480
许宏	0007 0287
许焕玉	2322
许会林	2463
许金榜	1211
许万敬	2055
许志玉	1660
薛飞	0793 1196
薛祥生	2233

Y

严青	2297
严再平	2228
阎一强	1401
颜兵	0605
颜景林	0459

颜世亮	546
扬子	1002
杨爱国	2096
杨炳志	1559
杨朝亮	0704
杨朝明	2336
杨成荣	0831
杨承田	1581 1643
杨春喜	0101
杨鼎盛	1688
杨东水	0304
杨凤东	1837
杨国夫	2289
杨浩文	0124
杨华	2421
杨焕彩	0485
杨汇泉	0917 1330 1617 1624
杨剑茹	0973 1188 1389
杨杰	0578 1568 1628
杨金亭	1476
杨磊	1540 1570
杨荣成	1445
杨瑞	1548
杨文平	0888 1168 2248
杨希顺	0230
杨秀章	1651
杨义堂	0782
杨荫楼	2304

杨英国	0820 0910 0935 0963 0964
	1016 1046 1114 1182 1231
	1240 1275 1280 1286 1402
	1418
杨颖	0372
杨玉娥	0242
杨照征	0551 0556
杨珍	2129
杨志刚	1194
杨治	0535
杨柱山	1266
幺峻洲	0006
姚联	1619
姚秀丽	0509
姚忠龙	2243
一帆	0238
衣连友	0800 1504 2340
阴晓雪	1606
殷学仁	0117
尹宝生	2418
尹建国	0740 0741 0747
尹丕杰	1317
尹世林	1387 1460 2175
尹瘦石	1638
尹铁铮	1166 1369 1430
英伦	0922 1032 1390
游子	1636
于德普	0694

于湖生	2433
于孔宝	0023
于澎	1561 1566
于琴	1157 1856
于秋笠	1521
于琇荣	1254
于占德	1589
俞平伯	1419
俞祖华	2184
禹城市创建省级园林城市领导小组办公室	2411 2412 2413 2414 2415
禹城市地方编纂委员会	2259
禹城市地方史志办公室	2521
禹城市军事志编纂委员会	0367
禹城市人民政府主办	2523
禹城市政协文史学习委员会	1520
禹城县民间文学三集成编委会	1421
禹城县农业区划办公室	0516 0517
禹城县物资志编写组	0518
禹城中转站编写组	0389
袁彬	0619
袁春光	1372
袁绍钧	1291
袁世硕	1988
袁学峰	0571
袁营乡编写组	2279
袁永新	0525
苑文章	0021

院志编纂办公室 …………………………………………… 1684
月关 ………………………………… 0941 0984 1011 1012 1169
月秋子 …………………………………… 0781 1006 1283 1435
云海 ……………………………………………………… 1438

Z

昝风华 ………………………………………………… 0913 1802
臧海英 …………………………………………………… 1453
翟京德 …………………………………………………… 1722
翟瑞青 ………………………………………………… 0676 0891
战化军 …………………………………………………… 2044
张宝申 ………………………………………… 0797 0965 1456
张本华 …………………………………………………… 1451
张宾普 …………………………………………………… 1631
张成道 …………………………………………………… 2277
张成利 …………………………………………………… 0460
张承华 …………………………………………………… 0652
张传善 ………………………………………………… 0519 1422
张春明 ………………………………………………… 1178 2399
张奠宙 …………………………………………………… 0706
张栋 ………………………………… 0159 0843 0897 0951 0989
　　　　　　　　　　　　　　　1059 1090 1187 1356
张法亭 …………………………………………………… 1564
张方江 …………………………………………………… 0908
张福安 …………………………………………………… 2450
张付山 …………………………………………………… 0542
张富祥 …………………………………………………… 1776
张国良 ………………………………………………… 1508 1528

张海峰	1552
张汉东	2344
张宏图	0957
张洪春	0801 0949 1042 1065 1904
张鸿喜	1091
张华松	2056
张建国	1932
张今三	2474 2475 2476 2477 2478
张金华	0826
张金平	0027 1942
张锦辉	0734 0751
张俊才	1321
张可礼	1825
张立昌	1584 1633
张立胜	0026 0288 2230
张立新	1537 2165 2244
张丽	1208
张连生	1049
张林泉	2506
张林晔	2380
张罗	0787
张茂华	2047
张萌萌	0554
张明福	0567 1702 1704 1729
张培录	0924 1044 1179 1341
张谦谊	1987
张潜华	0012
张庆华	0273 0286

姓名	页码
张庆杰	1329
张庆军	1918
张庆岭	0695 0712 0918 0961 1062 1239 1316 1368 1457 1505 1506
张仁庆	1810
张如廷	0011
张瑞超	0864
张胜红	2453
张胜勇	0622
张士栋	0985
张树林	0385
张顺燕	2365
张涛	2398 2507
张文俊	0084
张文明	1792
张文学	0239 0240
张熙惟	1824
张玺忠	0955
张宪臣	2086
张休怀	2376
张秀岭	0643
张秀琴	0555
张秀勤	2391
张学海	1835
张雪	1214 1269 1416
张延清	1634
张岩	0184 2469

姓名	页码
张宜华	0206
张永春	0649
张有文	0685
张玉红	0373 0785 0844 1922
张玉田	2346
张郁	1635
张曰凯	0945 0995 1110 1415
张兆荣	0804 1463 1464
张志国	0080
张遵孟	2334
章丘广播电视志编纂委员会	0696
漳卫南运河管理局	2454 2455 2456 2457 2458
爪哇岛	1466
赵炳武	2115
赵方新	0175 0429 0835 0914
赵红卫	1337
赵环秀	0226
赵继颜	0227
赵静	2445
赵连明	2400
赵连起	1295
赵萌	2440 2451
赵培聪	2159
赵曙光	0825
赵伟	0552 0681
赵卫东	0059
赵延龄	1175
赵元三	0057

赵振环	0581
赵志杰	1627
郑广敏	1053
郑君文	0651
郑若林	1237
郑声滔	0634
郑世杰	2404
郑文兴	0925
郑向东	1450
郑晓燕	0547 0548 0553
郑训佐	2345
郑毓信	2366
郑忠	0515
政协德州市委员会	0202 0203 0204 1748 1749 1750 1751 1783 1815 2187
政协乐陵市委员会	1648
政协临邑县委员会	1558
政协临邑县文史资料委员会	1861 1863 1864 1865 1866 1868 1869 1873 1875 1877 1878 1879 1880 1881 1882 1883 1884 1885 1886
政协平原县委员会	0222 1515
政协平原县文史资料委员会	1977 1979
政协齐河县文史研究委员会	1991 2003 2004
政协山东省济阳县委员会	1816
政协商河县文史资料委员会	2151

政协夏津县文史资料委员会	2219 2221 2223 2224 2225
政协禹城县委员会文史学习宣传委员会	2270
中共德城区党史研究室	0853
中共德州地委党史资料征集研究委员会	0185 0214 0243 0301 1081 1115 1914 2083
中共德州地委讲师团	0508
中共德州地委研究室	1726
中共德州地委政法委员会调研科	0172
中共德州地委组织部	0335
中共德州市委党史研究室	0180 0189 0190 0299 0510 1681 1696 1794 2253
中共德州市委党史研究室	0302
中共德州市委党史资料征集研究委员会	0303 0365
中共德州市委机关工委印	0370
中共德州市委市直机关工作委员会	1787
中共德州市委宣传部	0197 0205 0211 0237 0576 0580 0893 0981 0982 0983 1104 1496 1544 1560 1646 2186 2382
中共德州市委组织部	0285 0336 0337 0339 0340 1532 2252
中共惠民地委党史资料征集研究委员会	0306
中共济阳县党史资料征集研究委员会	0305
中共济阳县委组织部	0341
中共冀鲁豫边区党史工作组办公室	0309 0310

中共冀鲁豫边区党史研究会 …………………………… 0223
中共乐陵市委党史资料征集研究会 ………………… 0311 0312
中共乐陵市委组织部 ……………………… 0342 0343 0344 0921
中共乐陵县委党史资料征集研究委员会 ……………… 0235
中共乐陵县委组织部 ………………………………… 0345
中共聊城地委组织部 ………………………………… 0346
中共临沂市委组织部 ………………………………… 0347
中共临邑县委党史研究室 …………………………… 2300
中共临邑县委党史资料征集研究委员会 ……………… 0313
中共临邑县委组织部 ………………………………… 0348
中共陵县委组织部 …………………………………… 0349
中共陵县县委办公室党史室 ………………………… 1833
中共陵县县委党史资料征集研究委员会 ………… 0314 0315
中共宁津县委党史资料征集研究委员会 ……………… 0316
中共宁津县委组织部 …………………………… 0350 2301
中共平原县党史资料征集研究委员会 ………………… 0317
中共平原县委办公室党史研究室 ……………………… 0319
中共平原县委党史研究室 …………………………… 0320
中共平原县委党史资料征集研究委员会 ………… 0246 0247 0248
0250 0318
中共平原县委宣传部 …………………… 0249 0254 0351 0352
0534 0627 689 1593
中共齐河县党史资料征集研究委员会 ………………… 0321
中共齐河县委宣传部 ………………………………… 0890
中共齐河县委组织部 ………………………………… 0353
中共庆云县党史资料征集研究委员会 ………………… 0322
中共庆云县委组织部 ………………………………… 0354
中共山东省纪委宣传教育室组织编写 ………………… 0979

作者	索引号
中共山东省平原县委组织部	2077
中共山东省委党史研究室	0258 0323 0334
中共山东省委宣传部	0283 0842
中共山东省委组织部	2126 2143
中共山东省禹城县党史资料征集办公室	0295
中共山东省禹城县委党史资料征集办公室	2256
中共山东市委主办	2524
中共商河县委党史资料征集研究委员会	0324
中共武城县委办公室	2468
中共武城县委党史资料征集研究委员会	0278 0279 0325 2200
中共武城县委组织部	0215 0355
中共夏津县党史资料征集研究委员会	0326
中共夏津县委组织部	0236 0327 0328 0356 1653
中共禹城市委党史研究室	2257
中共禹城市委禹城市人民政府党史史志工作委员会	0329
中共禹城市委组织部	0357
中共禹城县委党史资料征集研究委员会	0330
中共禹城县委组织部	0358
中共中央党史研究室本书编写组	0298
中共中央文献研究室	0266
中国德州扒鸡集团	1514
中国德州市委办公室	0420
中国德州市委宣传部	1132
中国地方志学会城市区志专业委员会	2315
中国地方志指导小组办公室	1667
中国华侨文学艺术家协会	1622
中国农业发展银行工会	0533
中国农业科学院农田灌溉研究所	2405

中国人民山东省平原县委员会 …………………………… 0251
中国人民山东省齐河县委员会 …………………………… 0252
中国人民政治协商会议德州市委员会 …………………… 0272
中国人民政治协商会议德州市委员会文史学习宣传委员会
　　　　………………………… 0857 0858 0859 0860 1747 1752
中国人民政治协商会议平原县委员会教科文卫委员会编
　　　　………………… 1745 1870 1962 1965 1967 1968 1969
　　　　　　　　　　　　1972 1974 1976 1978 2201
中国人民政治协商会议齐河县文史资料委员会
　　　　……………………………………………… 1999 2000
　　　　　　　　　　　　　　　　　　　　　　2001 2002
中国人民政治协商会议全国委员会文史和学习委员会 ………… 2189
中国人民政治协商会议山东省乐陵市委员会文史资料委员会 … 1847
　　　　　　　　　　　　　　　　　　　　　　　　1848
中国人民政治协商会议山东省临邑县委员会文史资料研究委员会 …
　　　　………………………………………………… 1867 1874
中国人民政治协商会议山东省宁津县委员会文史资料组 … 1954 1956
中国人民政治协商会议山东省平原县委员会 …… 1963 1964 1970 1973
中国人民政治协商会议山东省武城县委员会 ………… 2194 2195 2196
　　　　　　　　　　　　　　　　　　　　2197 2198
中国人民政治协商会议山东省夏津县委员会办公室 ……… 2214 2215
　　　　　　　　　　　　　　　　　　　　2216 2217
　　　　　　　　　　　　　　　　　　　　2218 2220
中国人民政治协商会议禹城市委员会文史资料委员会 …… 2263 2265
　　　　　　　　　　　　　　　　　　　　2266 2267
　　　　　　　　　　　　　　　　　　　　2268 2269
中国人民政治协商会议禹城县委员会办公室 ……………… 2260 2261
　　　　　　　　　　　　　　　　　　　　2262 2264

作者	编号
中国陶瓷工业协会转业干部陶研究所	1575
中国先秦史学会	2278
中国政协文史资料研委会	1742 1746
中华孔子学会董仲舒研究会	0014
中华宋氏宗谱宋忠谱系编委会	2111 2112 2113
中央创先争优活动领导小组办公室	0291
中央文明办组织编写	0183
钟国本	1491
钟玲	0717 0748
周春荔	2367
周道德	0480
周克庸	1409
周兰芝	0541 0709
周凝祚	0090
周青馗	1510 1511
周维山	0048 2383
周相国	1150
周兴春	0164 1221 1223 1224 1246 1459
周学海	0647
周中强	1171
周忠高	0232
朱殿封	0790 0794 1394 1395 1396 1397 1507 1791 2280 2327
朱多锦	0812 0813 0892 1299 1493
朱光辉	0656
朱瑞山	0591

朱秀英 …………………………0044 0045 0167 0257 0332
　　　　　　　　　　　　　　　0360 0361 0461 0600
朱亚非 ………………………………………… 2090
朱寨 ……………………………… 0848 1470 1487
朱长新 ………………………………… 1215 1383
朱竹 ………………………… 1093 1258 1259 1260
　　　　　　　　　　　　　　　　　　 1261 1492
竹筠 …………………………………………… 1499
庄琴 ……………………………………… 0850 1420
庄三生 …………………………………… 0754 0758
滋蘭 …………………………………………… 2235
祖传虎 ………………………………………… 0512
左兴奎 ………………………………………… 1151